国家中等职业教育改革发展示范学校规划教材·物流服务与管理专业

国际货运代理实训指导书

主　编　孙明贺

副主编　谢　璐　郑媛媛

中国财富出版社

图书在版编目（CIP）数据

国际货运代理实训指导书／孙明贺主编．—北京：中国财富出版社，2015.3
（国家中等职业教育改革发展示范学校规划教材．物流服务与管理专业）
ISBN 978－7－5047－5639－8

Ⅰ．①国…　Ⅱ．①孙…　Ⅲ．①国际货运—货运代理—中等专业学校—教材
Ⅳ．①F511.41

中国版本图书馆 CIP 数据核字（2015）第 070349 号

策划编辑	崔　旺	**责任印制**	方朋远
责任编辑	孙会香　惠　婳	**责任校对**	饶莉莉

出版发行	中国财富出版社（原中国物资出版社）		
社　　址	北京市丰台区南四环西路 188 号 5 区 20 楼	**邮政编码**	100070
电　　话	010－52227568（发行部）	010－52227588 转 307（总编室）	
	010－68589540（读者服务部）	010－52227588 转 305（质检部）	
网　　址	http://www.cfpress.com.cn		
经　　销	新华书店		
印　　刷	北京京都六环印刷厂		
书　　号	ISBN 978－7－5047－5639－8/F·2349		
开　　本	787mm×1092mm　1/16	**版　次**	2015 年 3 月第 1 版
印　　张	23	**印　次**	2015 年 3 月第 1 次印刷
字　　数	477 千字	**定　价**	49.00 元

前　言

　　物流服务与管理专业致力于培养应用型、技能型物流职业人才。国际货运代理是物流服务与管理专业的核心课程之一，为了保证本课程的顺利进行，让货代业务的实训活动更切实、更系统化，我们编写了《国际货运代理实训指导书》。根据国家中等职业学校专业教学标准，本教材的定位是：使学生具有国际贸易的基本知识和基础理论，具备对国际贸易宏观政策措施的分析能力，并为国际贸易实务操作知识学习与专业技能的培养奠定扎实基础；使学生能够根据掌握的国际贸易知识操作国际货运代理业务，熟悉国际货运代理流程，缮制国际货运代理的相关单证，了解单证流转；根据与考证紧密相关的特点，把课程知识与考证的基本要点结合起来，为学生报考物流员、货代员、单证员提供知识保障服务。

　　本教材采取理实一体化教学模式，以行动为导向，以企业实际工作流程为主线，教学与做学合一，使学生做中学、做中做。课堂采取"6＋1＋1"教学模式，学生通过资讯、计划、决策、实施、检查、评估6步进行学习和实训，以小组为单位，每完成1个项目进行1次考核。

　　本教材主编孙明贺，副主编谢璐、郑媛媛，参编李俊梅、刘杨、孟娜、张志磊老师。甘肃省经济学校李斌成、周萱、宋玉梅老师参加编写。新疆商贸经济学校姜萍、沙比热古丽老师参加编写。同时，教材编写得到东莞环众物流咨询有限公司、中国外运河北分公司、深圳正鸿新利国际货代有限公司的大力支持，提供了大量的一手资料，企业专家张宝江、严俊、韩照雪、赵玲玲参加了教材开发工作。

　　由于编者水平有限，书中难免有不足之处，敬请使用本书的广大读者批评批正，以便改进。

编　者

2015 年 1 月

前言

编　者
2015 年 1 月

目　录

项目一 熟悉国际贸易业务

本项目在国际货运代理课程的基础上，结合前期已学课程，通过讲解国际贸易、国际贸易业务、国际贸易方式、贸易术语、进出口合同商订与履行的理论知识，进行认识国际贸易、选择国际贸易方式、读懂贸易术语、进行贸易磋商、起草与签订进出口合同的实践操作和训练，使学生掌握相关国际贸易的综合知识和实务操作能力，具备分析和解决实际业务问题的基本应用能力。

任务一　认识国际贸易

实训学习目标

知识目标：

1. 国际贸易概念。
2. 国际贸易的分类。
3. 国际贸易的作用。
4. 国际贸易的发展历史。
5. 我国贸易往来国家。

能力目标：

1. 可以讲解国际贸易。
2. 能够正确区别不同类别国际贸易，阐述其特点。
3. 分析国际贸易与国内贸易的不同。
4. 讲解国内外国际贸易发展史。
5. 叙述、分析目前国家热门的贸易事件。
6. 讲述与我国贸易往来较多的国家及现在的进出口形势。

实训学习方法

1. 自学（收集资料法、比较学习法、小组讨论法）。
2. 听讲学习（提问、总结、作业）。

3. 实操（小组展示法、头脑风暴法、案例分析法）。

实训课程介绍 ✦➤

本次实训任务，旨在让学生通过学习和比较，了解和认识国际贸易相关知识与理论，熟悉贸易的分类、作用。根据学习，学生可以分析当前国家的贸易发展形势、热门贸易事件，可以分析当地贸易发展情况，了解当地进出口商品情况。

本次实训任务，分两个学习情境进行：说说贸易的分类与作用、了解国内外贸易市场。

实训任务说明 ✦➤

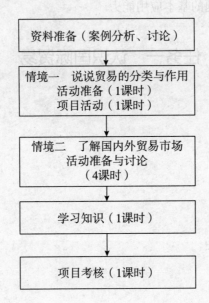

资料准备（案例分析、讨论）

情境一　说说贸易的分类与作用
活动准备（1课时）
项目活动（1课时）

情境二　了解国内外贸易市场
活动准备与讨论
（4课时）

学习知识（1课时）

项目考核（1课时）

实训知识铺垫 ✦➤

一、国际贸易

国际贸易是指国家（或地区）之间所进行的商品、技术和服务的交换活动。

二、国际贸易的分类

（1）按商品移动的方向国际贸易可划分为：进口贸易、出口贸易、过境贸易。

（2）按商品的形态国际贸易可划分为：有形贸易、无形贸易。

（3）按生产国和消费国在贸易中的关系国际贸易可划分为：直接贸易、间接贸易和转口贸易。

（4）按贸易内容国际贸易可划分为：服务贸易、加工贸易、商品贸易、一般贸易。

三、国际贸易的作用

（1）国际贸易是世界经济发展的发动机。

（2）国际贸易是各国进行科技交流的渠道。

（3）国际贸易是世界各国进行整治外交斗争的工具。

（4）国际贸易能够促进各国收入增加，扩大就业。

（5）国际贸易是参与国际分工、社会再生产顺利进行的手段。

四、国家贸易发展史

（1）资本主义社会以前的国际贸易。

（2）第二次世界大战前资本主义社会的国际贸易。

（3）第二次世界大战后的国际贸易（20 世纪 50 年代以来）。

五、我国贸易往来的国家和地区

欧盟、美国、日本、中国香港、东亚等国家和地区。

实训任务实施

情境一　说说贸易的分类与作用

【学时】

3 学时。

【学习目标】

掌握国际贸易分类，学生能够分析国际贸易的作用。

【重难点】

国际贸易作用。

【学习过程】

1. 学生查询资料学习相关知识，教师讲解。

（1）国际贸易是什么？

（2）国际贸易特点和分类。

（3）国际贸易的作用（举例说明）。

（4）什么是顺差？什么是逆差？

（5）WTO 是什么？有什么功能和作用？

2. 阅读案例，教师组织学生讨论什么是国际贸易，分析国际贸易与对外贸易的区别。

资料 1：

武宁 2013 年毕业后进入一家大型外贸公司，她努力学习外贸知识，了解公司业务。一个月后，业务部经理对武宁进行考核，提出了以下问题：如果你是国内某知名电器生产商，把自己的电器产品卖给国内经销商和国外经销商，这两种贸易性质是否相同？若想开发国外市场，是否和开发国内市场一样？在售往国外的业务中，技术转让和专利转让是否也属于贸易的一种？

资料 2：

市场是买卖需求者的集散地。国内外的贸易市场有很多，武宁想到一些问题，贸易市场是如何形成的呢？贸易市场是不是也必须是规定的某些地区或区域呢？贸易市场可否不固定？我国经常与哪些国家进行贸易往来？

资料 3：

武宁刚进入外贸公司时，老板第一句话就问她："你了解国际贸易吗？你能说出贸易都要做什么吗？我们公司准备销售一批服装去德国你知道应该怎么做吗？"武宁做了很多的准备工作来应对这次面试。如果换做你，你如何回答老板的问题？

---

3. 教师提出国际贸易的种类，学生举例说明，并分析图 1－1。

---

4. 教师引导学生讨论如图 1－2 所示的漫画，分析国际贸易的作用。

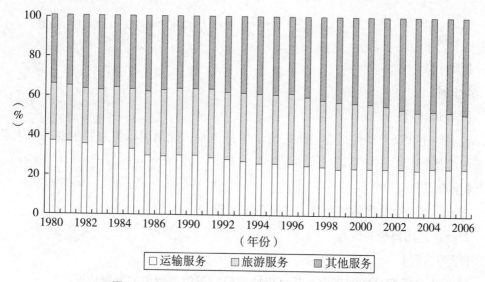

图 1-1 1980—2006 年全球服务贸易出口结构变化

图 1-2 国际贸易相关漫画

情境二　了解国内外贸易市场

【学时】

4 学时。

【学习目标】

说明倾销含义及条件；会操作进出口贸易流程；说出国际贸易的主要关系人及其负责的工作。

【重难点】

重点：倾销含义及构成条件；进出口贸易流程。

难点：进出口贸易流程。

【学习过程】

1. 学生自学贸易发展历史，并小组抽签分别讲解各阶段的发展情况。

2. 教师组织学生认识如图 1 - 3 所示的标志，说明我国的贸易往来国家有哪些？

Asia-Pacific
Economic Cooperation

图 1 - 3　国际贸易相关标志

3. 案例讲解：倾销与反倾销。

请分析我国遭受美国反倾销的原因和应对措施。

2013 年的中美经贸关系有继续恶化的迹象，在刚刚宣布对华控制卫星出口之后，美国又对中国的食品添加剂进行反倾销惩罚。

美国商务部近日公布初步裁决，认为从中国等国进口的食品添加剂存在倾销，并初步决定对进口自中国的食品添加剂和增稠剂原料征收最高达 154% 的关税，以抵消这些商品不公平的低价。美国商务部将在 5 月公布最终税率决定。业内人士分析认为，面对此次高额的反倾销税，国内不少企业将不得不主动放弃对美国出口黄原胶。而多年来中国频繁遭到美国"双反"调查，也使不少中国企业的利益受到了严重损害。

根据美国商务部的初裁决定，将对出口来自中国的黄原胶征收 21.69% ~ 154.07% 的惩罚性关税。此次事件最大的获益者要数亚特兰大家族企业 CPKelco，该公司去年请求对进口自中国和奥地利的黄原胶征收反倾销税。值得注意的是，奥地利企业只被征收 17.18%。

此次，美国反倾销税主要是针对食品添加剂中的黄原胶。黄原胶是一种生物合成胶，被广泛运用于食品中。2005 年开始，中国已成为世界最大的黄原胶生产基地之一，近年来产量的复合年增长率达 53%。

市场研究机构西美信息的报告显示，2010 年，中国的黄原胶总产量达到 74000 吨，大约占到全球总产量的 67%。目前超过七成用于出口，而美国、中东、西欧是主要的出口地区。

---

4. 阅读进出口流程，如图 1 – 4 所示，解释流程图。

---

5. 小组讨论。

（1）我国最好的贸易伙伴？

（2）怎样提高我国自主品牌的国际影响力呢？

（3）不同商品的进出口利润差别大吗？

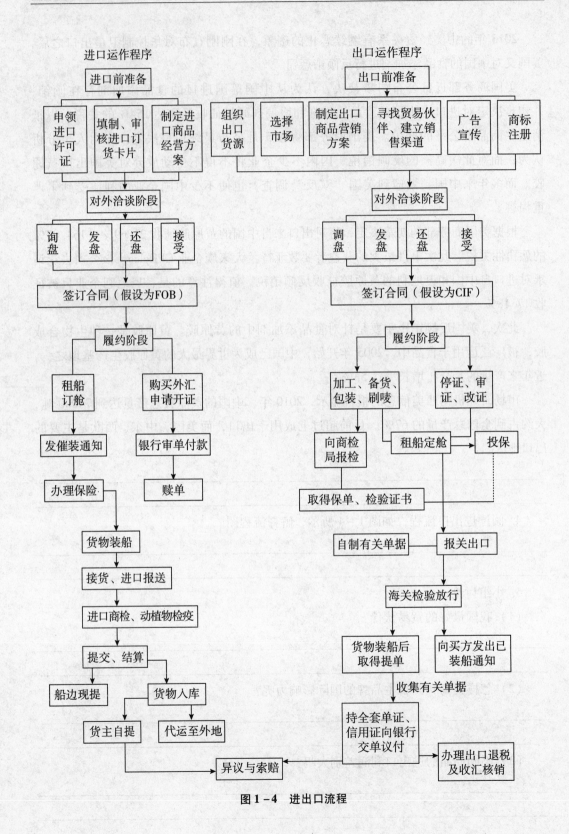

图 1-4　进出口流程

（4）我们应该鼓励出口哪些东西？进口哪些呢？

6. 公司成立（另附纸）。

如果给你50万元资金让你投入一项贸易，你会选择经营何种商品，选择与谁合作呢？为什么？

（1）公司经营范围。

（2）公司经营的产品。

（3）公司经营理念和LOGO。

（4）公司组织机构。

（5）公司简介。

项目考核

1. 请用自己的话来解释国际贸易。

2. 请用自己的话来描述国内贸易和国际贸易的区别。

3. 你认为中国该不该进行国际贸易呢？有好处吗？

4. 假如你是魏强，你如何说服父母或朋友为你投资一起搞贸易？

5. 假设这个世界只有两个国家，A国与B国，A国比较富裕，B国比较穷，B国为了发展向A国借款。为了还款，B国加强生产，大量出口产品到A国换取外汇，从而成为贸易顺差国家，而A国由于大量进口B国产品造成逆差。请问，您是愿意生活在贸易顺差的B国还是愿意生活在贸易逆差的A国？为什么？

6. 假设你出口一批橡胶制品到美国，请说出流程。

_____

_____

_____

实训总结 ➜

_____

_____

_____

_____

_____

考核标准 ➜

【情境一活动评价】

表 1 - 1　　　　　　　　**"说说贸易的分类与作用"评分表**

考评内容	能力评价			
考评标准	具体内容	分值（分）	学生评分（0.4）	师评（0.6）
	每题回答正确	40		
	自己组织语言，准确，精练	25		
	PPT 制作精美	15		
	在 90 分钟内完成，遵守机房纪律	20		
	合计	100	注：考评满分为 100 分，60～74 分为及格；75～84 分为良好；85 分以上为优秀	

各组成绩					
小组	分数	小组	分数	小组	分数

教师记录、点评：

_____

【情境二活动评价】

表1-2   "了解国内外贸易市场"评分表

考评内容	能力评价			
考评标准	具体内容	分值（分）	学生评分（0.4）	师评（0.6）
	贸易发展历史展示	20		
	我国贸易往来的国家讲解	20		
	案例分析	20		
	贸易公司成立	40		
	合计	100	注：考评满分为100分，60~74分为及格；75~84分为良好；85分以上为优秀	

各组成绩

小组	分数	小组	分数	小组	分数

教师记录、点评：

熟能生巧 ✦

海关总署称，对外贸易需要在转方式、调结构上下功夫，力争稳住我国产品在全球市场上的总体份额。

时隔17个月，中国外贸再度出现进口、出口同比回落的"双降"局面。

海关总署10日公布的数据显示，6月，我国进出口总值2万亿元人民币，同比下降2%。其中，出口1.09万亿元人民币，同比下降3.1%；进口0.91万亿元人民币，同比下降0.7%；贸易顺差1693.4亿元人民币，收窄14%。

我国外贸上一次出现"双降"还是在2012年1月。当月，中国对外贸易进出口总值比上年同期下降7.8%。其中，出口降0.5%，进口降15.3%。"6月出口低于市场预期，原因主要仍是外需疲软。"招商证券宏观经济分析师张一平认为，出口企业普遍反映5月、6月新订单金额同比减少，出口订单的下滑导致出口增长的低迷。海关统计显示，今年上半年，我国进出口总值12.51万亿元人民币，扣除汇率因素后同比增长

8.6%。其中，出口 6.59 万亿元人民币，同比增长 10.4%；进口 5.92 万亿元人民币，同比增长 6.7%；贸易顺差 6770.6 亿元人民币，扩大 58.5%。"今年上半年我国货物贸易进出口总体呈现低速增长，二季度进出口增速明显放缓。"海关总署新闻发言人、综合统计司司长郑跃声说，"当前我国外贸面临着比较严峻的挑战"。

郑跃声指出，近期影响我国外贸进出口的不利因素，主要体现在以下五个方面：第一，外部市场需求持续低迷，抑制我国出口的进一步扩大；第二，汇率、劳动力工资等出口成本在持续上升，加大了出口企业的出口难度；第三，贸易摩擦频发且多样化，我国的贸易环境出现了一些恶化；第四，国内工业生产放缓，抑制了原材料的进口需求；第五，海关的贸易统计是按照进出口的金额来统计的，因此商品的价格对海关统计的结果有很大的影响。

对于 2013 年下半年外贸的走势，郑跃声认为，上述对外贸制约的五大因素在短期内还难以消除。从全球角度来看，目前世界经济下行的压力比较大，世界主要经济体对外贸易表现都比较低迷，总体需求均处于萎缩的状态，贸易伙伴进口的下降也意味着我国出口产品的增长空间受到一定的抑制。数据显示，今年以来除了前四个月欧盟的进出口增长了 0.3% 以外，在前 5 个月，美国、日本、韩国、俄罗斯等市场的进出口均同比呈现下降的态势，这表明全球主要市场的贸易表现不尽如人意。但总体来看，2013 年上半年我国对外贸易的表现在世界主要经济体当中仍然是最好的。

郑跃声指出，国际主要大宗商品的价格目前还在低位震荡，进口企业观望的情绪在上升，这也不利于提振我国进口的增速。目前可以看到，2013 年下半年我国外贸进出口仍然面临着复杂多变的局面，面临着很多困难和挑战。因此我国的对外贸易需要在转方式、调结构上下功夫，力争稳住我国产品在全球市场上的总体份额。

要求根据上述资料，结合所学内容，对我国 2013 年的对外贸易发展概况作简要分析，分析的内容可参考以下提示：

(1) 对外贸易额与贸易差额；

(2) 有形贸易与无形贸易；

(3) 对外贸易商品结构；

(4) 对外贸易地理方向；

(5) 对外贸易系数。

任务二　掌握贸易方式

实训学习目标 ✦

知识目标：

1. 国际贸易方式种类。
2. 经销与代理、寄售。
3. 招投标、拍卖。
4. 加工贸易与补偿贸易。

能力目标：

1. 可以列举多种贸易方式。
2. 能够分析经销与代理、招投标、寄售、拍卖的特点和应用情况。
3. 讲解加工贸易的特点。
4. 正确选择合适的贸易方式。

实训学习方法 ✦

1. 自学（收集资料法、比较学习法、小组讨论法）。
2. 听讲学习（提问、总结、作业）。
3. 实操（情境再现法、头脑风暴法、案例分析法）。

实训课程介绍 ✦

本次实训任务，旨在让学生通过学习和比较，了解和认识国际贸易方式，认识经销、代理、寄售、招投标、拍卖、加工贸易、对销贸易等方式，熟悉其经营特点，了解业务操作，能够分析实际业务中的业务形式。

本次实训任务，分三个学习情境进行：讲讲贸易方式、拍卖会、撰写招投标书。

实训任务说明

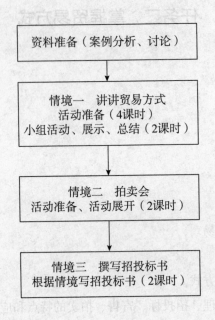

资料准备（案例分析、讨论）

↓

情境一　讲讲贸易方式
活动准备（4课时）
小组活动、展示、总结（2课时）

↓

情境二　拍卖会
活动准备、活动展开（2课时）

↓

情境三　撰写招投标书
根据情境写招投标书（2课时）

实训知识铺垫

贸易方式是指国际贸易中采用的各种方法。随着国际贸易的发展，贸易方式亦日趋多样化。除采用逐笔售定的方式外，还有包销、代理、寄售、拍卖、招标与投标、期货交易、对销贸易等。

一、包销

包销是国际贸易中习惯采用的方式之一。在我国出口业务中，根据某些商品的特点和扩大出口的需要，在适当的市场上，选择适当客户，也可采用包销方式。

二、代理

代理是指代理人按照本人的授权，代本人同第三者订立合同或作其他法律行为。由此而产生的权利与义务直接对本人发生效力。

通常有下列几种代理：
①总代理　②独家代理　③佣金代理

三、寄售

寄售是指委托人（货主）先将货物运往寄售地，委托国外一个代销人（受委托人），按照寄售协议规定的条件，由代销人代替货主进行销售，货物出售后，由代销人向货主结算货款的一种贸易做法。

四、招标与投标

招标是指招标人在一定的时间、地点、发出招标公告或招标单，提出准备买进商品的品种、数量和有关买卖条件，邀请卖方投标的行为。

投标是指投标人应招标人的邀请，根据招标公告或招标单的规定条件，在规定的时间内向招标人递盘的行为。

五、拍卖

拍卖是由专营拍卖行接受货主的委托，在一定的地点和时间，按照规定的章程和规则，以公开叫价竞购的方法，拍卖人把货物给出价最高的买主的一种现货交易方式。

六、期货交易

期货交易是众多的买主和卖主在商品交易所内按照一定的规则，用喊叫并借助手势进行讨价还价，通过剧烈竞争达成交易的一种贸易方式。

七、对销贸易

对销贸易在我国又译为"反向贸易"、"互抵贸易"、"对等贸易"，也有人把它笼统地称"易货"或"大易货"。主要包含以下几种贸易模式。

①易货贸易　②回购贸易　③互购贸易　④转手贸易　⑤抵销交易　⑥补偿贸易

八、加工贸易

加工贸易是一国通过各种不同的方式，进口原料、材料或零件，利用本国的生产能力和技术，加工成成品后再出口，从而获得以外汇体现的附加价值的一种贸易方式。主要包含以下几种贸易模式：①来料加工；②进料加工；③来件装配；④协作生产。

加工贸易方式对比，如表1-3所示。

表1-3　　　　　　　　　　　　　　加工贸易方式对比

区别	进料加工、进件装配	来料加工、来件装配
关系	买卖关系	委托加工关系
收益	原料与成品之间的差额	加工费
管理	用外汇购买材料/配件，成品出口是正常出口的一个组成部分，管理部门一般按正常贸易来进行管理	不涉及国内原料，一般不涉及用汇，管理部门的管理较为宽松

区别	进料加工、进件装配	来料加工、来件装配
支付方式	进口料件方须支付料件款；国外买方须支付成品款	原材料配件提供方一般不收费，收回成品时支付加工费
产品质量要求	加工方根据市场销售的实际情况来制定产品的质量标准；产品质量来自国外委托方，及加工方自身	产品质量须达到委托方和加工方事先约定的标准

实训任务实施

情境一　讲讲贸易方式

【学时】

4 学时。

【学习目标】

掌握国际贸易方式。

【重难点】

经销与代理、加工贸易。

【学习过程】

1. 布置学生查询资料（预习、自学阶段）：

（1）什么是经销？经销的方式有哪些？

（2）什么是代理？代理性质与特点？代理的种类有哪些？

（3）经销与代理的区别？包销与独家代理的区别？

（4）什么是三来一补？什么是进料加工？

（5）拍卖和寄售的特点？

（6）招投标。

2. 分析资料。

资料 1：

临沂新开泰电脑销售中心是山东临沂的一家电脑经销商，2012 年 11 月，南京福中信息产业集团有限公司为拓展全国市场率先打入山东，在山东成立了分公司。

面对在山东品牌知名度相对较低的福中电脑，曾经一直与联想、同方、方正等知名品牌打交道的新开泰也有些犹豫，但最后还是签了合作协议。针对临沂作为革命老区的市场特点，新开泰与福中跑遍了临沂的所有县市，通过长期的市场调研，最后决定从当地的教育行业入手。新开泰凭借福中的"3+3"服务和良好的业绩，提出为普及革命老区电脑教育事业做贡献的口号，很快就在当地的教育行业引起轰动，临沂的大、中、小院校对福中电脑产生了极大兴趣。临沂师范学院200台的订单、沂南县教委的订单、临沂市建委的订单……不知不觉中，新开泰手中的订单越来越多，公司的经济效益也明显好转。新开泰与福中联手已成功为临沂6所学校提供了教学电脑及相关解决方案，电脑销售数量达1000余台。临沂市教委已将福中电脑列为重点采购品牌的名单，并计划将一张3000~5000台的电脑大订单交给福中。

请分析案例中临沂新开泰电脑销售中心作为电脑经销商起到的作用，它的利润如何获取的？经销有什么好处？有无弊端？

资料2：

2013年，张华毕业后应聘到一家电器加工厂工作。他发现，该工厂每天的加工量非常大，所有的零部件都是从国外进口过来的，在工厂组装后，又重新出口。而且，国外的零部件工厂是无须购买的，而是国外客户直接提供的。电器加工完成后，工厂也无须销售，而是直接交给国外客户。请问，该工厂的利润在哪里呢？这样的经营模式有什么好处呢？又有什么弊端？

资料3：

2013年，福建森海科技有限公司新开发了一套净水设备，效果非常好。但是由于该设备是个新品牌，在国外根本没有市场，很少有人问津。而很多经销商也因为此原因不愿意进货，害怕压货。该公司该如何打开国外市场呢？

3. 安排每个小组抽签讲解国际贸易方式，如表1-4所示。

表1-4　　　　　　　　　　贸易方式代码表（部分）

贸易方式代码	贸易方式代码简称	贸易方式代码全称
0110	一般贸易	一般贸易
0130	易货贸易	易货贸易
0214	来料加工	来料加工装配贸易进口料件及加工出口货物
0345	来料成品内销	来料加工成品转内销

贸易方式代码	贸易方式代码简称	贸易方式代码全称
0420	加工贸易设备	加工贸易项下外商提供的进口设备
0446	加工设备内销	加工贸易免税进口设备转内销
0513	补偿贸易	补偿贸易
0615	进料对口	进料加工（对口合同）
1215	保税工厂	保税工厂
1233	保税仓库货物	保税仓库进出境货物
1523	租赁贸易	租期在一年及以上的租赁贸易货物
1616	寄售代销	寄售、代销贸易
1741	免税品	免税品
1831	外汇商品	免税外汇商品
2025	合资合作设备	合资合作企业作为投资进口设备物品
2225	外资设备物品	外资企业作为投资进口的设备物品
2600	暂时进出口货物	暂时进出口货物
2700	展览品	进出境展览品
9900	其他	其他

4. 安排学生思考分析。

（1）中国香港 A 公司与日本 B 公司签订一份独家代理协议，指定由中国香港 A 公司作为独家代理。订立协议时，日本 B 公司正试验改进现有产品，不久日本公司试验成功，并把这项改进后的同类产品指定中国香港另外一家公司做独家代理。请问，B 公司有无此权利？为什么？

（2）我国某公司与国外一公司订有包销某商品的包销协议，期限为一年。年末临近，因行情变化，包销商"包而未销"，要求退货并索赔广告宣传费用。

问：包销商有无权利提出此类要求？为什么？

（3）在一次拍卖会上，由于事先宣传得力，加上著名拍卖师主持，拍卖现场竞价非常激烈，一辆底价 3 万元的车辆经过几十轮的竞价，最后举 7 号牌的张某以 9 万元的价格拍得。然而，当拍卖师要求与张某签署成交确认书的时候，张某却称自己是被现场气氛感染，并非真正想买车，拒不签署成交确认书。

问题：①张某的理由是否成立？②没有签署成交确认书，本次拍卖是否成交？

（4）A 公司在国外物色了 B 公司作为其代售人，并签订了寄售协议。货物在运往寄售地销售的途中，遭遇洪水，使 20% 的货物被洪水冲走。因遇洪水后道路路基需要维修，货物存仓发生了 8000 美元的仓储费，问：以上损失的费用应由哪一方承担？

情境二　拍卖会

【学时】

2 学时。

【学习目标】

掌握拍卖会的流程和拍卖规则。

【重难点】

重点：操作拍卖会流程。

难点：理解拍卖的规则。

【学习过程】

1. 安排学生进行拍卖会准备，提出拍卖要求。

（1）注重拍卖流程的准确性。

（2）各公司可任选一种商品进行拍卖，该拍卖品可以是有形也可以是无形的。

（3）各公司要选出一名拍卖师，适当时候可以增设一名产品介绍者。

（4）拍卖过程保持相关礼仪。

（5）要注重拍卖的原则。

2. 组织学生进行拍卖会讨论与策划。

（1）各公司讨论，策划拍卖产品及拍卖流程。

（2）选举拍卖师。

（3）设计拍卖会广告。

（4）写拍卖讲演稿。

（5）安排摄像。

3. 组织实施拍卖。

4. 写出拍卖会总结报告。

情境三　撰写招投标书

【学时】

2 学时。

【学习目标】

操作招投标流程；招投标标书制作。

【重难点】

重点：操作招投标流程；招投标标书制作。

难点：操作招投标流程；招投标标书制作。

【学习过程】

1. 查找招投标书样本。

投标书范本

致：_____

根据贵方为_____项目招标采购货物及服务的投标邀请_____

_____（招标编号），签字代表_____（全名、职务）

经正式授权并代表投标人_____（投标方名称、地址）提交下述文

件正本一份和副本一式_____份。

（1）开标一览表

（2）投标价格表

（3）货物简要说明一览表

（4）按投标须知第14、15条要求提供的全部文件

（5）资格证明文件

（6）投标保证金，金额为_____元。

据此函，签字代表宣布同意如下：

（1）所附投标报价表中规定的应提供和交付的货物投标总价为

_____元。

（2）投标人将按招标文件的规定履行合同责任和义务。

（3）投标人已详细审查全部招标文件，包括修改文件（如需要修改）以及全部参

考资料和有关附件。我们完全理解并同意放弃对这方面有不明及误解的权利。

（4）其投标自开标日期有效期为_____个日历日。

（5）如果在规定的开标日期后，投标人在投标有效期内撤回投标，其投标保证金

将被贵方没收。

（6）投标人同意提供按照贵方可能要求的与其投标有关的一切数据或资料，完全理解不一定要接受最低价格的投标或受到的任何投标。

（7）与本投标有关的一切正式往来通信请寄：

地址：＿＿＿＿＿＿＿＿＿＿＿＿＿邮编：＿＿＿＿＿＿＿＿＿＿＿＿＿

电话：＿＿＿＿＿＿＿＿＿＿＿＿＿传真：＿＿＿＿＿＿＿＿＿＿＿＿＿

投标人代表姓名、职务：＿＿＿＿＿＿＿＿＿＿＿＿＿＿＿＿＿＿＿＿＿

投标人名称（公章）：＿＿＿＿＿＿＿＿＿＿＿＿＿＿＿＿

日期：＿＿＿＿＿＿年＿＿＿＿月＿＿＿＿日

全权代表签字：＿＿＿＿＿＿＿＿＿＿＿＿＿＿

2. 招投标会资料组织。

（1）2015 年，某市拟建筑一座全世界瞩目的摩天大楼，需要世界顶级设计公司的参与。请以规划部的身份，面向全世界发出招标通告，选择合作的设计者。我们应该鼓励出口哪些东西？进口哪些呢？

（2）2013 年，北京某高速新开路段，由于养护设备的缺少，交通部门拟向全世界招标采购公路养护设备，请帮助其写一封招标文件。

（3）河南路太机械设备有限公司有各种公路养护设备出售。请以该公司业务员的身份草拟一份投标书给题（2）中的交通部。

3. 根据资料撰写招投标文件（文件另附）。

项目考核

一、名词解释（用自己的语言解释）

1. 经销：＿＿＿＿＿＿＿＿＿＿＿＿＿＿＿＿＿＿＿＿＿＿＿＿＿＿＿＿＿＿＿

2. 招投标：＿＿＿＿＿＿＿＿＿＿＿＿＿＿＿＿＿＿＿＿＿＿＿＿＿＿＿＿＿＿

3. 代理：＿＿＿＿＿＿＿＿＿＿＿＿＿＿＿＿＿＿＿＿＿＿＿＿＿＿＿＿＿＿＿

4. 寄售：＿＿＿＿＿＿＿＿＿＿＿＿＿＿＿＿＿＿＿＿＿＿＿＿＿＿＿＿＿＿＿

5. 拍卖：＿＿＿＿＿＿＿＿＿＿＿＿＿＿＿＿＿＿＿＿＿＿＿＿＿＿＿＿＿＿＿

6. 国际技术贸易：_____

_____

7. 加工贸易：_____

_____

8. 补偿贸易：_____

_____

二、判断题

1. 招标投标是一种竞卖方式，对买方比较有利。（　　　）

2. 寄售方式中代销人需承担风险。（　　　）

3. 国际货物拍卖是一种公开的竞卖方式。（　　　）

4. 减价拍卖在业务中又称作密封递价拍卖。（　　　）

5. 拍卖最常见的方式是由低到高的增价拍卖方式。（　　　）

6. 狭义的易货是纯粹的货币与货物的交换。（　　　）

7. 加工贸易方式下，双方当事人之间均不存在买卖关系。（　　　）

8. 开展加工贸易时，原料和成品的所有权均未发生转移。（　　　）

9. 加工贸易方式下，原料来自国外，成品又销往国外。（　　　）

10. 电子商务不能体现在商务活动的多个环节。（　　　）

三、选择题

1. 经销数额一般采用规定（　　　）的做法，这也是卖方要保证供应的数额。

A. 最低承购额　　　B. 最高承购额　　　C. 中间承购额　　　D. 盈利承购额

2. 在独家经销业务中的供货商和经销商之间是一种（　　　）。

A. 买卖关系　　　　　　　　　B. 信托关系

C. 互购关系　　　　　　　　　D. 委托代理关系

3. 包销协议与销售代理协议的主要区别之一是在包销协议中不规定（　　　）。

A. 经销区域　　　B. 经营商品范围　　　C. 佣金条款　　　D. 协议期限

4. 国际贸易中，在采用（　　　）方式时，卖方是先发货，后成交。

A. 独家经销　　　B. 招标投标　　　C. 拍卖　　　D. 寄售

5. 寄售协议在性质上属于（　　　）。

A. 买卖合同　　　B. 委托合同　　　C. 信托合同　　　D. 承揽合同

6. 在国际招标投标业务的过程中，（　　　）相当于交易磋商中的发盘性质。

A. 招标　　　B. 投标　　　C. 开标　　　D. 评标

7. 招标投标业务的特点之一是（　　　）。

A. 买主之间的竞争　　　　　　　B. 卖主之间的竞争

C. 买主与卖主之间的竞争　　　　　D. 是一种独特的拍卖

8. 复杂的转手贸易往往表现为（　　）。

A. 商价转让购买权　　　　　　　　B. 低价转让购买权

C. 记账贸易　　　　　　　　　　　D. 低价购买使用权

9. 补偿贸易与易货和反购方式的主要区别在于（　　）。

A. 补偿贸易仅仅适用于机械设备的采购业务中

B. 补偿贸易是以信贷作为基础的

C. 补偿贸易以对开信用证方式进行结算

D. 开展补偿贸易时要分别签订两个合同

10. 加工贸易从性质上讲是一种（　　）。

A. 资本输出　　　B. 商品出口　　　C. 技术出口　　　D. 劳务出口

11. 在下列贸易方式中，发生了原材料运进和成品运出，但并未发生所有权转移的是（　　）。

A. 易货贸易　　　B. 补偿贸易　　　C. 进料加工　　　D. 来料加工

12. （　　）对企业国际市场份额的重新划分、提高企业的国际市场适应能力，国际竞争能力产生着重大的影响，代表着国际贸易未来的发展方向，是我国企业拓展国际市场的又一重要途径。

A. 网络贸易　　　B. 电子信息　　　C. 电子商务　　　D. 经贸信息

13. 政府采购属于电子商务的（　　）模式。

A. B2B　　　　　B. B2C　　　　　C. B2A　　　　　D. C2A

14. 国际贸易中采用的寄售方式具有以下特点，即（　　）。

A. 寄售人和代销人是委托代售关系

B. 先发货，后成交，凭实物进行现货交易

C. 货物售出前的风险和费用均由寄售人承担

D. 货物的所有权在货物发运时转给代销人

E. 寄售相当于一般的代理业务

15. 对销贸易的种类分为（　　）。

A. 易货贸易　　　B. 反购或互购　　　C. 补偿贸易　　　D. 转手贸易

E. 交货贸易

16. 电子商务包括（　　）两个方面的内容。

A. 电子方式　　　　　　　　　　　B. 商贸活动

C. 贸易组织形式　　　　　　　　　D. 商贸组织方式

E. 政府机构

四、简答题

1. 独家经销与独家代理的区别主要表现在哪些方面?

_____

_____

2. 承担特别责任的代理人有哪些?

_____

_____

3. 简述采用寄售方式应注意的事项。

_____

_____

4. 寄售与正常的出口销售相比,具有哪些特点?

_____

_____

5. 国际货物的拍卖具有什么特点?

_____

_____

6. 增价拍卖与荷兰式拍卖有什么区别?

_____

_____

7. 来料加工和进料加工有何联系与区别?

_____

_____

五、案例分析题

1. 某公司在拍卖行经竞买获得精美瓷器一批。在商品拍卖时,拍卖条件中规定:"买方对货物的过目与不过目,卖方对商品的品质概不负责。"该公司在将这批瓷器通过公司所属商行销售时,发现有部分瓷器出现网纹,严重影响这部分商品的销售。卖方因此向拍卖行提出索赔,却遭到拍卖行的拒绝。问:拍卖行的拒绝是否有道理?为什么?

_____

2. 某机构拟通过招标、投标方式选定工程队,为该机构建造办公大楼。该机构在发出的招标书中规定,投标人在投标时,要提供合同金额10%的履约保证金。经筛选,A工程队中标,取得为该机构办公大楼的承建权。取得承建权后,A工程队却因种种原因不履行合约，并向该机构提出，退回全部保证金的要求，遭到拒绝。问：该机构的拒绝退款是否有理？为什么？

_____

_____

3. 我国某公司和外商洽谈一笔补偿贸易，外商提出可以信贷方式向我提供一套设备，并表示愿意为我代销产品。根据补偿贸易的要求，你认为这些条件我们能接受吗？为什么？

_____

_____

4. 某公司新研制出一种产品，为打开产品的销路，公司决定将产品运往俄罗斯，采用寄售方式出售商品。在代售方出售商品后，我方收到对方的结算清单，其中包括商品在寄售前所花费有关费用的收据。问：寄售方式下，商品寄售前的有关费用应由谁承担？为什么？

_____

_____

5. 美国某公司与中国香港 A 公司签订一份独家代理协议，指定中国香港公司为独家代理。在订立协议时，美国公司正在试验改进现有产品的性能。不久美国公司试验成功，并把这项改进后的同类产品，指定中国香港另一家公司作独家代理。问：美国公司有无这种权利？为什么？

_____

_____

实训总结 ◆→

_____

_____

_____

_____

_____

_____

_____

考核标准 ✦➤

【情境一活动评价】

表1-5   **"讲讲贸易方式"评分表**

考评内容	能力评价			
考评标准	具体内容	分值（分）	学生评分（0.4）	师评（0.6）
	讲述内容翔实，能有自己的观点	40		
	自己组织语言，准确，精练	25		
	PPT 制作精美	15		
	有拓展能力	20		
	合计	100	注：考评满分为 100 分，60～74 分为及格；75～84 分为良好；85 分以上为优秀	

各组成绩					
小组	分数	小组	分数	小组	分数

教师记录、点评：

【情境二活动评价】

表1-6   **"拍卖会"评分表**

考评内容	能力评价			
考评标准	具体内容	分值（分）	学生评分（0.4）	师评（0.6）
	拍卖品选择及流程设计	40		
	拍卖师表现	25		
	团队合作有默契，有分工	15		
	在规定时间完成，遵守招标会会纪律	20		

续　表

合计	100	注：考评满分为100分，60～74分为及格；75～84分为良好；85分以上为优秀

各组成绩

小组	分数	小组	分数	小组	分数

教师记录、点评：

【情境三活动评价】

表1-7　　　　　　　　　　"撰写招投标书"评分表

考评内容	能力评价			
	具体内容	分值（分）	学生评分（0.4）	师评（0.6）
考评标准	标书资料准备充分正确	40		
	自己组织语言，准确，精练	25		
	团队合作有默契，有分工	15		
	在规定时间完成，遵守招标会会纪律	20		
合计	100	注：考评满分为100分，60～74分为及格；75～84分为良好；85分以上为优秀		

各组成绩

小组	分数	小组	分数	小组	分数

教师记录、点评：

熟能生巧 ✦▶

　　十二生肖是中国国宝，目前四散在外。法国佳士得拍卖行 2009 年 2 月 25 日晚间在巴黎拍卖中国圆明园流失文物鼠首和兔首铜像，引起了全世界关注，中国人更是希望所有流落在外的兽首回归祖国怀抱。3 月 2 日上午 10 时 30 分，中华抢救海外文物专项基金在北京丰联广场丰联会馆召开新闻通报会，公布了佳士得拍卖的圆明园鼠首和兔首被来自厦门的蔡铭超以天价获得。蔡铭超强调说，这个款不能付。其理由为——"圆明园鼠首兔首拍卖后，我（指蔡铭超）注意到 2009 年 2 月 26 日国家文物局《关于审核佳士得拍卖行申报进出境的文物相关事宜的通知》。《通知》明确指出，佳士得拍卖行在法国巴黎拍卖的鼠首和兔首铜像是从圆明园非法流失的。佳士得在我国申报进出境的文物，均应提供合法来源证明，如果不能提供这个证明或证明文件不全，将无法办理文物进出境审核手续。我还注意到《通知》规定，文物部门如发现佳士得申报的进出境文物可能是被盗、走私文物，应立即向国家文物局和公安、海关部门报告。作为一个中国人，我必须遵守中国政府的规定，相信我和中国其他收藏家今后都会这样办。如果这两件拍品无法入境，我自然不能付款。"

　　请就此事件进行讨论。

_____

_____

_____

_____

任务三　合同条款与内容

实训学习目标 ✦▶

　　知识目标：

　　1. 合同构成。

　　2. 合同中相关条款的规定。

　　3. 贸易术语。

　　4. 价格构成。

能力目标：

1. 可以起草合同。
2. 能够正确规定合同中的相关条款。
3. 熟悉贸易术语的相关规定。
4. 可以表示进出口价格。

实训学习方法

1. 自学（收集资料法、比较学习法、小组讨论法）。
2. 听讲学习（提问、总结、作业）。
3. 实操（情境再现法、头脑风暴法、案例分析法、思维导图法）。

实训课程介绍

　　本次实训任务，旨在让学生通过学习和比较，了解和认识贸易合同中品名、品质、数量、包装等条款如何规定及注意事项；学生能够起草合同书，并具备审核合同书的能力；可以读懂贸易术语，了解不同术语体现的风险、责任及费用如何划分，可以进行简单的进出口商品价格的核算。

　　本次实训任务，分三个学习情境进行：合同中相关条款的表示、读懂贸易术语、正确表示进出口商品价格。

实训任务说明

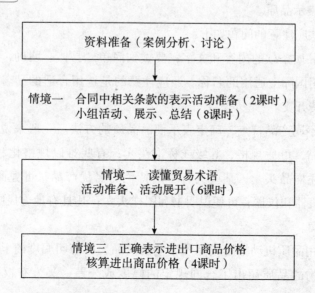

― 29 ―

实训知识铺垫 ✤▸

一、合同条款内容表示

（一）品名条款

规定品名条款应注意的事项。国际货物买卖合同中的品名条款，是合同中的主要条件，因此，在规定此项款时，应注意下列事项。

（1）内容必须明确、具体，避免空泛、笼统的规定。在品名条款中，应具体定明商品名称，尽量避免笼统描述，引起合同纠纷。若成交商品品种和规格繁多，可在商品名称栏内表明商品类别总称，如文具、家具等，同时将具体商品名称及规格用附表详细列明。

（2）根据需要约定成交商品的名称。条款中规定的品名，必须是卖方能够供应而买方所需要的商品，避免盲目成交，给履约带来困难。

（3）合理描述成交商品。对于合同条款中的商品，如需进一步描述，其描述性语句必须运用得当，即不能漏掉必要描述，也不能加入不切实或不必要的描述。例如，凡是成交商品有编号、商标或等级的，应将编号、商标或等级列明，如没有，不需要多加说明。

（二）商品品质表示

（1）凭实物表示品质。

（2）凭说明表示品质。

签订品质条款应注意的问题如下：

（1）品名、品质条款的内容和文字，要做到简单、具体、明确，合同条款中规定的品名尽可能使用国际上通用的名称。还应注意的是选用合适的品名有利于降低进出口税负和节省运费开支。

（2）应根据不同产品特点，确定表示商品品质的方法。一般来说，凡能用科学指标说明品质的商品，可凭规格、等级或标准买卖；有些难以规格化和标准化的商品，如工艺品等，可凭样品买卖；某些具有一定特色的名优产品，可凭商标或品牌买卖；某些性能复杂的机器和仪器，可凭说明书和图样买卖；凡具有地方风味和特色的产品，可凭产地名称买卖。

（3）凡能采用品质机动幅度或品质公差的商品，应订明幅度的上下限或公差的允许值。如所交货物的品质超出了合同规定的幅度或公差，买方有权拒收货物或提出索赔。

（三）数量条款，讲解溢短装条款

明确规定交货时可以多装或少装一定的比例。

表示方法：一般用百分比表示。

选择权：一般由卖方决定，也可由买方或船方决定。

（四）包装条款

联合国欧洲经济委员会简化国际贸易程序工作组，制定的标准运输标志包括 4 个因素，它们是：

（1）收货人或买方名称的英文缩写字母或简称；

（2）参考号：如运单号码、订单号码和发票号码等；

（3）目的地；

（4）件数号码。

SMCO	——收货人代号
2002/C NO. 245789	——参考号
NEW YORK	——目的地
NO. 1～20	——件数代号

二、贸易术语

目前，国际上遵循《2010 年国际贸易术语解释通则》（以下简称《2010 通则》），于 2011 年 1 月 1 日起实施，共有 11 个贸易术语，分为两大类，主要涉及货物的运输、风险划分、投保义务、交货地点、出口进口结关手续及费用负担、装卸货义务及适用的运输方式等内容。

第一组，适用于任何运输方式的七种术语：EXW、FCA、CPT、CIP、DAT、DAP、DDP。

EXW（ex works）	工厂交货
FCA（free carrier）	货交承运人
CPT（carriage paid to）	运费付至目的地
CIP（carriage and insurance paid to）	运费/保险费付至目的地
DAT（delivered at terminal）	目的地或目的港的集散站交货
DAP（delivered at place）	目的地交货
DDP（delivered duty paid）	完税后交货

第二组，适用于水上运输方式的四种术语：FAS、FOB、CFR、CIF。

FAS（free alongside ship） 装运港船边交货

FOB（free on board） 装运港船上交货

CFR（cost and freight） 成本加运费

CIF（cost insurance and freight） 成本、保险费加运费

三、进出口商品价格表示

（一）影响因素

（1）要考虑商品的质量和档次；

（2）要考虑运输距离；

（3）要考虑交货地点和交货条件；

（4）要考虑季节性需求的变化；

（5）要考虑成交数量；

（6）要考虑支付条件和汇率变动的风险。

（二）佣金与折扣

佣金是指卖方或买方付给中间商为其对货物的销售或购买提供中介服务的酬金。在进出口贸易中由于进出口商在信息来源、销售技巧以及销售渠道等方面都存在一定的局限性，有些买卖的成交必须依靠中间商。中间商是专门为介绍交易而获利的人，中间商为卖方促成出口，或为买方促成进口都要收取一定的报酬。用"C"表示。

折扣是指卖方按照原价给买方以一定的减让或优惠。折扣是在竞争条件下推销商品的重要方法之一，其名目很多，如特殊情况下的特别折扣、因订购数量较大而给予的数量折扣、根据年度贸易成交额度的年终折扣、或作为试订而给予的样品折扣等。折扣用"R"或"D"表示。

（三）价格条款的规定

1. 单价

商品单价（Unit Price）的表示通常由四个部分组成，缺一不可，即计量单位（如公吨）、单位价格金额（如200）、计价货币（如美元）和贸易术语（如CIF伦敦）。

将四个部分合成的商品单价表示举例如下：

每公吨100美元FOB上海（US＄100 per metric ton FOB Shanghai）

2. 总值

计算总值时，如果品质、数量在合同中有机动幅度的，在机动幅度内一般按原有

单价计价，在机动幅度外的应在合同中写明计价方法。另外，总值必须用大小写同时表示。

例如：

Total Amount：USD123 478.00（Say US Dollars One Hundred Twenty Three Thousand Four Hundred and Seventy Eight Only）

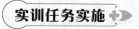
实训任务实施

情境一　合同中相关条款的表示

【学时】

8 学时。

【学习目标】

掌握国际合同中品名、品质、数量、包装的表示方法。

【重难点】

合同中相关条款规定应注意的问题。

【学习过程】

1. 看图 1 - 5 说说这些商品的名字？谈谈为什么这么起名？

图 1 - 5　各种商品 1

2. 分析资料：

2013 年，北京某出口公司在出口一批药品过程中，在商品名称一栏未使用国际标准品名，结果货物到了海关经查验发现名称与货品不符而被截留。

我们应该吸取哪些教训呢？

3. 小组游戏：给下列商品如图 1 - 6 所示命名，并正确表示合同条款中的品名描述。

图 1 - 6　各种商品 2

4. 学生查询并讲解商品品质如何表示及应注意的问题。

5. 根据知识，学生分析以下案例。

（1）我国某出口公司向外商出口一批苹果。合同及对方开来的信用证上均写的是三级品，但卖方交货时才发现三级苹果库存告罄，于是该出口公司改以二级品交货，并在发票上加注："二级苹果仍按三级计价不另收费"。请问：卖方这种做法是否妥当？为什么？

（2）2012 年 11 月底，我国某外贸公司与巴基斯坦某商凭样品成交达成一笔出口铁锹的合同。合同规定复验有效期为货物到达目的港后 60 天。货物到达目的港后巴基斯坦方验收未对货物提出异议。但事隔 5 个月，买方来电称铁锹全部生锈，只能降价出售，要求我方必须按成交价格的 40% 赔偿损失。我方接电后立即查询留存复样，发现铁锹的确生锈。问，我方是否同意赔偿，为什么？

（3）我国出口白砂糖一批，合同规定品质以 96 度旋光率为标准，每低一度按 FOB 出口价折让 1.5%，不足一度按比例计算，若低于 93 度，买方有权拒绝收货。请问，此品质条款是否合理？

6. 教师讲解国际常用的度量衡。

（1）公制。

（2）美制。

（3）英制。

（4）国际单位制。

7. 教师讲解计量单位：

（1）按重量计算：MT、LT、ST、KG 等。

（2）按容积计算：加仑 gallon（流体货物）、蒲式耳 bushel（谷物）。

（3）按数量计算：只（PIECE）、双（PAIR）、套（SET）打（DOZEN）、卷（REAM）、袋（BAG）。

（4）按长度计算：M、F、Y 等。

（5）按面积计算：平方米、英尺、码等。

（6）按体积计算：立方米、英尺、码等。

8. 教师安排学生背诵计量单位，并比赛。

9. 分析案例：

（1）中国某公司从国外进口某农产品，合同数量为 100 万吨，允许溢短装 5%，而外商装船时共装运了 120 万吨，对多装的 15 万吨，我方应如何处理？

（2）我国某出口公司与某国进口商按每公吨 500 美元的 FOB 价格于大连成交某农产品 200 公吨，合同规定包装条件为每 25 千克双线新麻袋装，信用证付款方式。该公司凭证装运出口并办妥了结汇手续。事后对方来电，称：该公司所交货物扣除皮重后实际到货不足 200 公吨，要求按净重计算价格，退回因短量多收的货款。我公司则以合同未规定按净重计价为由拒绝退款。要求：分析该公司的做法是否可行，并说明理由。

（3）合同中规定 About 1000 M/T 或 1000 M/T5% more or less at seller's option 条款：

①有无不同？为什么？

②在后一规定条件下，卖方最多和最少可交多少吨？

③这部分如何计价？

10. 组织讨论。

如图 1-7 所示商品包装有哪些内容？包装材料是什么？

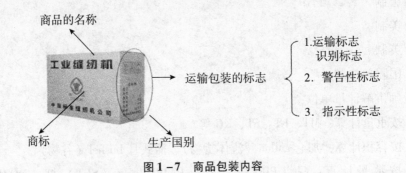

图 1-7　商品包装内容

11. 教师讲解如图 1-8 所示的包装运输标志——唛头。

图 1-8　唛头

12. 学生自学指示性标志和警告性标志。

（1）指示性标志。根据商品的特征，对某些易碎、易损、易变质的商品，用文字说明和图形做出标志，以示在搬运和储存过程中应引起注意的问题和事项。例如"小心轻放""勿用手钩"等。（如图 1－9 所示）

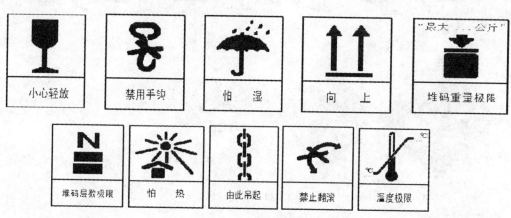

图 1－9　指示性标志

（2）警告性标志。指在易燃品、爆炸品、有毒物品、剧毒物品、腐蚀性物品及放射性物品的运输包装上标明危险性质的文字说明和图形以提醒有关人员在货物的运输、保管和装卸过程中，根据货物的性质，采取相应的防护措施，以保护人身安全和运输物资的安全。（如图 1－10 所示）

图 1－10　警告性标志

13. 学生练习。

（1）如图 1－11 所示的标志代表什么？

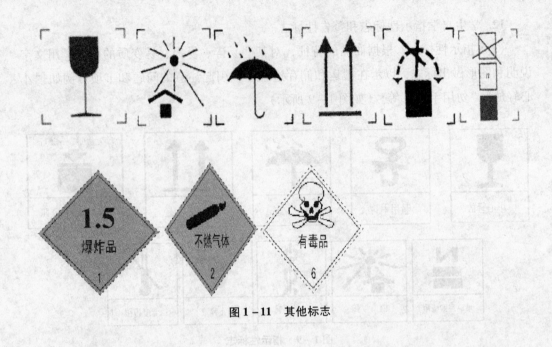

图 1-11 其他标志

（2）说明下面唛头信息。

ABCD

5343430

SINGAPORE

No. 1～30

（3）案例分析。

在荷兰某一超级市场上有黄色竹制罐装的茶叶一批，罐的一面刻有中文"中国茶叶"四字，另一面刻有我国古装仕女图，看上去精致美观颇富民族特点，但国外消费者少有问津，问其故何在？

情境二 读懂贸易术语

【学时】

6 学时。

【学习目标】

掌握 11 种贸易术语的相关规定。

【重难点】

重点：贸易术语规定。

难点：风险责任划分。

【学习过程】

1. 想一想国际贸易中如何来解决买卖双方之间的责任、风险，如何规定费用？

_____

_____

2. 解释 11 种贸易术语（如图 1 – 12 所示）。

目前，国际上遵循《2010 年国际贸易术语解释通则》。

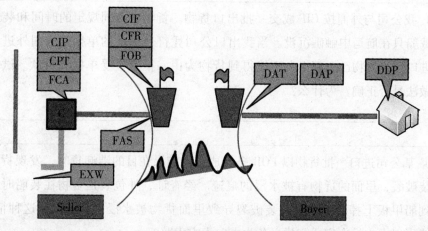

图 1 – 12 贸易术语

3. 学生制表比较 11 种贸易术语（如表 1 – 8 所示）。

表 1 – 8　　　　　　　　　　　　　　比较 11 种贸易术语

价格条件	中文全称	风险转移	交货地点	运费	保险费	适用的运输方式
EXW						
FCA						
FAS						
FOB						
CFR						
CIF						
CPT						
CIP						
DAT						

续　表

价格条件	中文全称	风险转移	交货地点	运费	保险费	适用的运输方式
DAP						
DDP						

4. 案例分析：

（1）某出口公司按 CIF 伦敦向英商出售一批红枣，由于商品季节性较强，双方在合同中规定："买方须于 9 月底前将信用证开到，卖方保证运货船只不得迟于 12 月 2 日驶抵目的港，如果货轮迟于 12 月 2 日抵达目的港，买方有权取消合同，如果货款已付，卖方将货款退还买方。"试分析这一合同的特点。

（2）我公司与外商按 CIF 成交一批出口货物。货物在合同规定的时间和装运港装船，受载船只在航运中触礁沉没。当我出口公司凭符合要求的单据要求国外进口商支付时，进口方以货物已全部损失不能得到货物为由，拒绝接受单据和付款。试问：进口方的做法是否正确？为什么？

（3）某公司进口一批货物以 FOB 条件成交。结果在目的港卸货时，发现货物有两件外包装破裂，里面的货物有被水浸的痕迹。经查证，外包装是货物在装船时因吊钩不牢掉到船甲板上摔破的，因包装破裂导致里面货物被水浸泡。问：在这种情况下，进口方能否以卖方没有完成交货义务为由向卖方索赔？

（4）我公司按 EXW 条件对外出口一批电缆。但在交货时，买方以电缆的包装纸不适宜出口运输为由，拒绝提货和付款。问：买方的行为是否合理？

情境三　正确表示进出口商品价格

【学时】

4 学时。

【学习目标】

了解进出口商品价格的构成。

【重难点】

影响进出口商品价格成本的因素。

【学习过程】

1. 分析：

（1）国产轿车与进口轿车的差别？

_____

_____

（2）什么是硬币？什么是软币？

_____

_____

2. 讨论影响进出口商品价格的因素。

3. 进口商品市场调查（资料另附）：

（1）教师设计进口产品调查表；

（2）教师讲解外出市场调研要求，学生准备学生证，签写外出安全承诺书；

（3）教师叮嘱外出调研注意事项。

4. 教师讲解进出口商品价格表示方法。

单价：计价货币 　单价 　计量单位 　贸易术语

总价：SAY 　　　　　　ONLY

5. 学生修改错误的商品价格表示。

（1）每公吨 240 美元 FOB 美国。

_____

_____

（2）FOB 伦敦每箱 60 元。

_____

_____

（3）每码 5 美元 CIF 香港净价含 2% 佣金。

_____

_____

（4）每码 2 美元纽约。

_____

_____

6. 讲解佣金与折扣。

项目考核 ◆▶

案例分析题

1. 2013 年 8 月，上海蓝天进出口有限公司与韩国某公司商谈一批服装交易，张红作为谈判代表，必须为己方谋取利益。谈判过程中，双方认为该批服装采取海运比较合适。张红在此基础上，就更要为己方争取相关费用和风险的最小化。这批服装在哪里交接？运输和保险谁来负责？运输风险谁来承担？装货卸货费用如何解决？

2. 我国某出口公司向英国出口一批大豆，合同规定："水分最高为 14%，杂质不超过 2.5%。"在成交前，该出口公司曾向买方寄过样品，订约后该出口公司又电告买方成交货物与样品相似，当货物运至英国后买方提出货物与样品不符，并出示了当地检验机构的检验证书，证明货物的品质比样品低 7%，但未提出品质不符合合同的品质规定。买方以此要求该出口公司赔偿其 15000 英镑的损失。请问：该出口公司是否该赔？本案给我们什么启示？

3. 某自行车厂向菲律宾出口自行车计 3000 辆，合同中规定黑色、墨绿色、湖蓝色各 1000 辆，不得分批装运。该厂在发货时发现湖蓝色的自行车库存仅有 950 辆，因短缺 50 辆湖蓝色，便以黑色自行车 50 辆顶替湖蓝色出口。请问：该厂这种做法会产生什么后果？

4. 甲方与乙方订立了一份 CIF 合同，甲方出售 200 箱番茄酱罐头给乙方。合同规定"每箱装 24 罐×100 克"，即每箱装 24 罐，每罐 100 克。但卖方在出货时，却装了 200 箱，每箱 24 罐，每罐 200 克，货物重量比合同多了 1 倍，但买方拒绝收货，并主张撤销合同。买方有这种权利吗？为什么？

5. 某外商欲购我"菊花"牌电钻，但要求改用"鲨鱼"牌商标，并在包装上不得注明"Made in China"字样，问我是否可以接受？应注意什么问题？

6. 2014 年 3 月初，山东某乡镇企业与 A 国的 M 贸易公司签订了一份出口烤花生的合同。合同规定出口数量为 40 吨，采用纸箱装，每箱装 10 袋，每袋 450 克。合同规定，付款方式为即期信用证，交货时间为当年的 4 月 30 日前，目的港为 A 国 S 港。由于 M 贸易公司对货物的内包装袋不太满意，认为太粗糙，图案不很理想，于是签约时决定使用自己的包装袋。因此，在合同的包装条款中附带了一句：内包装由 A 方提供问：这种做法是否合理。

7. 中国某公司与欧洲某进口商签订一份皮具合同，价格条件为 CIF 鹿特丹，向中国人民保险公司投保一切险。货物到达鹿特丹后，检验结果表明：全部货物湿、霉、沾污、变色，损失价值达 10 万美元。据分析，货损的主要原因是由于生产厂家在生产的最后一道工序中，未能将皮具的湿度降到合理程度。试问：

（1）保险公司对该批货损是否负责赔偿？

（2）进口商对受损货物是否支付货款？

（3）出口商应如何处理此事？

8. 我某出口公司按 CFR 条件向日本出口红豆 250 吨，合同规定卸货港为日本口岸，发货时，正好有一船驶往大阪，我公司打算租用该船，但在装运前，我方主动去电询问哪个口岸卸货。时值货价下跌，日方故意让我方在日本东北部的一个小港卸货，我方坚持要在神户、大阪。双方争执不下，日方就此撤销合同。试问我方做法是否合适？日本商人是否违约？

9. 我国某公司从国外某公司进口一批钢材，合同规定货物分两批装运，支付方式为不可撤销的即期信用证，每批分别由中国银行开立一份信用证。第一批货物装运后，外方在有效时间内向银行交单议付，中国银行也对议付行做了偿付。但我方在收到第一批货物后，发现货物品质不符合合同要求，于是中国银行应我方的要求随即对第二批货物拒付。

试分析：①中国银行的拒付合理吗？为什么？

②我方怎样才能保证货物质量符合合同要求？

10. 我国某外贸公司按照 CFR 价格出口一批纺织品，计 10 万美元，国外客户已向保险公司投保了一切险。但货物在从工厂运往装运港码头途中，发生了承保范围内的损失。卖方由于没有保险单，遂请来买方以买方的名义凭保险单向保险公司提起索赔，但遭到拒绝。请分析保险公司拒赔是否合理并说明理由。

11. 正确表示商品价格：

（1）每码 3.50 元 CIFC 中国香港。

（2）每箱 500 英镑 CFR 净价英国。

（3）每公吨 1000 美元 FOB 伦敦。

（4）每打 100 法国法郎 FOB 净价减 1% 折扣。

（5）2000 日元 CIF 上海包含佣金 2%。

实训总结

考核标准

【情境一活动评价】

表 1-9　　　　　　　　　　　"合同中相关条款的表示"评分表

考评内容	能力评价			
考评标准	具体内容	分值（分）	学生评分（0.4）	师评（0.6）
	品名表示方法	20		
	品质表示方法	30		
	数量表示方法	20		
	包装表示方法	30		

续 表

合计	100	注：考评满分为100分，60～74分为及格；75～84分为良好；85分以上为优秀	

各组成绩

小组	分数	小组	分数	小组	分数

教师记录、点评：

【情境二活动评价】

表1-10 "读懂贸易术语"评分表

考评内容	能力评价			
考评标准	具体内容	分值（分）	学生评分（0.4）	师评（0.6）
	11种贸易术语的含义	20		
	解释贸易术语图示	30		
	贸易术语对比分析表	30		
	案例分析术语	20		
	合计	100	注：考评满分为100分，60～74分为及格；75～84分为良好；85分以上为优秀	

各组成绩

小组	分数	小组	分数	小组	分数

教师记录、点评：

【情境三活动评价】

表 1-11 "正确表示进出口商品价格" 评分表

考评内容	能力评价			
考评标准	具体内容	分值（分）	学生评分（0.4）	师评（0.6）
	商品价格表示方法	20		
	纠错能力	20		
	准确表示商品价格	40		
	商品价格影响因素分析	20		
	合计	100	注：考评满分为100分，60~74分为及格；75~84分为良好；85分以上为优秀	

各组成绩

小组	分数	小组	分数	小组	分数

教师记录、点评：

熟能生巧 👉

请分别为大豆、复印机、童靴、茶叶、啤酒、陈醋设计品名、品质、数量、包装条款，并设计唛头。

_____

_____

_____

_____

任务四　进出口磋商与谈判

实训学习目标 ✦▶

知识目标：

1. 贸易磋商的内容与程序。

2. 各国风俗礼仪。

3. 商贸谈判技巧。

4. 合同签订。

能力目标：

1. 可以起草合同。

2. 能够看懂、书写外贸往来商务函电。

3. 熟悉各国风俗礼仪和社交礼仪。

4. 可以进行商贸谈判。

5. 准确签订合同。

实训学习方法 ✦▶

1. 自学（收集资料法、比较学习法、小组讨论法）。

2. 听讲学习（提问、总结、作业）。

3. 实操（情境再现法、头脑风暴法、案例分析法、思维导图法）。

实训课程介绍 ✦▶

本次实训任务，旨在让学生通过学习和比较，了解和认识贸易磋商与谈判，正确签订合同。学生通过本次任务的学习与实训，掌握贸易函电的写作和阅读，能够书写往来信件，可以起草合同样本，可以发现合同中的不足。学生掌握重要国家的风俗礼仪和社交礼仪，能够进行商贸谈判，冷静面对突发事故，运用商贸谈判技巧。

本次实训任务，分三个学习情境进行：贸易磋商、商贸谈判、签订贸易合同。

实训任务说明 ✦➤

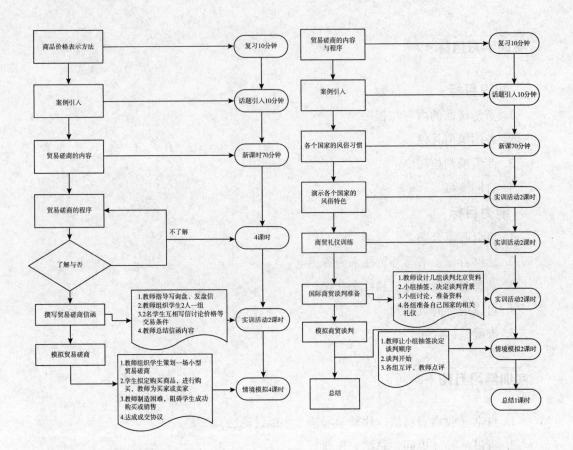

实训知识铺垫 ✦➤

一、贸易磋商

交易磋商的内容，即买卖合同的各项主要交易条款，包括品名、品质、数量、包装、价格、装运、保险、支付以及商检、索赔、仲裁和不可抗力等。具体磋商时注意各条款之间保持内在的一致性，避免前后冲突自相矛盾。业务中，并非每次磋商都把这些条款一一列出、逐条商讨，企业一般都使用固定格式的合同，上述条款中的商检、索赔、仲裁、不可抗力等通常就印在合同当中，只要对方没有异议，就不必逐条协商，可节省洽商时间和费用开支。

贸易磋商程序包括：询盘、发盘、还盘、接受。

二、合同内容

（一）合同首部

合同首部是合同的开始部分，也是合同的重要组成部分，其内容通常易被忽视，然而当争议发生时，这部分内容将起重大法律作用。

合同首部包括：合同的名称与编号、签约的时间与地点、合同双方当事人的身份、签约意图、有关文件与事项、词语注释六项内容。

（二）合同主文

（1）商品名称条款。

（2）商品品质条款。

（3）商品数量条款。

（4）商品包装条款。

（5）商品检验条款。

（6）产权条款。

（7）价格条款。

（8）买卖双方义务条款与贸易术语。

（9）交货与装运条款。

（10）支付条款。

（11）异议与索赔条款。

（12）不可抗力与免责条款。

（13）仲裁条款。

（14）合同终止条款。

（15）特约条款或备注。

（三）合同结尾

（1）文字。

（2）签署。

实训任务实施

情境一　贸易磋商

【学时】

8 学时。

【学习目标】

掌握贸易磋商的内容与程序，能够书写函电。

【重难点】

外贸函电的读懂与书写。

【学习过程】

1. 阅读业务资料：

2013 年 9 月 4 日，天津泰佛纺织品进出口公司（TIANJIN TIFERT TEXTILES IM-PORT & EXPORT CORP. 86，ZHUJIANG ROAD，HEXI DISTRICT，TIANJIN，CHINA）收到新加坡一新客户来函，表明对公司在网上发布的"三角"牌漂布感兴趣。

客户资信调查资料：

（1）客户名称、地址：OVERSEAS TRADING CO. LTD.，100 JULAN SULTAN #01 - 20 SULTAN PLAZA SINGAPORE。

（2）客户电传、电话：（065）6401070、（065）6401074。

（3）客户开户银行及账号：中国银行新加坡分行（BANK OF CHINA，SINGA-PORE）、03040159。

建立业务关系资料：

（1）商品信息（"三角"牌漂布基本情况）：

①货名及货号："三角"牌漂布、9801 - 1。

②规格：坯布经纬纱——30 支 ×36 支，每英寸经纬密度 72 ×69，每匹幅阔 35/36 英寸，长 42 码。

③包装：捆（布），每捆 20 匹，（体积长 19 英寸 ×宽 17 英寸 ×高 23 英寸，毛重 71 千克，净重 69 千克）。

（2）函件要求：函件中应有向客户寄送样品及空白合同（带有一般交易条件）、介绍"三角"牌漂布、要求客户确认等内容。

2. 据以上提供的相关背景及资料，以纺织品进出口公司业务员身份完成以下任务

（1）客户资信调查。

（2）与客户建立业务关系：函件须反映向客户寄送样品、空白合同、介绍"三角"牌漂布、要求客户确认等内容。

询盘信

发盘信

还盘信

接受信

情境二　商贸谈判

【学时】

6 学时。

【学习目标】

能力目标：能够灵活运用谈判方法，进行国际商贸谈判。

知识目标：掌握国际商贸谈判程序。

情感目标：掌握国际商贸谈判礼仪。

【重难点】

重点：商贸谈判技巧与方法。

难点：商贸礼仪。

【学习过程】

1. 教师组织各组抽签，分别抽取美国、日本、俄罗斯、阿拉伯、德国、韩国等国家，由各组准备资料介绍这些国家的风俗习惯、禁忌等内容。可以以情境小品形式展示出来。

2. 模拟商务接待礼仪。

【任务情境】

李卫是纪元公司的总经理。为了与美国的合作伙伴洽谈生意，他邀请美方代表 Mr. smith 来公司商谈合作事宜。当 Mr. smith 及其夫人到达广州后，李卫准备为 smith 夫妇接风洗尘。晚宴将在广州白天鹅酒店举行。李卫夫妇开车去白云宾馆接 smith 夫妇。到了白天鹅宾馆上电梯，就坐，服务生斟酒、上菜，MS. Smith……祝酒。

演员：李卫夫妇、Mr. smith。

友情出演：Ms. smith、饭店服务员。

（1）学生练习会议座次安排，如图 1 - 13 所示。

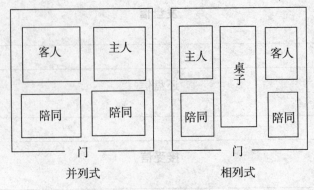

图 1-13　会客座次

（2）学生练习商务签约座次礼仪，如图 1-14 所示。

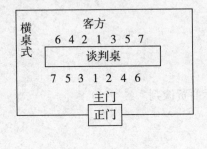

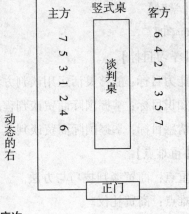

图 1-14　商务谈判座次

（3）学生练习计程车司机座位，如图 1-15 所示。

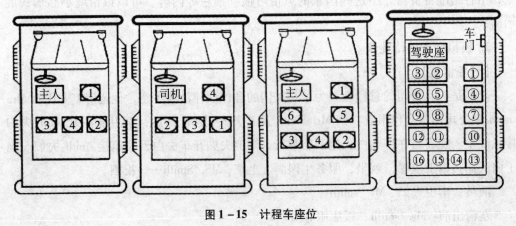

图 1-15　计程车座位

（4）学生练习火车座位，如图 1-16 所示。

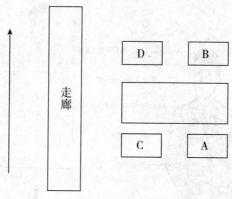

图 1-16　火车座位

（6）学生练习行走座次，如图 1-17 所示。

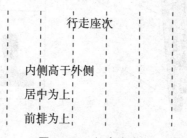

图 1-17　行走座次

（7）教师讲解个人形象礼仪，如图 1-18 所示。

（8）根据情境，模拟接待（照片、视频资料）。

3. 组织谈判，讲解活动过程和规则（如图 1-19 所示）。

4. 两组为一谈判组，抽取背景资料，学生准备。

谈判 A 方：中国午子绿茶公司

谈判 B 方：美国华之杰塑料建材有限公司

（1）A 方背景资料：

①品牌绿茶产自美丽而神秘的某省，它位于中国的西南部，海拔超过 2200 米。在那里，优越的气候条件下生长出优质且纯正的绿茶，它的茶多酚含量超过 35%，高于其他（已被发现的）茶类产品。茶多酚能够降脂、降压、减少心脏病和癌症的发病概率。同时，它能提高人体免疫力，并对消化、防疫系统有益。

②已注册生产某一品牌绿茶，品牌和创意都十分不错，品牌效应在省内初步形成。

③已经拥有一套完备的策划、宣传战略。

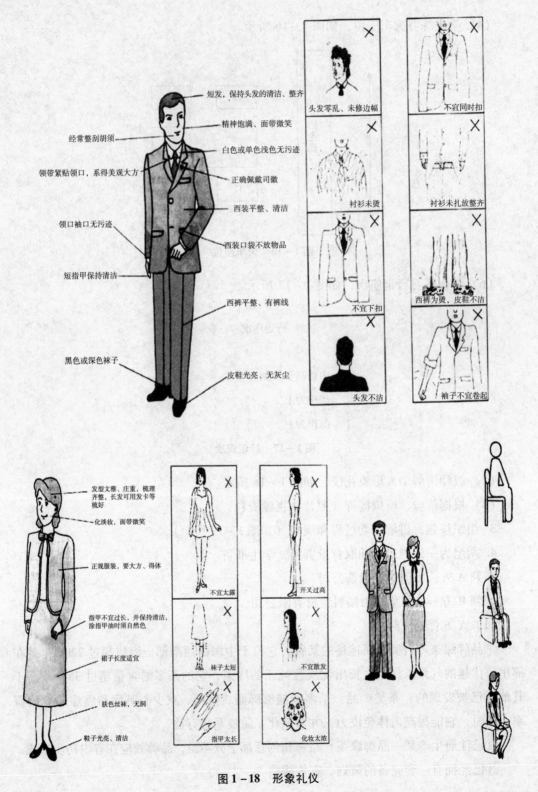

短发，保持头发的清洁、整齐

精神饱满、面带微笑

经常整刮胡须

白色或单色浅色无污迹

领带紧贴领口，系得美观大方

正确佩戴司徽

西装平整、清洁

领口袖口无污迹

西装口袋不放物品

短指甲保持清洁

西裤平整、有裤线

黑色或深色袜子

皮鞋光亮、无灰尘

头发零乱、未修边幅

不宜同时扣

衬衫未烫

衬衫未扎放整齐

不宜下扣

西裤为烫，皮鞋不洁

头发不洁

袖子不宜卷起

发型文雅、庄重，梳理齐整，长发可用发卡等梳好

化淡妆，面带微笑

正规服装，要大方、得体

指甲不宜过长，并保持清洁，涂指甲油时须自然色

裙子长度适宜

肤色丝袜，无洞

鞋子光亮、清洁

不宜太露

开叉过高

袜子太短

不宜散发

指甲太长

化妆太浓

图1-18　形象礼仪

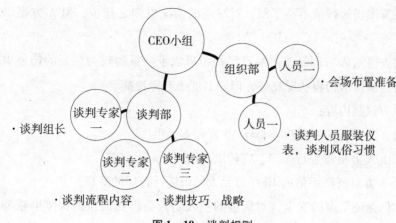

图 1-19　谈判规则

④已经初步形成了一系列较为顺畅的销售渠道，在全省某一知名连锁药房及其他大型超市、茶叶连锁店都有设点，销售状况良好。

⑤品牌的知名度还不够，但相信此品牌在未来几年内将会有非常广阔的市场前景。

⑥缺乏足够的资金，需要吸引资金，用于扩大生产规模、扩大宣传力度。

⑦现有的品牌、生产资料、宣传策划、营销渠道等一系列有形资产和无形资产，估算价值 1000 万元人民币。

（2）A 方谈判内容：

①要求 B 方出资额度不低于 50 万元人民币。

②保证控股。

③对资产评估的 1000 万元人民币进行合理的解释（包含品牌、现有的茶叶及制成品、生产资料、宣传策划、营销渠道等）。

④由 A 方负责进行生产、宣传以及销售。

⑤B 方要求年收益达到 20% 以上，并且希望 A 方能够用具体情况保证其能够实现。

⑥B 方要求 A 方对获得资金后的使用情况进行解释。

⑦风险分担问题（提示：例如可以购买保险，保险费用可计入成本）。

⑧利润分配问题。

（3）B 方背景资料：

①经营建材生意多年，积累了一定的资金。

②准备用闲置资金进行投资，由于近几年来绿茶市场行情不错，故投资的初步意向为绿茶市场。

③投资预算在 150 万人民币以内。

④希望在一年内能够见到回报，并且年收益率在 20% 以上。

⑤对绿茶市场的行情不甚了解，对绿茶的情况也知之甚少，但 A 方提供了相应的产品资料。

⑥据调查得知 A 方的绿茶产品已经初步形成了一系列较为畅通的销售渠道，在全省某一知名连锁药房销售状况良好，但知名度还有待提高。

（4）B 方谈判内容：

①得知 A 方要求出资额度不低于 50 万元人民币。

②要求由 A 方负责进行生产、宣传以及销售。

③要求 A 方对资产评估的 1000 万元人民币进行合理的解释。

④就如何保证资金的安全，对资金的投入是否会得到回报的保障措施要求进行相应的解释。

⑤B 方要求年收益达到 20% 以上，并且希望 A 方能够用具体情况保证其能够实现。

⑥B 方要求 A 方对获得资金后的使用情况进行解释。

⑦风险分担问题（例如可以购买保险，保险费用可计入成本）。

⑧利润分配问题。

（5）谈判目标：

①解决双方合资（合作）前的疑难问题。

②达到合资（合作）目的。

谈判 A 方：日本 KLL 工厂（卖方）

谈判 B 方：美国 FLP 工厂（买方）

产品供货合同条款和索赔谈判

FLP 和 KLL 工厂是两个长期的合作伙伴，KLL 是 FLP 的模具供应商，他的模具供给量占 FLP 工厂使用模具的 80%。但是，KLL 的模具最近一直有质量问题，给 FLP 工厂造成了大量的额外损失。当初两厂签订的协议中规定：KLL 提供的模具合格率达到 95% 以上便可。但是这是一条有歧义的条款，既可以理解为每套模具各个零件的合格率达到 95% 以上，也可以理解为所有模具的总体合格率达到 95% 以上。

前一种理解比较有利于 FLP 工厂，后一种理解比较有利于 KLL 工厂。而实际上正是由于 KLL 生产的所有模具中的那不合格的 5% 造成了 FLP 工厂巨大的损失。FLP 知道自己一下子不可能完全抛开这个供应商，KLL 当然也不想失去 FLP 这个大客户。FLP 提出，先前由于 KLL 的次品导致的损失必须由 KLL 承担。而 KLL 坚持认为 FLP 的质检部门在接受 KLL 工厂的模具时就应该看清楚，如果是次品可以退货，而不是等到进了工厂投入使用以后才发现有问题，因而他们拒绝承担损失。双方交涉多次都没有达成协议。最后导致双方的高层领导都开始过问此事。FLP 采购部和 KLL 销售部的经理迫于压力约定本周末碰面，准备通过谈判对此事做一个了断。而且双方谈判代表都非常清楚，如果这次谈不成回去肯定会受到领导斥责。

谈判目标：

（1）确定对 95% 以上合格率这一条款的理解。

（2）商议 KLL 赔偿 FLP 工厂损失的事宜。

买方：俄罗斯东兴公司

卖方：印度美菱公司

最近几年俄罗斯国内 GD 类布料的服装市场迅猛发展，各品牌服装生产厂家都不同程度地面临此类新型布料短缺的局面。位居国内三大服装品牌之一的东兴公司，就是主要生产 GD 类布料服装，并且占有国内 GD 类布料服装市场 1/3 大的份额，因此其 GD 布料来源短缺问题就更加严重。GD 新型布料颇受消费者欢迎，但生产技术含量高，印花染色工艺复杂，目前国内只有三家公司可以生产优质 GD 产品，但他们的生产安排早已被几家服装生产厂家挤满。由于多种原因，也难以从国外找到 GD 布料货源。

2007 年年初，在 GD 布料供应最紧缺的时候，东兴公司与国外生产 GD 布料的美菱公司签订了购货合同。按照合同，美菱公司向东兴公司提供 30 万米不同季节穿着的符合质量标准的 GD 布料，平均分三批分别于当年 4 月 30 日以前、8 月 31 日以前和 10 月 31 日以前交货；若延期交货，美菱公司将赔偿对方损失，赔偿事宜到时再商议。

2007 年春季，国内很多地方出现了 FD 型肺炎疫情，美菱公司印染车间有 2 名高级技术人员被诊断为 FD 疑似病例，该车间大多数人被隔离 20 余天，生产几乎处于停顿状态。虽然 4 月底很快恢复正常生产，但美菱公司已经无法按合同规定日期向东兴公司交货，至 5 月 5 日也只能交货 2 万米，全部交完至少要到 5 月 20 日。东兴公司因此遭受巨大损失。5 月 10 日，东兴公司决定实施索赔条款，并正式向美菱公司提出 600 万元的索赔要求。

一周后，美菱公司派出由主管生产的副总经理到东兴公司就索偿问题进行交涉。交涉时，美菱公司方认为，严重的 FD 疫情属于"不可抗力"，因此延迟交货不能使用处罚条款。但东兴公司方对此有不同意见，并坚持要求对方赔偿巨大损失。由于初步交涉不能达成一致意见，双方同意三天后进行正式谈判。

谈判双方的关系很微妙：东兴公司既希望拿到巨额赔偿金，又希望早日拿到布料，以便尽可能满足客户要求，也不愿失去美菱公司这一合作伙伴；美菱公司虽然不愿赔偿，但不愿让公司信誉受损，也不愿失去东兴公司这一实力较强的大客户。因此，如何务实且富有成效地解决索赔问题，摆在了双方谈判小组面前。

谈判目标：

（1）解决赔偿问题；

（2）维护双方长期合作关系。

5. 各组根据抽签准备资料。

谈判资料准备如图 1 – 20 所示。

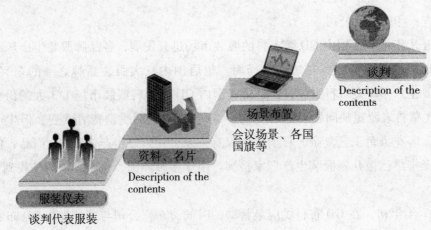

图 1 – 20　谈判流程

6. 讨论谈判应用技巧。

7. 模拟谈判。

8. 谈判总结。

情境三　签订贸易合同

【学时】

4 学时。

【学习目标】

能力目标：能够灵活阅读资料，草拟和签订贸易合同。

知识目标：掌握贸易合同的内容和结构。

情感目标：掌握贸易合同的内涵，可以纠错。

【重难点】

贸易合同的内容与填制。

【学习过程】

1. 根据资料填写合同。

下面是加拿大 Canadian K. & Lifdon Distributors 公司与晨星公司洽商篮球、足球、排球的往来函电。

（1）2月4日来电。CBW32篮球、CBW322足球及排球，请电告现价及可供数量，4月装船。

（2）2月5日去电。贵方4号来函CBW32篮球，每只2.25美金，足球2.80美金，排球1.50美金，50只装一纸箱。

（3）2月6日来电。贵方5号回电，我方颇感兴趣，每样预购3000件，4月装船，请报实盘。

（4）2月7日去电。收到贵方6日来函请于9号对此回复，CBW32，2000只，美金2.25；CBW322，2000只，美金2.80；排球3000只，美金1.50，4月装船，即期信用证付款。

（5）2月9日来电。贵方7号来函，每种3000只，价格分别为2.10，2.50，1.40，3月装船，见票30天付款信用证，请立即回复。

（6）2月10日去电。3月需求持续上涨，很遗憾贵方还盘价格太低。

（7）2月12日来电。贵方10日递盘每种3000件，价格分别为2.12，2.55，1.43。保险为总价120%，一切险和战争险，其他条款同我们9日电，请于14日前电复。

（8）2月13日去电。贵方12日来电，卖方再多涨5%。2000只CBW32 2.15美金，2000只CBW322 2.60美金，排球1.45美金。支付方式照例为即期信用证，请于15日回复。

（9）2月15日来电。贵方13日来电，我方开立信用证，请电告我方合同号。

（10）2月16日去电。收到你方15日电。销售确认书号码为980301。

请完成以下任务：

请判断上述电传哪些是发盘？哪些是还盘？

2. 根据双方达成的条件，填制售货确认书。

_____有限公司

售货确认书

SALES CONFIRMATION

编号：No：　　　　　　　日期 DATE：

致：

To：

确认售予你方下列货物，其条款如下：

We hereby confirm having sold to you the following goods on terms and conditions as stated below：

（1）货物名称及规格、包装	（2）数量 Quantity	（3）单价 Unit Price	（4）总值 Total Amount

合同总额 Contract value

（5）装运：

Shipment：

（6）保险

Insurance：

（7）付款

Payment：

备注：

Remarks：

请签退一份以供存档。

Please sign and return one for our file.

BUYERS：   SELLERS：

项目考核

一、名词解释

发盘　接受　逾期接受　一般交易条件

二、单项选择题

1. 我某出口公司于 5 月 5 日以电报对德商发盘，限 8 日复到有效。对方于 7 日以电报发出接受通知，由于电信部门的延误，出口公司于 11 日才收到德商的接受通知，事后该出口商公司亦未表态。此时，（　　）。

A. 除非发盘人及时提出异议，否则该逾期接受仍具有接受效力，合同成立

B. 不管我方是否及时提出异议，合同不成立

C. 只有发盘人毫不延迟地表示接受，该通知才具有接受效力，否则合同不成立

D. 由电信部门承担责任

2. 某公司向欧洲某客户出口一批食品，该公司于 3 月 16 日发盘，限 3 月 30 日复到有效，3 月 18 日接到对方来电称："你方 16 日来电接受，希望 5 月装船。"我方未提出异议。于是，（　　）。

A. 这笔交易达成　　　　　　　　　　B. 需经该公司确认后交易才达成

C. 属于还盘，交易未达成　　　　　　D. 属于有条件的接受，交易未达成

3. 根据《公约》的规定，发盘和接受的生效采取（　　　）。

A. 投邮生效原则　　　　　　　　　　B. 签订书面合同原则

C. 口头协商原则　　　　　　　　　　D. 到达生效原则

4. 英国某商人3月15日向国外某客商用口头发盘，若英商与国外客商无特别约定，国外客商（　　　）。

A. 任何时间表示接受都可使合同成立　　B. 应立即表示接受方可使合同成立

C. 当天表示接受即可使合同成立　　　　D. 在两三天内表示接受可使合同成立

5. A公司5月18日向B公司发盘，限5月25日复到有效。A公司向B公司发盘的第二天，A公司收到B公司5月17日发出的、内容与A公司发盘内容完全相同的交叉发盘，此时，（　　　）。

A. 合同即告成立

B. 合同无效

C. A公司向B公司或B公司向A公司表示接受，当接受通知到达对方时，合同成立

D. 必须是A公司向B公司表示接受，当接受通知到达对方时，合同成立

6. 下列条件中，（　　　）不是构成发盘的必备条件。

A. 发盘内容必须十分确定　　　　　　B. 主要交易条件必须十分完整齐全

C. 向一个或一个以上特定的人发出　　D. 表明发盘人承受约束的旨意

7. 我方6月10日向国外某客商发盘，限6月15日复到有效，6月13日接到对方复电称："你10日电接受，以获得进口许可证为准。"该接受（　　　）。

A. 相当于还盘

B. 在我方缄默的情况下，则视为有效发盘

C. 属有效的接受

D. 属于一份非实质性改变发盘条件的接受

8. 按《公约》的规定，一项发盘在尚未送达受盘人之前，是可以阻止其生效的，这叫发盘的（　　　）。

A. 撤回　　　　　　B. 撤销　　　　　　C. 还盘　　　　　　D. 接受

9. 我公司星期一对外发盘，限该发盘星期五复到有效，客户于星期二回电还盘并邀我电复。此时，国际市场价格上涨，故我未予答复。客户又于星期三来电表示接受我星期一的发盘，在上述情况下，（　　　）。

A. 接受有效　　　　　　　　　　　　B. 接受无效

C. 如我方未提出异议，则合同成立　　　D. 属有条件的接受

三、多项选择题

1. 促使发盘终止的原因主要有（　　　）。

A. 发盘的有效期届满

B. 发盘被发盘人依法撤回或撤销

C. 受盘人对发盘的拒绝或还盘

D. 发盘人发盘后发生了不可抗力或当事人丧失行为能力

2. 在国际贸易中，合同生效的时间主要有（　　　）。

A. 接受送达发盘时

B. 依约签订正式书面合同时

C. 依国家法律或行政法规的规定，合同获得批准时

D. 口头合同被当即接受时

3. 在国际贸易中，合同成立的有效条件是（　　　）。

A. 当事人必须具有签订合同的行为能力

B. 合同必须有对价或约因

C. 合同的形式和内容必须符合法律的要求

D. 合同当事人的意思表示必须真实

4. 交易磋商程序中必不可少的两个法律环节是（　　　）。

A. 询盘　　　　　B. 发盘　　　　　C. 还盘　　　　　D. 接受

5. 构成一项发盘应具备的条件是（　　　）。

A. 向一个或一个以上特定的人发出　　　B. 发盘内容十分确定

C. 表明发盘人承受约束的意旨　　　　　D. 发盘必须规定有效期

6. 构成一项接受应具备的条件是（　　　）。

A. 接受由特定的受盘人作出　　　　　B. 接受的内定必须与发盘相符

C. 必须在有效期内表示接受　　　　　D. 接受方式必须符合发盘的要求

7. 在实际的进出口业务中，接受的形式有（　　　）。

A. 用口头或书面的形式表示　　　　　B. 用缄默表示

C. 用广告表示　　　　　　　　　　　D. 用行动表示

8. 我某公司 15 日向日商发盘，限 20 日复到有效，日商于 19 日用电报表示接受我方 15 日电，我方于 21 日中午才收到对方的接受通知，此时（　　　）。

A. 合同已成立

B. 若我方毫不迟延的表示接受，合同成立

C. 若我方于 21 日才收到接受通知是由于电信部门的延误，则我方缄默，合同成立

D. 若我方于 21 日才收到接受通知是由于电信部门的延误，则合同一定成立

四、判断题

1. 还盘一经作出，原发盘即告失效。（　　）

2. 如发盘未规定有效期，则受盘人可在任何时间内表示接受。（　　）

3. 根据《公约》的解释，接受必须用声明或行动表示出来，沉默或不行动本身不等于接受。（　　）

4. 根据《公约》的规定，如果撤回通知于接受应生效之前或同时送达发盘人，接受得予撤回。（　　）

5. 交易磋商的内容必须包括 11 种交易条件，在此基础上合同才能成立。（　　）

6. 邀请发盘对双方具有约束力。（　　）

7. 一项发盘，即使是不可撤销的，也是可以撤回的，只要撤回的通知在发盘送达受盘人之前或同时到达受盘人。（　　）

8. 根据《公约》的解释，一项发盘，在受盘人发出接受通知之前可以撤销，但有两种例外情况。（　　）

9. 根据《公约》的解释，一项发盘，即使是不可撤销的，于拒绝通知到达发盘人时终止。（　　）

五、案例分析题

1. 我 A 公司向国外 B 公司发盘，报谷物 300 公吨，每公吨 250 美元，发盘有效期为 10 天。3 天后，B 公司复电称，对该批货物感兴趣，但要求进一步考虑。2 天后，B 公司两次来电，要求将货物数量增至 600 公吨，价格降至 230 美元/公吨，3 天后我公司将这批谷物卖给另一外商，并在第 10 天复电 B 公司，通知货已售出。但外商坚持要我方交货，否则以我方擅自撤约为由，要求赔偿。试问：我方应否赔偿，为什么？

2. 我某公司与某外商洽谈进口交易一宗，经往来电传磋商，就合同的主要条件全部达成协议，但在最后一次我方所发的表示接受的传真中列有"以签订确认书为准"。事后对方拟就合同草稿，要我方确认，但由于对某些条款的措辞尚待进一步研究，故未及时给予答复。不久，该商品的国际市场价格下跌，外商催我开立信用证，我方以合同尚未有效成立为由拒绝开证，试分析，我方的做法是否有理，为什么？

3. 我某技术贸易公司就某项技术贸易的进口事宜与国外某客户进行洽谈，经过双方多次的函电往来，最终使交易得以达成，但未订立正式的书面合同。根据双方的函电往来表明，对方应于 2013 年 12 月前向我方提供一项技术贸易的出口，而时至 2014 年 1 月，对方仍未向我方提供该项技术贸易。我方曾多次要求对方履行合同，对方却以未订立正式书面合同为由否认合约已达成。问（1）双方的交易是否已达成？为什么？（2）就此案例，我方应如何处理？

_____

_____

4. 我某进出口公司向国外某商询购商品，不久，我方收到对方 8 月 15 日发盘，发盘有效期至 8 月 22 日。我方于 8 月 20 日向对方复电："若价格能降至 56 美元/件，我方可接受"，对方未作答复。8 月 21 日我方得知国际市场行情有变，于当日又向对方去电表示完全接受对方 8 月 15 日发盘。问：我方的接受能否使合同成立？为什么？

_____

_____

5. 某进出口公司欲进口包装机一批，对方发盘的内容为："兹可供普通包装机 200 台，每台 500 美元 CIF 青岛，6 至 7 月装运，限本月 21 日复到我方有效。"我方收到对方发盘后，在发盘有效期内复电："你方发盘接受，请内用泡沫，外加木条包装。"问：我方的接受是否可使合同成立？为什么？

_____

_____

实训总结 ✛➤

_____

_____

_____

_____

_____

_____

_____

考核标准

【情境一活动评价】

表 1 - 12　　　　　　　　　"贸易磋商"评分表

考评内容	能力评价			
考评标准	具体内容	分值（分）	学生评分（0.4）	师评（0.6）
	看懂往来函电	20		
	书写函电信件	60		
	磋商程序	20		
合计		100	注：考评满分为 100 分，60~74 分为及格；75~84 分为良好；85 分以上为优秀	

各组成绩

小组	分数	小组	分数	小组	分数

教师记录、点评：

【情境二活动评价】

表 1 - 13　　　　　　　　　"商贸谈判"评分表

考评内容	能力评价			
考评标准	具体内容	分值（分）	学生评分（0.4）	师评（0.6）
	各国风俗礼仪	20		
	商务接待礼仪	30		
	商贸谈判	40		
	总结报告	10		

合计	100	注：考评满分为100分，60～74分为及格；75～84分为良好；85分以上为优秀

各组成绩

小组	分数	小组	分数	小组	分数

教师记录、点评：

【情境三活动评价】

表1-14　　　　　　　　　　"签订贸易合同"评分表

考评内容	能力评价			
	具体内容	分值（分）	学生评分（0.4）	师评（0.6）
考评标准	读懂函电资料	20		
	合同结构	10		
	合同填制	60		
	整洁度	10		
合计		100	注：考评满分为100分，60～74分为及格；75～84分为良好；85分以上为优秀	

各组成绩

小组	分数	小组	分数	小组	分数

教师记录、点评：

熟能生巧 ◆➤

一、模拟业务背景

（接之前的准备训练），新加坡客户接我方去函后，确认了我方样品及交易一般条件，于 9 月 10 日来函，要求我方报价。经谈判，我方与新客户达成初笔漂布买卖交易。

二、模拟训练资料、要求

（一）发盘资料、要求

1. 客户 9 月 10 日来函

SAMPLES AND GENERAL TERMS AND CONDITIONS CONFIRMED. PLEASE OFFER FIRM 9801 − 1 4，200 YARDS.

2. 报价要求

（1）报价数量——4200 码；

（2）报价价格——CIF 新加坡每码 1.48 美元；

（3）装运期——2000 年 11 月；

（4）支付方式——不可撤销即期信用证；

（5）报价日期——2000 年 9 月 12 日。

（二）回复客户还盘资料、要求

1. 9 月 14 日客户还盘

YOURS 12TH 8400 YARDS SHIPMENT NOVEMBER US DOLLARS 1.2 CIFC3 D/P SIGHT PLEASE REPLY SIXTEENTH

2. 还盘要求

根据还盘情况，自行合理确定。

（三）客户再还盘资料、要求

1. 客户 5 月 17 日还盘

YOURS 16TH OTHER SOURCES SIMILAR QUALITY QUOTING 1.25 COMPETITION KEEN HENCE BEST 1.30，6720 YARDS CREDIT 60 DAYS SIGHT

2. 再还盘要求

考虑竞争，特别是初次交易，同意将每码价格降低 0.12 美元、见票 30 天信用证付款，限 19 日前复。

（四）模拟训练单据

销售确认书。

三、模拟训练任务

根据所给条件及要求，模拟双方谈判及签约过程。

根据双方往来函电缮制出口销售确认书。

_____ 有限公司

售货确认书

SALES CONFIRMATION

编号：No：　　　　　　日期 DATE：

致：

To：

确认售予你方下列货物，其条款如下：

We hereby confirm having sold to you the following goods on terms and conditions as stated below：

（1）货物名称及规格、包装	（2）数量 Quantity	（3）单价 Unit Price	（4）总值 Total Amount

合同总额 Contract value

（5）装运：

Shipment：

（6）保险：

Insurance：

（7）付款

Payment：

备注：

Remarks：

请签退一份以供存档。

Please sign and return one for our file.

BUYERS：　　　　　　　　　　　　　　　SELLERS：

任务五　掌握国际结算

实训学习目标

知识目标：

1. 汇付的种类、特点和流程。
2. 托收的种类、特点和流程。
3. 信用证的种类、特点和流程。

能力目标：

1. 可以操作汇付方式。
2. 可以操作托收结算方式。
3. 可以操作信用证结算方式。
4. 可以正确选择国际结算方式。

实训学习方法

1. 自学（收集资料法、比较学习法、小组讨论法）。
2. 听讲学习（提问、总结、作业）。
3. 实操（情境再现法、头脑风暴法、案例分析法、思维导图法、流程图学习法）。

实训课程介绍

本次实训任务，旨在让学生通过学习和比较，了解和认识国际结算方式，熟悉汇付、托收、信用证的特点、种类和流转过程，特别是常见的诸如托收、电汇、信用证的办理手续等。

本次实训任务，分三个学习情境进行：了解汇付、了解托收、认识信用证。

实训任务说明 ✦➤

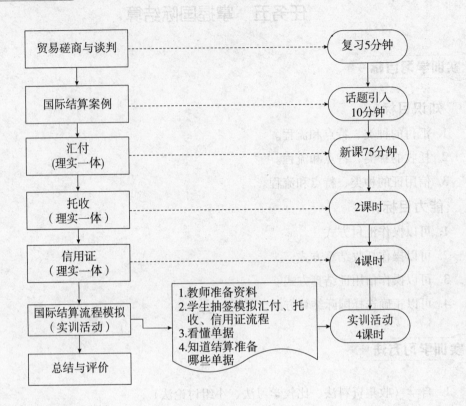

实训知识铺垫 ✦➤

一、汇付

（一）汇付的当事人

汇付又称汇款，是付款人通过银行，使用各种结算工具将货款汇交收款人的一种结算方式。属于商业信用，采用顺汇法。

（二）汇付的种类

（1）电汇（Telegraphic Transfer，T/T）。

（2）信汇（Mail Transfer，M/T）。

（3）票汇（Remittance by Banker's Demand Draft，D/D）。

二、托收

托收（Collecting）是出口人在货物装运后，开具以进口方为付款人的汇票（随附或不随付货运单据），委托出口地银行通过它在进口地的分行或代理行代出口人收取货款一种结算方式。属于商业信用，采用的是逆汇法。

（一）托收的主要特点

托收属于商业信用，银行办理托收业务时，既没有检查货运单据正确与否或是否完整的义务，也没有承担付款人必须付款的责任。托收虽然是通过银行办理，但银行只是作为出口人的受托人行事，并没有承担付款的责任，进口人不付款与银行无关。出口人向进口人收取货款靠的仍是进口人的商业信用。如果遭到进口人拒绝付款，除非另外有规定，银行没有代管货物的义务，出口人仍然应该关心货物的安全，直到对方付清货款为止。

托收对进口人比较有利，可以免去开证的手续以及预付押金，还有可以预借货物的便利。当然托收对进口人也不是没有一点风险。如，进口人付款后才取得货运单据，领取货物，如果发现货物与合同规定不符，或者根本就是假的，也会因此而蒙受损失，但总的来说，托收对进口人比较有利。

（二）托收种类

1. 光票托收

2. 跟单托收

（1）付款交单（D/P）：是指代收行必须在进口人付款后方能将单据交予进口人的方式。即所谓的"一手交钱，一手交单"。出口人把汇票连同货运单据交给银行托收时，指示银行只有在进口人付清货款的条件下才能交出货运单据。这种托收方式对出口人取得货款提供了一定程度的保证。

（2）承兑交单（D/A）：指在使用远期汇票收款时，当代收行或提示行向进口人提示汇票和单据，若单据合格进口人对汇票加以承兑时，银行即凭进口人的承兑向进口人交付单据。这种托收方式只适用于远期汇票的托收，与付款交单相比，承兑人交单为进口人提供了资金融通上的方便，但出口人的风险增加了。

三、信用证

（一）信用证的含义

信用证是一种由银行依照客户的要求和指示开立的有条件的承诺付款的书面文件。

信用证是有条件的银行担保，是银行（开证行）应买方（申请人）的要求和指示保证立即或将来某一时间内付给卖方（受益人）一笔款项。

卖方（受益人）得到这笔钱的条件是向银行（议付行）提交信用证中规定的单据。例如：商业、运输、保险、政府和其他用途的单据。

（二）信用证的主要当事人

①开证申请人；②开证行；③通知行；④受益人；⑤议付行；⑥付款行；⑦保兑银行；⑧偿付银行；⑨受让人。

（三）信用证的特点

（1）信用证方式是一种银行信用，由开证行负第一付款责任。受益人无须也不得直接找进口人付款，而是凭单据直接向信用证上注明的银行要求付款。

（2）信用证是独立于贸易合同之外的自足文件，不受贸易合同的约束。信用证开立的依据是贸易合同，但一经开立，银行与受益人之间就以信用证来履行义务承担责任，而不是根据贸易合同行事。

（3）信用证的标的是单据。信用证业务中，各有关当事人处理的是单据，至于单据上所代表的货物是否已装船或灭失，银行都不过问，只要受益人提供的单据与信用证相符，单据之间相符无误，则银行就应付款。即使对于欺诈性的单据，银行不知情则不予负责。因此可以说信用证下银行与受益人是从事一种单据买卖活动。

（四）信用证的分类

（1）按 L/C 下的汇票是否随付货运单据：

①跟单 L/C（Documentary L/C）；

②光票 L/C（Clean L/C）。

（2）以开证行所负的责任划分：

①不可撤销 L/C（Irrevocable L/C）；

②可撤销 L/C（Revocable L/C）。

（3）按是否有另一家银行加以保兑：

①保兑信用证（Confirmed L/C）；

②不保兑信用证（Unconfirmed L/C）。

（4）按付款时间划分：

①即期付款 L/C（Sight Payment L/C）；

②远期 L/C（Usance L/C）。

（5）按受益人对 L/C 的权利是否可转让：

①可转让 L/C（Transferable Credit）；

②不可转让 L/C（Non – Transferable Credit）。

（6）循环信用证

（7）对开 L/C（Reciprocal Credit）。

（8）对背 L/C（Back to Back Credit）或转开 L/C。

（五）信用证流程

（1）买卖双方订立合同，约定以信用证方式进行结算；

（2）进口人填制开证申请书，交纳押金和手续费，要求开证行开出以出口人为受益人的信用证；

（3）开证行将信用证寄交出口人所在地的分行或代理行（通知行）；

（4）通知行核对印鉴无误后，将信用证转交出口人；

（5）出口人审核信用证与合同相符后，按信用证规定装运货物，并备齐各项货运单据，开具汇票，在信用证有效期内一并送交当地银行（议付行），请求议付；

（6）议付行审核单据与信用证无误后，按汇票金额扣除利息和手续费，将货款垫付给出口人；

（7）议付行将汇票和货运单据寄交给开证行或其指定的付款行索偿；

（8）开证行或其指定付款行审单无误后，向议付行付款；

（9）开证行在向议付行办理转账付款的同时，通知进口人付款赎单；

（10）进口人审查无误后，付清货款；

（11）开证行收款后，将货运单据交给进口人，进口人凭以向承运人提货。

实训任务实施

情境一 了解汇付

【学时】

4 学时。

【学习目标】

掌握汇付的方法。

【重难点】

汇付的流程。

【学习过程】

1. 资料分析。

我国某出口企业 A 与另一国的进口企业 B 之间签订了一份进出口贸易合同，合同中规定支付条款为装运月前 15 天电汇付款。但是，在后来的履约过程中，B 方延至装运月中才从邮局寄来银行汇票一张，并声称货款已汇出。为保证按期交货，我出口企业于收到汇票次日即将货物托运，同时委托 C 银行代收票据。1 个月后，接到 C 银行通知，因该汇票系伪造，已被退票。此时，货物已抵达目的港，并已被进口方凭出口企业自行寄去的单据提走。事后我出口企业 A 进行了追偿，但进口方 B 早已人去楼空，我方承受了较大的损失。

（1）用自己的语言讲述案例。

（2）在本案例中我方出现了哪些失误？

2. 学生学习汇付的相关知识（当事人、种类、特点、流程）。

3. 学生看图 1-21 至图 1-23，讲解汇付流程。

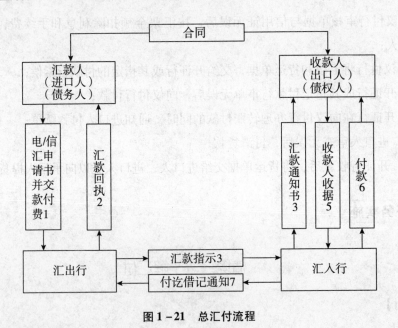

图 1-21　总汇付流程

4. 教师讲解汇付注意事项

作为境内收款人如果想更快收妥款项，则应提示境外付款人按下列要求填写汇款

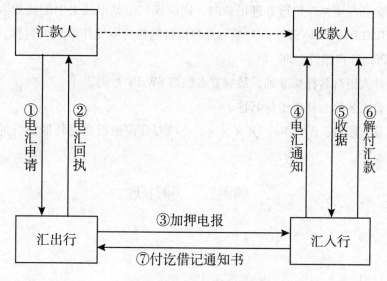

图1-22 信汇和电汇流程

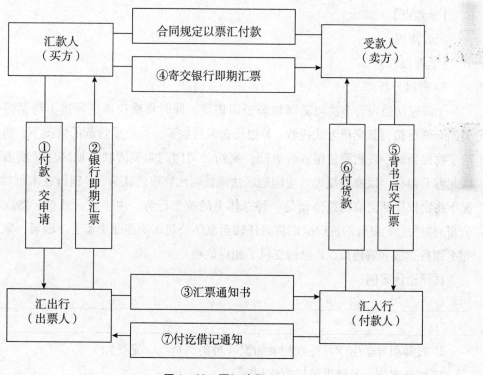

图1-23 票汇流程

申请书：

（1）正确填列收款人全称、账号（必须注明收款人开户银行的交换行号）及开户银行名全称。

（2）如企业在境外账户行办理汇款时，则应该在汇款申请书中的收款人银行的代理行（INTERMEDIARY INST）一栏填写开户银行的相对应境外账户行名称。开户银行账户行资料可向开户银行查询。

（3）收款人银行名称要准确，最好要有银行 SWIFT 号码。

（4）收款人名称为开户银行名称。

（5）收款人账号：A/C No：××××，（填写开户银行在境外账户行的相对应的币种的有关账号）。

情境二　了解托收

【学时】

4 学时。

【学习目标】

掌握托收的内容与方法。

【重难点】

托收流程。

【学习过程】

1. 资料分析。

上海家纺公司曾多次向美国物源公司售货，同时将物权单证通过上海某银行交与美国 F 银行按付款交单方式托收。F 银行在未向物源公司收妥货款的情况下，将单证交给了物源公司。现物源公司宣告破产，家纺公司因此向美国联邦地区法院新墨西哥管区起诉 F 银行，以挽回损失。美国地区法院首席法官审理认为，F 银行在未收货款的情况下将物权凭证交给物源公司是一种总体上的疏忽行为，由于这一疏忽，造成了家纺公司的损失。F 银行的抗辩试图将责任转至家纺公司坏的商业决策上。嗣后，家纺公司与 F 银行达成和解协议，F 银行支付了相应款项。

试评论该案例。

2. 教师引导学生学习托收相关知识（种类、特点、流程）。

3. 结合案例，教师讲解托收流程。

（1）即期付款交单流程 D/P at sight，如图 1 - 24 所示。

（2）远期付款交单 D/P at…days after sight，如图 1 - 25 所示。

（3）承兑交单流程 D/A，如图 1 - 26 所示。

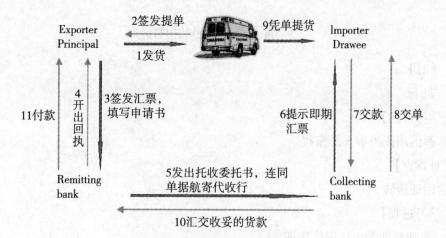

图 1－24　即期付款交单流程

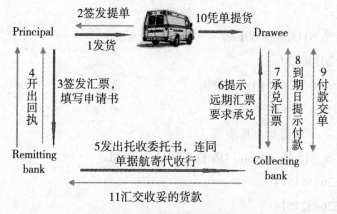

图 1－25　远期付款交单流程

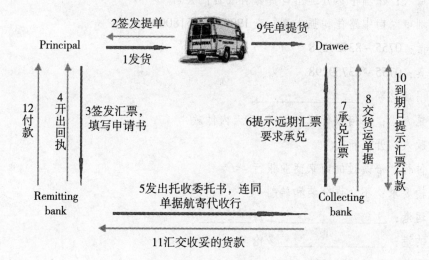

图 1－26　承兑交单流程

情境三　认识信用证

【学时】

8 学时。

【学习目标】

掌握信用证当事人及流程。

【重难点】

信用证流转。

【学习过程】

1. 教师帮助学生认识信用证。

信用证样本如下：

信用证

兹开立号码为 STLCN000001 的不可撤销的信用证

开证日期：20130820

有效日期和地点：20131015　中国

开证行：加拿大多伦多特许银行

开证申请人：卡特贸易有限公司

20 Hereford St. 15 Brampton，ON L6Y 0M1，Canada

电话：0085264521514

传真：0085264521514

受益人：深圳中泰力进出口贸易有限责任公司

深圳市深南中路佳和强大厦 a 座 1909 室，518000

电话：0755 - 83759298

传真：0755 - 83759298

信用证总额：_____

呈兑方式：任何银行议付见证 45 天内付款

付款人：开证行

议付行：洽谈过的南京商业银行

运输要求：不允许分装和转船

起运港：_____上海_____

目的港：_____多伦多_____

最迟装运期：20130920

货物描述：

甜玉米罐头

01005 号有机无糖

单价：USD ＿＿ 50 ＿＿＿＿＿ / 听 CIF 多伦多

数量：9600 听

包装：每 12 听装一箱

包装尺码 80cm×50cm×30cm 包装重量（毛/净）40/36kgs

应附单据：

（1）签字的商业发票五份。

（2）一整套 3/3 清洁已装船提单，抬头为 TO ORDER，运费已付的空白背书，且注明"新斯里兰卡"号装运，通知人为加拿大国家运输公司，TEL（0091）0022 - 26757565。

（3）装箱单/重量单四份，显示每个包装产品的数量/毛净重和信用证要求的包装情况。

（4）由制造商签发的质量证明三份。

（5）受益人证明的传真件，在船开后三天内已将船名航次，日期，货物的数量，重量价值，信用证号和合同号通知付款人。

（6）当局签发的原产地证明三份。

（7）当局签发的健康/检疫证明三份。

附加指示：

（1）租船提单和第三方单据可以接受。

（2）装船期在信用证有效期内可接受。

（3）允许数量和金额公差在 10% 左右。

2. 教师讲解信用证，学生填写以下信用证信息。

（1）信用证号码：

（2）信用证开证日期：　　　　　　　　有效日期及地点：

（3）开证申请人：

（4）开证行：

（5）起运港：　　　　目的港：

（6）货品名称：

（7）数量：

（8）单价：　　　　总价：

（9）货品包装：　　　　共计　　箱

（10）装运船只的船名、航次：

（11）随附单据主要有：

①商业发票_____份。

②已装船提单_____套。

③装箱单/重量单_____份。

④质量证明_____份。

⑤原产地证明_____份。

⑥检验检疫证明_____份。

⑦船开_____天后发出装船通知。

3. 教师说明信用证流程，如图 1 - 27 所示。

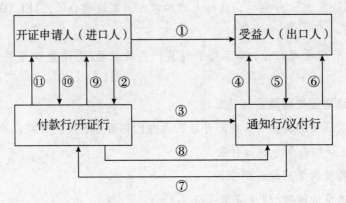

图 1 - 27　信用证流程

（1）买卖双方订立合同，约定以信用证方式进行结算；

（2）进口人填制开证申请书，交纳押金和手续费，要求开证行开出以出口人为受益人的信用证；

（3）开证行将信用证寄交出口人所在地的分行或代理行（通知行）；

（4）通知行核对印鉴无误后，将信用证转交出口人；

（5）出口人审核信用证与合同相符后，按信用证规定装运货物，并备齐各项货运单据，开具汇票，在信用证有效期内一并送交当地银行（议付行），请求议付；

（6）议付行审核单据与信用证无误后，按汇票金额扣除利息和手续费，将货款垫付给出口人；

（7）议付行将汇票和货运单据寄交给开证行或其指定的付款行索偿；

（8）开证行或其指定付款行审单无误后，向议付行付款；

（9）开证行在向议付行办理转账付款的同时，通知进口人付款赎单；

（10）进口人审查无误后，付清货款；

（11）开证行收款后，将货运单据交给进口人，进口人凭以向承运人提货。

4. 学生分组模拟信用证流程。

5. 学生根据上述信用证缮制信用证申请书（如表 1-15 所示）。

表 1-15　　　　　　　开立不可撤销跟单信用证申请书

致：　　　银行　　　　　　　　　　　日期

受益人（全称和详细地址）：	信用证号码：　　　　合同号：
	到期日和到期地点：
申请人（全称和详细地址）：	Issued by airmail With brief advice by teletransmission Issued by express delivery Issued by teletransmission
运至：	金额（大、小写）：
Description of goods Packing	此证可由　□任何银行　　□开证行 By　　　　□即期付款　　　　　□承兑 　　　　□议付　　□迟期付款
转运 分批装运　　　□允许 □不允许 □不允许	□汇票为发票金额的_____％　付款期限 on 付款人 _____ □FOB □CFR □CIF □or other terms

所需单据（用"√"标明）：

□经签字的商业发票一式_____份，标明信用证号和合同号_____

□全套清洁已装船海运提单做成□空白抬头、空白背书，注明"运费□已付□到付"，□标明运费金额，并通知_____。

□空运单据收货人为开证申请人，注明"运费□已付/□到付"，并通知_____
_____。

□由　　　签署的备忘录寄交。

□全套保险单/保险凭证，按发票金额的_____％投保，空白背书，注明赔付地在中国，以汇票币种支付，覆盖□海运□空运□陆运，承保一切险，战争险和_____。

□装运单/重量证明一式_____份，注明每一包装的数量、毛重和净重。

□数量/重量证明一式_____份，由独立的检验人在装运港出具，注明已装货物的实际检验数量/重量及包装条件。

□品质证一式_____份，由制造商/公众认可的检验人出具。

受益人电信/电传方式通知申请人装船证明副本。该证须在装船后_____天内发出，并注明该

□信用证号、□船名、□航班号、装运日以及□货物的名称、□货物的数量、重量和货物价值。

□船公司的证明，证实运输船舶由申请人或其代理人租订。

□其他单据

附加条款:

☐开证行以外的所有银行费用由受益人承担。

☐所需单据须在运输单据签发日后_____天内提交，但不得超过信用证有效期。

☐第三方为托运人不可接受。简式提单不可接受。

☐数量及信用证金额允许有_____%的增减。

☐其他条款

申请人盖章

项目考核

一、填空题

1. 信用证的基本当事人有（   ）。

2. 信用证规定受益人开立（   ）或（   ）即可向指定银行提出请求付款信用证，称为即期付款信用证。

3. 远期信用证包括（   ）和（   ）。

4. 授权付款行或其指定银行在交单前预先垫付款项给受益人的信用证是（   ）。

5. 信用证的开立方式分为（   ）、（   ）、（   ），此三种方式均须由通知行通知受益人。

6. 承兑信用证的汇票受票人是（   ）或指定（   ）。即期信用证就是（   ）的信用证。付款行付款后无（   ）。对开信用证是以交易双方互为（   ）和（   ）、金额大致相等的信用证。

7. 汇付的当事人有（   ）。

二、名词解释

1. 信用证

_____

_____

2. 保函

_____

_____

3. 不可撤销信用证

_____

_____

4. 承兑 L/C

三、判断题

1. 与汇票相比信用证是有条件的付款文件。（　　）

2. 信用证业务中，开证行负第一性付款责任，保兑行负第二性付款责任。（　　）

3. 信用证必须由通知行传递至受益人，通知行负有审核信用证真伪的责任。（　　）

4. 付款银行若未审核单据直接向受益人付款，事后发现单证不符，可以向受益人追索已支付款项。（　　）

5. 议付银行审核单据与信用证一致，便可向受益人付款，它对受益人付款有追索权。（　　）

6. 延期付款信用证，受益人必须开具远期汇票及随附单据向开证行或指定付款行索款。（　　）

7. 议付信用证项下，受益人索款必须开具信用证项下汇票。（　　）

8. 信用证依据合同内容开立，信用证受销货合同约束。（　　）

9. 偿付行不负责审单，只凭开证行指示或授权，偿付款项给议付行。（　　）

四、选择题

1. 信用证是开证行根据开证申请人的要求，以符合信用证条款的单据向受益人进行的（　　）。

A. 汇款　　　　　　　　　　　B. 承兑或支付受益人开具的汇票

C. 授权另一家银行付款或承兑　　D. 授权另一家银行议付

2. 跟单信用证业务中，三角契约安排规定了开证银行与受益人之间权责义务受（　　）约束。

A. 销售合同　　　　　　　　　B. 开证申请书

C. 担保文件　　　　　　　　　D. 跟单信用证

3. 审核单据，购买受益人交付的跟单信用证项下汇票，并付出对价的银行是（　　）。

A. 开证行　　B. 保兑行　　C. 付款行　　D. 议付行

4. 不可撤销信用证的修改必须征得（　　）的同意。

A. 开证申请人　　B. 开证行　　C. 通知行　　D. 受益人

5. 信用证的"议付"与"付款"（　　）。

A. 是一回事

B. 不一样，"议付"基于垫付或汇票转让，可向受益人追索，而"付款"无追

索权

C. "议付"出口商收汇有风险,"付款"出口商有保障

6. 信用证业务中,承担第一性付款责任的是（　　）。

A. 开证申请人　　　　　　　　　B. 开证银行

C. 保兑行　　　　　　　　　　　D. 付款银行

E. 议付行

7. 下列哪句对开证申请人的表述是不正确的（　　）。

A. 发现单据与信用证不符,可以拒绝付款

B. 发现单据与货物不符,不能退回货款

C. 发现单据与合同不符,可以拒绝付款

D. 发现单据之间不相符合,可以依据信用证条款拒绝付款

8. 信用证业务特点之一是:银行付款依据（　　）。

A. 信用证　　　　　B. 单据　　　　　C. 货物　　　　　D. 合同

五、案例分析题

1. 某甲开立 100 英镑的支票给乙,叫他向丙银行取款,乙拿到支票后拖延很久不去取款,恰在此时,丙银行倒闭,甲在丙银行的账户里的存款分文无着。乙在未获支票款项的情况下,找到了甲,要甲负责。甲以支票已过期为由拒绝对乙负责。

_____

_____

2. A 银行向 B 银行开出不可撤销信用证,受益人交单后 B 银行通过快递将单据寄交 A 银行,A 银行审单后发现下述不符点,遂对外拒付。汇票上小写金额为 USD905000.00,大写金额为 HONG KONG DOLLARS NINE HUNDRED AND FIVE THOUSAND ONLY,金额不一致。

_____

_____

实训总结 ➡

_____

_____

_____

_____

考核标准

【情境一活动评价】

表1-16   "了解汇付"评分表

考评内容	能力评价			
考评标准	具体内容	分值（分）	学生评分（0.4）	师评（0.6）
	汇付种类	20		
	汇付特点	20		
	解说汇付流程图	60		
合计		100	注：考评满分为100分，60~74分为及格；75~84分为良好；85分以上为优秀	

各组成绩

小组	分数	小组	分数	小组	分数

教师记录、点评：

【情境二活动评价】

表1-17   "了解托收"评分表

考评内容	能力评价			
考评标准	具体内容	分值（分）	学生评分（0.4）	师评（0.6）
	托收种类	20		
	托收特点	20		
	解说托收流程图	60		

合计	100	注：考评满分为 100 分，60 ~ 74 分为及格；75 ~ 84 分为良好；85 分以上为优秀	

各组成绩

小组	分数	小组	分数	小组	分数

教师记录、点评：

【情境三活动评价】

表 1 - 18　　　　　　　　"认识信用证"评分表

考评内容	能力评价			
考评标准	具体内容	分值（分）	学生评分（0.4）	师评（0.6）
	读懂信用证	15		
	信用证种类、特点	10		
	信用证流转情境展示	45		
	信用证申请书	30		
合计	100	注：考评满分为 100 分，60 ~ 74 分为及格；75 ~ 84 分为良好；85 分以上为优秀		

各组成绩

小组	分数	小组	分数	小组	分数

教师记录、点评：

熟能生巧

根据信用证填写下述资料，并填写信用证申请书。

兹开立号码为 E08470ZC32870769 的不可撤销的信用证

开证日期：20130526

有效日期和地点：20130930　中国

开证行：泰国 ACL 银行

开证申请人：泰国那瓦进出口贸易有限公司

受益人：大连红光进出口贸易有限责任公司

信用证总额：＿＿＿＿＿＿＿＿＿＿＿＿＿＿

呈兑方式：任何银行议付见证45天内付款

付款行：泰国 ACL 银行

运输要求：不允许分装　允许转船

起运港：大连

目的港：曼谷

最迟装运期：20130926

货物描述：

女士纯棉裙子

100% 棉绒线

单价：USD22/件 CIF 曼谷

数量：200 箱

包装：6 打包装成一箱

包装尺码 80cm×60cm×50cm，包装重量（毛/净）25/15kg

应附单据：

（1）签字的商业发票五份。

（2）一整套清洁已装船提单，抬头为 TO ORDER，运费预付的空白背书，且注明"吉普"号装运，通知人为开证申请人。

（3）装箱单/重量单四份，显示每个包装产品的数量/毛净重和信用证要求的包装情况。

（4）由制造商签发的质量证明三份。

（5）受益人证明的传真件，在船开后三天内已将船名航次，日期，货物的数量，重量价值，信用证号和合同号通知付款人。

（6）当局签发的原产地证明三份。

（7）当局签发的健康/检疫证明三份。

附加指示：

（1）租船提单和第三方单据可以接受。

（2）装船期在信用证有效期内可接受。

（3）允许数量和金额公差在10%左右。

补充资料：

发票号码：NAVA02100　　　发票日期：2013.08.26

提单号码：GSF45388　　　　提单日期：2013.09.26

原产地证号：981898699　　　商品编码：08F053400

合同号：OIjf1427045564

大连红光进出口贸易有限责任公司于2013年9月25日向大连新港口岸（关区代码：908）申报。法定计量单位：件。使用集装箱运输，箱号分别为INBU775638X，集装箱自重均为4020KG。

1. 填写资料

（1）信用证号码：

（2）信用证开证日期：　　　　　　　　　　有效日期及地点：

（3）开证申请人：

（4）开证行：

（5）起运港：　　　　　　目的港：

（6）货品名称：

（7）数量：

（8）单价：　　　总价：

（9）货品包装：　　　　共计　　箱

（10）装运船只的船名、航次：

（11）随附单据主要有：

①商业发票　　　份。

②已装船提单　　　套。

③装箱单/重量单　　份。

④质量证明　　份。

⑤原产地证明　　　份。

⑥检验检疫证明　　份。

⑦船开　　　　天后发出装船通知。

2. 填写信用证申请书

开立不可撤销跟单信用证申请书

致：　　　　银行　　　　　　　　　　　　日期

受益人（全称和详细地址）：	信用证号码：　　　　　合同号： 到期日和到期地点：
申请人（全称和详细地址）：	Issued by airmail With brief advice by teletransmission Issued by express delivery Issued by teletransmission
运至：	金额（大、小写）：
Description of goods Packing	此证可由　　　□任何银行　　　□开证行 By　　　　□即期付款　　　　□承兑 　　　　　□议付　　□迟期付款
转运 分批装运　　　　□允许 □不允许 □不允许	□汇票为发票金额的_____%　付款期限 on 付款人_____ □FOB □CFR □CIF □or other terms

所需单据（用"√"标明）：

□经签字的商业发票一式_____份，标明信用证号和合同号_____

□全套清洁已装船海运提单做成□空白抬头、空白背书，注明"运费□已付□到付"，□标明运费金额，并通知_____。

□空运单据收货人为开证申请人，注明"运费□已付/□到付"，并通知_____

。

□ 由_____签署的备忘录寄交。

□全套保险单/保险凭证，按发票金额的_____%投保，空白背书，注明赔付地在中国，以汇票币种支付，

覆盖□海运 □空运 □陆运，承保一切险，战争险和_____。

□装运单／重量证明一式_____份，注明每一包装的数量、毛重和净重。

□数量／重量证明一式_____份，由独立的检验人在装运港出具，注明已装货物的实际检验数量/重量及包装条件。

□品质证一式_____份，由 制造商／公众认可的检验人出具

受益人电信/电传方式通知申请人装船证明副本。该证明须在装船后_____天内发出，并注明该□信用证号、□船名、□航班号、装运日以及□货物的名称、□货物的数量、重量和货物价值。

□船公司的证明，证实运输船舶由申请人或其代理人租订。

□其他单据

附加条款：

□开证行以外的所有银行费用由受益人承担。

□所需单据须在运输单据签发日后_____天内提交，但不得超过信用证有效期。

□第三方为托运人不可接受。简式提单不可接受。

□数量及信用证金额允许有_____%的增减。

□其他条款。

申请人盖章

项目二　认识国际货运代理

本项目是在国际货运代理课程基础上的认识篇，重点认识和了解国际货运代理。通过理实一体化学习，学生可以了解国际货运代理的业务范围和业务操作要领，熟悉国际货运代理企业注册手续，了解货代企业的组织结构和相关岗位职责，掌握国际货运代理企业的类型。通过理论学习和实践练习，让学生真正了解国际货运代理企业从成立、经营、业务承揽到业务处理、纠纷解决等各阶段的工作，对国际货运代理业务有一定的认识。

任务一　了解国际货运代理

实训学习目标

知识目标：

1. 国际货运代理。
2. 国际货运代理的性质。
3. 国际货运代理的业务范围。
4. 国际货运代理的分类。

能力目标：

1. 能够清楚讲解什么是国际货运代理。
2. 分析国际货运代理的性质，能区分国际货运代理的责任。
3. 讲解国际货运代理业务。
4. 讲解不同类型的国际货运代理企业的特点。

实训学习方法

1. 自学（收集资料法、比较学习法、小组讨论法）。
2. 听讲学习（提问、总结、作业）。
3. 实操（小组展示法、头脑风暴法、案例分析法、思维导图法）。

实训课程介绍

本次实训任务，旨在让学生通过学习和实践，了解认识国际货运代理，熟悉国际货运代理业务，掌握其性质和特点。可以依法成立货运代理公司，处理货运代理业务。

本次实训活动分两个情境实训学习：了解国际货运代理、分析国际货运代理市场。

实训任务说明

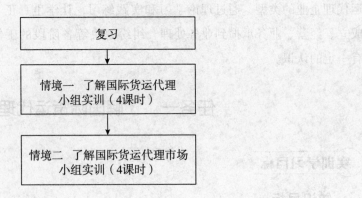

```
┌─────────────────┐
│      复习        │
└─────────────────┘
         │
         ▼
┌─────────────────┐
│ 情境一  了解国际货运代理 │
│   小组实训（4课时）   │
└─────────────────┘
         │
         ▼
┌─────────────────┐
│ 情境二  了解国际货运代理市场 │
│   小组实训（4课时）   │
└─────────────────┘
```

实训知识铺垫

国际货运代理，是指接受进出口货物收货人、发货人或承运人的委托，以委托人的名义或者以自己的名义，为委托人办理国际货物运输业务及相关业务，并收取服务报酬的行业。

一、国际货运代理的特点

（1）专业性强。

（2）单证繁多。

（3）涉及面广。

（4）人才素质要求高。

二、国际货运代理的法律地位

（1）以委托人名义，为托运人办理国际货物运输及相关业务。

（2）以自己的名义，为托运人办理国际货物运输及相关业务。

①托运人与货代订立的是委托合同。

委托合同　　　　运输合同

托运人──→国际货运代理──→第三人

②托运人与货代订立的是运输合同。

运输合同 a　　　　运输合同 b

托运人──→国际货运代理──→第三人

（实际承运人）

实训任务实施

情境一　了解国际货运代理

【学时】

2 学时。

【学习目标】

掌握国际货运代理职责，熟悉国际货运代理含义特点。

【重难点】

掌握国际货运代理职责。

【学习过程】

1. 学生预习，学习了解国际货运代理知识，总结成 PPT 展示。

（1）国际货运代理是什么？

（2）国际货运代理的特点？

（3）国际货运代理的法律地位？

（4）国际货运代理的利润来自哪里？

2. 资料学习。

中国外运长航集团有限公司（简称中国外运长航）由中国对外贸易运输（集团）总公司与中国长江航运（集团）总公司于 2009 年 3 月重组成立，总部设在北京。中国外运长航是国务院国资委直属管理的大型国际化现代企业集团，是以物流为核心主业、航运为重要支柱业务、船舶重工为相关配套业务的中国最大的综合物流服务供应商。

中国外运长航的物流业务包括：海、陆、空货运代理，船务代理，供应链物流、快递、仓码、汽车运输等；在物流领域，中国外运长航是中国最大的国际货运代理公司、最大的航空货运和国际快件代理公司、第二大船务代理公司。中国外运长航的航运业务包括：干散货运输、石油运输、集装箱运输、滚装船运输、燃油贸易等；在航运领域，是中国三大船公司之一，中国内河最大的骨干航运企业集团，中国唯一能实现远洋、沿海、长江、运河全程物流服务的航运企业。船舶工业形成以船舶建造和修理、港口机械、电机产品为核心的工业体系，在国内外享有知名声誉，年造船能力超过 400 万载重吨。

2012 年，中国外运长航集团的营业收入为 1066.78 亿元，截至 2012 年年底，资产总额为 1229.33 亿元，企业员工总数 7 万余人。中国外运长航集团自有车辆 5700 余辆，仓库堆场占地面积 1200 余万平方米，铁路专用线 47 条、55 千米，自有码头 90 余个、泊位 300 余个、岸线 75 千米，拥有和控制各类船舶运力达 1300 余万载重吨。中国外运长航控股三家 A 股上市公司（外运发展、长航油运、长航凤凰），两家香港上市公司（中国外运、中外运航运），下属境内外企业 730 余家，网络范围覆盖了全国 30 个省、自治区、直辖市，以及中国香港、中国台湾、韩国、日本、加拿大、美国、德国等 50 余个国家和地区，与 400 多家知名的境外运输与物流服务商建立了业务代理和战略合作伙伴关系。

中国外运长航是中国物流标准委员会审定的，中国唯一的集团整体 5A 级（中国最高级）综合服务型物流企业。中国外运长航致力于成为服务全球、世界一流的中国综合物流企业。

3. 根据资料，分析国际货运代理是做什么的？他们的优势在哪里？

4. 用思维导图（如图 2-1 所示）形式分析国际货运代理的特点。

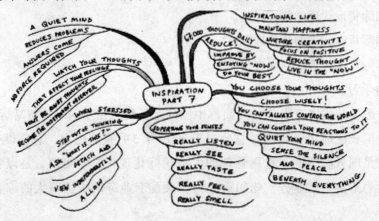

图 2-1　思维导图

5. 分析国际货运代理的法律地位。

情境二　分析国际货运代理市场

【学时】

2 学时。

【学习目标】

掌握国际货运代理市场情况，分析国内外国际货运代理市场特点及前景。

【重难点】

分析报告。

【学习过程】

1. 收集资料，讲解世界、我国国际货运代理发展历史。

出现　第二次世界大战时期　第二次世界大战后新中国成立时期　现在

2. 讲解 FIATA 组织。

3. 分析我国货代企业存在的问题。

4. 分析货代与物流的区别：

（1）货代注重货运安排与设备选用，物流注重货物流动过程及协调管理；

（2）货代重视船期与航班控制，物流重视物流信息跟踪及反馈；

（3）货代工作的主要内容是货代单证，物流则是物流信息网络平台的构建。

5. 把握我国货代企业发展前景（如图 2 - 2 所示）。

图 2 - 2　货代企业发展前景

6. 用SWOT分析法分析我国中小型货代企业的发展前景。

SWOT分析代表分析企业优势（strength）、劣势（weakness）、机会（opportunity）和威胁（threat）。因此，SWOT分析实际上是将对企业内外部条件各方面内容进行综合和概括，进而分析组织的优劣势、面临的机会和威胁的一种方法。

项目考核

1. 分析图2-3，说明国际货运代理的作用。

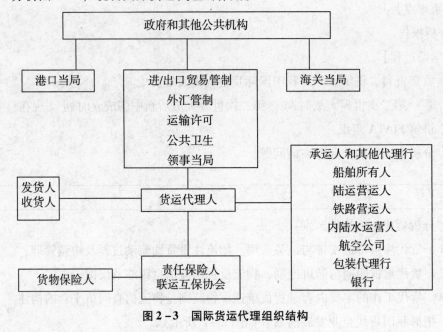

图2-3　国际货运代理组织结构

2. 请用自己的话分析货代与第三方物流的区别。

3. 介绍FIATA。

4. 用SWOT分析法分析在本地成立一家货代企业的各种因素。

5. 分析两种表达的不同（如图 2 - 4 所示）。

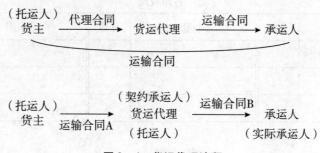

图 2 - 4　货运代理流程

实训总结

考核标准

【情境一活动评价】

表 2 - 1　　　　　"了解国际货运代理"评分表

考评内容	能力评价			
考评标准	具体内容	分值（分）	学生评分（0.4）	师评（0.6）
	掌握国际货运代理法律责任	40		
	能够正确分析、表达案例	25		
	PPT 制作精美	15		
	能够说明货代特点和作用	20		
	合计	100	注：考评满分为 100 分，60 ~ 74 分为及格；75 ~ 84 分为良好；85 分以上为优秀	

续　表

各组成绩

小组	分数	小组	分数	小组	分数

教师记录、点评：

【情境二活动评价】

表 2 - 2　　　　　"分析国际货运代理市场"评分表

考评内容	能力评价			
考评标准	具体内容	分值（分）	学生评分（0.4）	师评（0.6）
	内容准备充分正确	40		
	自己组织语言，准确，精练	25		
	团队合作有默契，有分工	15		
	在规定时间完成，遵守纪律	20		
合计		100	注：考评满分为 100 分，60 ~ 74 分为及格；75 ~ 84 分为良好；85 分以上为优秀	

各组成绩

小组	分数	小组	分数	小组	分数

教师记录、点评：

熟能生巧

　　上海有 409 家未登记注册的地下货运代理公司，是合法公司的 4 倍多；境外国际货运代理在沪设立的办事处，已出现违反规定，越过各外贸公司储运、单证部门直接向外销员揽货，进行地下交易的情况；有的用境外付款方式逃税，成为无照经营的地下国际货运代理公司；有的用送礼、给回扣等方法与合法的国际货运代理企业竞争。地下国际货运代理非法经营，扰乱了国际货运代理市场的正常秩序，严重影响了上海国际货运代理行业的形象。为此，上海市外经贸委采取了如下具体对策：①要求国际货运代理企业不准为办事处代开专用发票；②建议银行对未经登记的提单一概不予受理，以限制个别办事处非法经营活动；③决定从即日起暂缓审批货代企业，制订国际货运代理企业换证审核办法和年检制度，制定外商办事处联络咨询范围和处罚规定等。

　　试分析：为了严厉打击非法经营活动，严格规范市场秩序，上海市外经贸委对上海国际货运代理行业采取了哪些措施？

_____

_____

_____

_____

_____

任务二　承揽货代业务

实训学习目标

知识目标：

1. 国际货运代理业务范围。

2. 国际货运代理业务关系人。

3. 业务承揽方法。

能力目标：

1. 熟练介绍国际货运代理业务。

2. 能够说明国际货运代理业务的相关关系人及相处之道。

3. 明确货代业务承揽的方法。

实训学习方法

1. 自学（收集资料法、比较学习法、小组讨论法）。
2. 听讲学习（提问、总结、作业）。
3. 实操（情境再现法、头脑风暴法、案例分析法）。

实训课程介绍

本次实训任务，旨在让学生通过学习和比较，了解和认识国际货运代理企业的经营范围，熟悉其业务运作模式。了解货代企业的类型，并熟悉每种类型的货代企业的发展优势。分析承揽货代业务的方法和途径，能够有效地寻找客户。

本次实训任务，分三个学习情境进行：掌握国际货运代理业务范围、成立货代公司、承揽货代业务。

实训任务说明

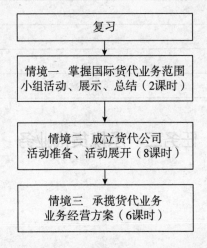

复习

↓

情境一　掌握国际货代业务范围
小组活动、展示、总结（2课时）

↓

情境二　成立货代公司
活动准备、活动展开（8课时）

↓

情境三　承揽货代业务
业务经营方案（6课时）

实训知识铺垫

一、国际货运代理企业的类型

（1）以中外运为背景的国际货运代理企业。

（2）以外贸公司、工贸公司为背景的国际货运代理企业。

（3）以海运、航空等实际承运人为背景的国际货运代理企业。

（4）以港站为背景的国际货运代理企业。

（5）以仓储业为背景的国际货运代理企业。

（6）外商投资类型的国际货运代理企业。

二、国际货运代理的业务范围

（1）代表发货人（出口商）：①选择运输路线、运输方式和适当的承运人；②向选定的承运人提供揽货、订舱；③提取货物并签发有关单证；④研究信用证条款和所有政府的规定；⑤包装；⑥储存；⑦称重和量尺码；⑧安排保险；⑨在货物到港口后办理报关及单证手续，并将货物交给承运人；⑩做外汇交易；⑪支付运费及其他费用；⑫收取已签发的正本提单，并付发货人；⑬安排货物转运；⑭通知收货人货物动态；⑮记录货物灭失情况；⑯协助收货人向有关责任方进行索赔。

（2）代表收货人（进口商）：①报告货物动态；②接收和审核所有与运输有关的单据；③提货和付运费；④安排报关和付税及其他费用；⑤安排运输过程中的存仓；⑥向收货人交付已结关的货物；⑦协助收货人储存或分拨货物。

（3）作为多式联运经营人，它收取货物并签发多式联运提单，承担承运人的风险责任，对货主提供一揽子的运输服务。在发达国家，由于货运代理发挥运输组织者的作用巨大，故有不少货运代理主要从事国际多式联运业务，而在发展中国家，由于交通基础设施较差，有关法规不健全以及货运代理的素质普遍不高，国际货运代理在作为多式联运经营人方面发挥的作用较小。

（4）其他服务，如根据客户的特殊需要进行监装、监卸、货物混装和集装箱拼装拆箱运输咨询服务等。

（5）特种货物装挂运输服务及海外展览运输服务等。

实训任务实施

情境一　掌握国际货运代理业务范围

【学时】

4 学时。

【学习目标】

熟悉货代企业类型，能够分析货代公司的特点。

【重难点】

货代公司业务范围。

【学习过程】

1. 组织学生观看中外运分公司、UPS、FEDEX 等货代公司介绍视频。

2. 组织学生分析讨论上述货代公司主营哪些业务？

_____

_____

3. 分析不同背景的货代公司其特点有哪些？

_____

_____

4. 分析、展示讲解国际货运代理的业务范围。

_____

_____

情境二　成立货代公司

【学时】

4 学时。

【学习目标】

掌握公司成立的流程。

【重难点】

成立公司准备的文件。

【学习过程】

1. 学生各组成立货代公司

要求：

（1）货代公司名字、选址。

（2）货代公司业务。

（3）货代公司组织机构（如图 2 - 5 所示）。

（4）货代公司客户网络。

（5）货代公司的简介和标志。

（6）企业文化。

（7）公司章程、管理制度等文件。

2. 提出成立公司注意事项：

（1）公司名字要符合相关法律，要有货运代理特色；

（2）公司选址要实际，要考虑资金投入和业务量；

（3）要合理安排公司组织机构，有相应负责人；

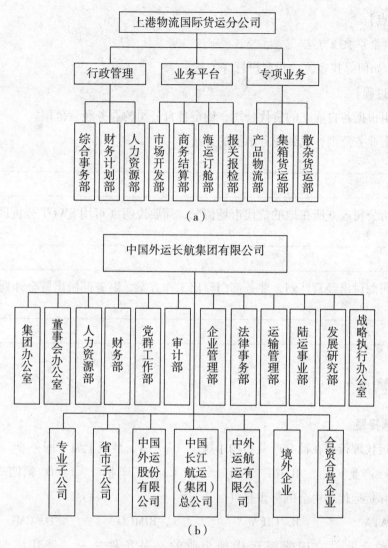

（a）

（b）

图 2 - 5　货代公司组织机构示例

（4）合理确定注册资本及公司运作原始资金；提供固定资产的应有来源证明。

3. 组织学生填写公司成立申请文件。

4. 学生展示、讨论公司成立的可行性。

情境三　承揽货代业务

【学时】

4 学时。

【学习目标】

了解业务承揽的方法。

【重难点】

重点：业务承揽方法。

难点：如何寻找客源，与客户打好关系。

【学习过程】

1. 各组根据各自成立的货代公司，确定各自公司的业务经营范围。

2. 根据业务范围，找到业务承揽的方法。

_____

_____

3. 分析公司成立所在地的货代市场情况，简要说明（可用 SWOT 分析说明）。

_____

_____

4. 公司商讨出经营计划，业务部门写出工作方案，财务部做出资金计划。

_____

_____

项目考核

一、选择题

1. 货运代理行业在社会产业结构中属于（　　），性质上属于服务业。

A. 第一产业　　　　B. 第二产业　　　　C. 第三产业　　　　D. 第四产业

2. 国际货运代理协会的标识是（　　）。

A. FIATA　　　　B. CIFA　　　　C. BIMCO　　　　D. CMI

3. 我国企业设立国际海运代理企业的必备条件之一，是其注册资金至少有（　　）。

A. 500 万元　　　　B. 300 万元　　　　C. 200 万元　　　　D. 100 万元

4. 代货运市场是以货物运输为中心，以（　　）为主体包括揽货业、代理业、内陆运输业、金融、保险、信息业、劳务供给等在内的整体运销系统。

A. 航空运输　　　　B. 海上运输　　　　C. 铁路运输　　　　D. 集装箱运输

5. 国际货运代理企业以自己的名义与其他人签订合同，或者在安排储运时使用自己的仓库或运输工具，或者在安排运输、拼箱、集运时收取价差，则该企业承担的责任在分类中属于（　　）。

A. 当事人身份的责任　　　　　　　　B. 纯粹代理人的责任

C. 混合身份的责任　　　　　　　　D. 合同责任

二、判断题

1. 货运代理包含两种含义：其一指承运人；其二指货运代理人。（　　）

2. 目前，我国允许私人和个体户经营国际货运代理业务。（　　）

3. 国际货运代理人本身即是运输关系的实际当事人，又是运输关系实际当事人的代理人。（　　）

4. 国际货运代理从事纯粹代理业务，无论本身是否过失，都不承担任何责任。（　　）

三、简答题

列举国际货运代理业务有哪些？

_____

_____

实训总结

_____

_____

_____

_____

_____

考核标准

【情境一活动评价】

表 2-3　　　　　"掌握国际货运代理业务范围"评分表

考评内容	能力评价		
考评标准	具体内容	分值（分）	学生评分（0.4）	师评（0.6）
	讲述国际货运代理企业类型	30		
	能讲述国际货运代理业务范围	35		
	可列举公司说明	25		
	表达清晰有序	10		
	合计	100	注：考评满分为 100 分，60~74 分为及格；75~84 分为良好；85 分以上为优秀	

各组成绩

小组	分数	小组	分数	小组	分数

教师记录、点评：

【情境二活动评价】

表 2 － 4　　　　　　　　　　"成立货代公司"评分表

考评内容	能力评价			
考评标准	具体内容	分值（分）	学生评分（0.4）	师评（0.6）
	公司业务范围制定	20		
	公司选址、公司规模、文化、LOGO	35		
	组织结构	20		
	成立公司的相关文件	25		
合计		100	注：考评满分为 100 分，60 ~ 74 分为及格；75 ~ 84 分为良好；85 分以上为优秀	

各组成绩

小组	分数	小组	分数	小组	分数

教师记录、点评：

【情境三活动评价】

表 2 – 5   "承揽公司业务"评分表

考评内容	能力评价			
考评标准	具体内容	分值（分）	学生评分（0.4）	师评（0.6）
	公司当前形势分析	35		
	公司承揽业务的方法	25		
	公司业务经营方案和资金使用方案	40		
	合计	100	注：考评满分为100分，60~74分为及格；75~84分为良好；85分以上为优秀	

各组成绩

小组	分数	小组	分数	小组	分数

教师记录、点评：

熟能生巧

如何成立国际货运代理企业

依据原对外贸易经济合作部关于发布《中华人民共和国国际货物运输代理业管理规定实施细则》的通知，〔1998〕外经贸运发第20号货代企业国际货运代理经营权审批工作程序如下。

一、申请货代企业国际货运代理条件

1. 国际货运代理业务的申请人应当是与进出口贸易或国际货物运输有关，并有稳定货源的单位。符合以上条件的投资者应当在申请项目中占大股；

2. 具有至少5名从事国际货运代理业务3年以上的业务人员。其资格由业务人员原所在企业证明，或者取得外经贸部颁发的资格证书；

3. 有固定的营业场所，自有房屋、场地须提供产权证明，租赁房屋、场地须提供租赁契约；

4. 有必要的营业设施，包括一定数量的电话、传真、计算机、短途运输工具、装卸设备、包装设备等；

5. 有稳定的进出口货源市场，是指在本地区进出口货物运量较大，货运代理行业具备进一步发展的条件和潜力，并且申报企业可以揽收到足够的货源；

6. 国际货物运输代理企业的注册资本应符合下列要求：

（1）经营海上国际货物运输代理业务，最低限额为 500 万元人民币；

（2）经营航空国际货物运输代理业务，最低限额为 300 万元人民币；

（3）经营陆路国际货物运输代理业务或者国际快递业务，最低限额为 200 万元人民币。经营上述两项以上业务的，注册资本最低限额为其中最高一项的限额。

二、申请企业需报送文件资料

1. 申请书，包括投资者名称、申请资格说明、申请的业务项目；

2. 可行性研究报告，包括基本情况、资格说明、现有条件、市场分析、业务预测、组建方案、经济预算及发展预算；

3. 投资者的企业法人营业执照（影印件）；

4. 董事会、股东会或股东大会决议；

5. 企业章程（或草案）；

6. 主要业务人员简况（包括学历、所学专业、业务简历、资格证书）；

7. 资信证明（会计事务所出具的各投资者的验资报告）；

8. 投资者出资协议；

9. 法定代表人简历；

10. 国际货运代理提单（运单）样式；

11. 企业名称预先核准函（影印件、工商管理部门出具）；

12. 国际货运代理企业申请表（见附表）；

13. 交易条款。

三、申请报批程序

1. 企业提出申请；

2. 行业主管部门对企业申请进行审核，并提出报批或不批意见；

3. 市外经贸局对企业申请审核下发呈请文件，并上报省外经贸厅；

4. 省外经贸审核后，上报国家外经贸部审批；

5. 申请人接到外经贸部同意批复后，应于批复 60 天内持修改的企业章程（正本），并凭市外经贸局的介绍信到外经贸部领取批准证书；

6. 申请企业持外经贸部颁发的批准证书到工商、海关、税务、外管局等部门办理有关手续。

请根据上述文件，详细说明你所成立的货代公司的成立流程（可以绘制流程图说明）。

_____

_____

_____

_____

_____

任务三　熟悉货代企业岗位

实训学习目标

知识目标：

1. 货代企业组织结构。

2. 货代企业岗位职责。

3. 货代人员从业素质。

能力目标：

1. 能够设置货代企业的组织结构，绘制组织结构图。

2. 能够介绍货代企业各岗位职责。

3. 表述货代企业的人员素质。

实训学习方法

1. 自学（收集资料法、比较学习法、小组讨论法）。

2. 听讲学习（提问、总结、作业）。

3. 实操（情境再现法、头脑风暴法、案例分析法、思维导图法）。

实训课程介绍

本次实训任务，旨在让学生通过学习和比较，了解货代企业的规模和结构，熟悉货代企业组织结构，了解各个工作岗位及岗位职责和岗位要求。明确货代企业管理制度，了解货代从业人员必须具备的素质。

本次实训任务，分三个学习情境进行：货代企业的组织结构和岗位职责、人才招聘会、公关危机处理。

实训任务说明 ➡️

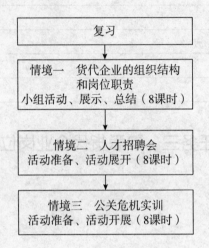

实训知识铺垫 ➕

一、国际货运代理企业组织结构

目前我国90％的中小型货代公司都采用直线职能制的组织结构形式。即在各级直线指挥机构下设置相应职能机构从事专业管理，明确规定职能机构只对下级部门进行业务指导，而直接指挥仍属于直线机构。

二、国际货运代理行业的岗位及职责介绍（如图2-6所示）

（一）报关员职责

（1）负责进出口货品的报关、查验及各种单证的审核和缮制；

（2）负责协调海关，商检与公司内部清关事宜的联络；

（3）核销单及相应文件及时收回；

（4）货物需装柜时到场监装，如遇海关查货，应到场或委托报关行监督整理货物，重新封箱；

（5）完成工作相关报表。

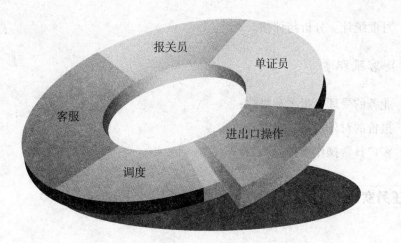

图 2 - 6 国际货运代理行业岗位和职责

（二）单证员职责

（1）负责日常贸易业务中的单证的缮制、审核、管理、归档统计等工作；

（2）报关单据的寄发、催收，产地证、货物保险及相关单证的办理；

（3）为客户提供业务咨询、单据查询、结算等方面的服务；

（4）协助业务部同事对应收账款进行催收；

（5）上级交办的其他相关工作。

（三）进出口操作员职责

出口操作职责：

（1）负责日常订舱、做箱、报关、熏蒸、费用请款；

（2）保持和客户的友好合作关系，及时反应客户动态；

（3）与公司各部门良好的协调和沟通。

（四）进口操作员职责

（1）负责进口订单一条龙操作，包括费用结算、退单、文件归档等；

（2）维护与客户的友好合作关系，及时反映客户动态；

（3）与公司各部门良好的协调和沟通。

（五）调度职责

（1）门点服务/仓储服务的受理、协调和安排；

（2）门点服务/仓储服务的跟踪、反馈和完结；

（3）月度统计、分析与评估。

（六）客服职责

（1）业务的受理、指派和跟踪；

（2）报价的对外发布、跟踪和核实；

（3）客户日常操作维护。

实训任务实施

情境一 货代企业的组织结构和岗位职责

【学时】

8 学时。

【学习目标】

掌握货代企业的组织结构、岗位职责。

【重难点】

岗位责任。

【学习过程】

1. 学生讨论后介绍。

不同的企业根据自身发展情况和业务的需要，会有不同的组织结构类型，常用的组织结构有直线型、职能型、矩阵型、事业部型、动态网络等，如图 2 - 7 所示。

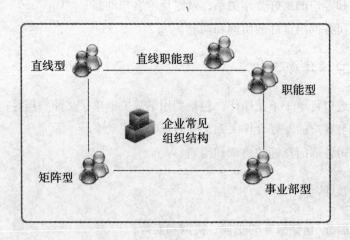

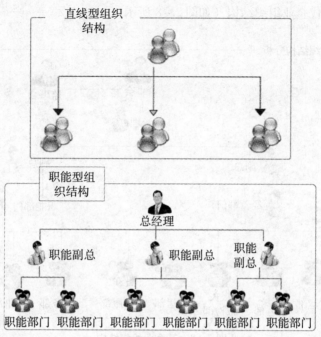

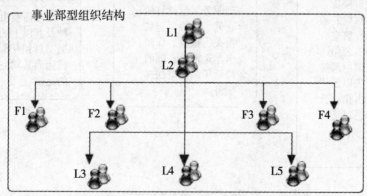

图 2 - 7 企业组织结构类型示意

2. 分析某货代企业组织结构（如图 2 - 8 所示）。

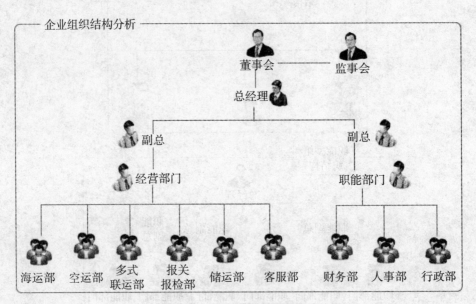

图 2 - 8 某企业组织结构

3. 分析某货代企业岗位（如图 2 - 9 所示）。

海运部

　　提供集船东和货代为一体的一条龙服务办理进出口货物的订舱、配载、制单、代客报关、集港运输、提单签发等，同时专营从国外进口货物的订舱、各种散装、集装箱货的港口接货、代客报关、报检并通过国内铁路、航空、沿海、内河、公路运输和联运至国内最终目的地等业务以及代办集装箱的拆箱、分拨、转运和进口货物储存业务

空运部

　　为客户提供航空物流方案设计、供应链管理及空运代理服务，包括订舱、仓储、分拨、包装、报关、报检、保险、卡车运输等；同时经营国际航空快递服务

多式联运部

　　承接需要由两种及其以上的交通工具相互衔接、转运而共同完成的运输

图 2 - 9 某企业岗位

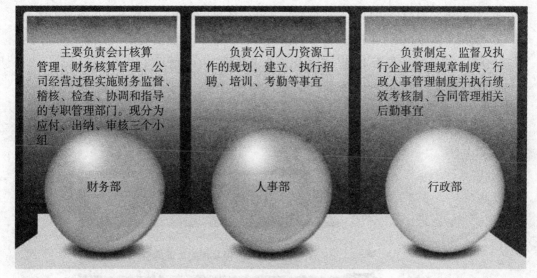

报关报检部

主要负责口岸进出口报关，异地进出口报关；海关口岸备案、年审进出口单证制作、审单；进出口海关现场查验通关；商检换单，植检，卫检；港区货物检疫；进出口货物的熏蒸；危险品、冷藏箱箱体检疫、检装、报审

客服部

主要负责的客户服务业务，客户服务、发货信息的收集，负责客户的投诉、查询和紧急订单处理工作。配合业务部，操作部等部门服务好客人。组织和策划客户服务策略，制定客户服务规范，树立公司的服务品牌，提高客户满意度

储运部

储运部拥有仓库，堆场和铁路专用线，集装箱运输车等生产用车，以及供拆装集装箱用的平台等专业装卸设施，能拆装箱、装卸列车货物，为各种商品的进出口运输提供服务

主要负责会计核算管理、财务核算管理、公司经营过程实施财务监督、稽核、检查、协调和指导的专职管理部门。现分为应付、出纳、审核三个小组

财务部

负责公司人力资源工作的规划，建立、执行招聘、培训、考勤等事宜

人事部

负责制定、监督及执行企业管理规章制度、行政人事管理制度并执行绩效考核制、合同管理相关后勤事宜

行政部

图2-9 某企业岗位（续）

4. 货代企业常见的岗位（如图2-10所示）。

5. 了解各岗位工作职责。

（1）销售（物流顾问，业务员）。

①岗位职责：主要是跑业务，进行电话开发及拜访客户，与客户进行沟通、协商，开拓市场。

图 2-10 贷代企业常见岗位

②岗位要求：

a. 英语听说读写良好。

b. 熟悉海运出口流程，了解航线各主要港口基本情况，有航线经营意识，沟通能力，责任心强。

③熟悉业务流程，事业心强，善于沟通，敢于挑战。

（2）操作。

①岗位职责：

a. 与船公司确认运价，对国内外报价，回复代理邮件。

b. 接托书，向船公司订舱，协调舱位，联络客户出货事宜，跟进工厂备货进度。

c. 安排车队做箱或到门服务，收集报关资料及审单（包括商检、熏蒸、产证等），盯箱/查箱，确认柜子是否上船。相关岗位要求如图 2-11 所示。

②岗位要求，如图 2-11 所示。

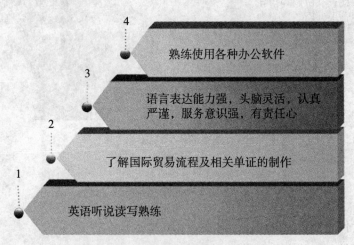

图 2-11 贷代企业岗位要求

（3）单证。

①岗位职责：

a. 发进舱通知书，与仓库联络及对货。

b. 与仓库联络及对货，联络客户出货事宜。

c. 输入及制作成本收入往来账单。

d. 收取各式保函，制作提单等相关文件。

e. 与代理确认文件，安排电放。

f. 制作收支汇总表。

②岗位要求：

a. 熟悉国际贸易流程及相关单证制作。

b. 英语听说读写良好。

c. 品行端正，性情温和，主动、细心，有责任心和担当力，服从上级指示。

d. 有较强学习能力及沟通能力，吃苦耐劳。

（4）客服。

①岗位职责：

a. 处理客户的投诉。

b. 整理、分析、生成客户关注热点的资料，给销售部门做市场分析。特别是定期制作运价备案及了解市场价格行情。

c. 跟进客户，协同处理棘手问题，同时联络出货、后期电话回访。

d. 跟客户沟通，帮助业务员或协调其他部门跟踪好单子，服务好客人。

②岗位要求：

a. 熟悉外贸及货代操作、单证部门的业务及相关知识。

b. 善于沟通，发展、保持各大船公司及货运代理公司的良好关系。

c. 英语听说读写良好。

d. 品行端正，性情温和，主动、细心，有责任心和担当力，服从上级指示。

（5）报关员。

①岗位职责：

a. 申报并办理填制报关单。

b. 申请办理缴纳税费和退税、补税事宜。

c. 申请办理加工贸易合同备案（变更）等事宜。

d. 申请办理进出口货物减税、免税等事宜。

e. 协助海关办理进出口货物的查验、结关等事宜。

②岗位要求：

a. 有报关员资格证书。

b. 熟悉国家进出口贸易政策。

c. 熟悉相应的外贸流程和货代操作程序。

d. 熟悉海关通关、查验、放行各个工作流程环节及相应的通关单证。

e. 品行端正，工作积极认真负责，思维敏捷。有良好的沟通及适应能力，性格乐观开朗。

6. 根据自己货代公司情况，说明本公司的岗位及对应的岗位职责。

情境二 人才招聘会

【学时】

8 学时。

【学习目标】

掌握货代人员的素质。

【重难点】

招聘会组织与实施。

【学习过程】

1. 各货代公司组织策划人才招聘会。

2. 人事部策划设计招聘广告，参照图 2－12 制订招聘信息。

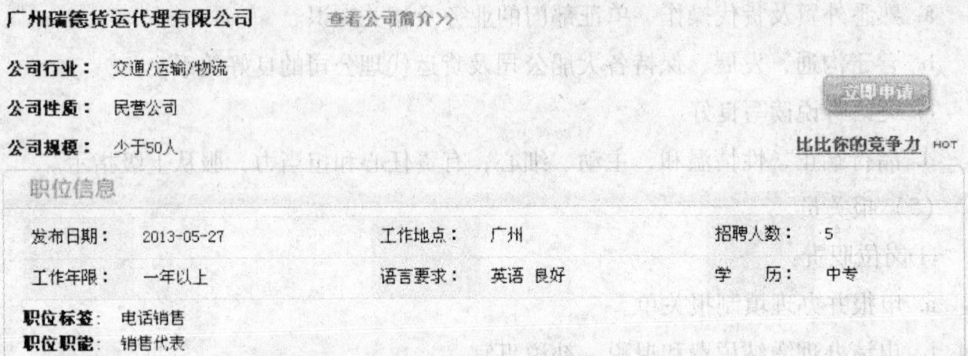

广州瑞德货运代理有限公司　　查看公司简介>>

公司行业：　交通/运输/物流

公司性质：　民营公司

公司规模：　少于50人

立即申请

比比你的竞争力 HOT

职位信息			
发布日期：2013-05-27	工作地点：广州	招聘人数：5
工作年限：一年以上	语言要求：英语 良好	学 历：中专

职位标签：　电话销售

职位职能：　销售代表

职位描述：

工作职责：

1. 定期制定业务计划，开拓国际货代业务，配合业务经理完成业务目标；

2. 及时有效反馈市场信息给市场部；

3. 完成业务经理安排的其他工作。

岗位要求：

1. 大专或以上学历，一年以上国际货运代理经验；

2. 熟悉电脑操作，熟练掌握WORD、EXCEL等办公软件；

3. 有良好的英语口语沟通能力，有在外贸行业工作的经验优先！

4. 能吃苦耐劳，性格开朗，有良好的沟通能力，开拓进取精神和团队精神；

5. 有明确的职业规划，愿意在国际货代行业发展的业务精英优先考虑；

欢迎英语/商务英语/国际贸易专业，自考大专正在找工作的人员加入，有经验优先。

图 2－12 招聘信息示例

3. 组织招聘团队，设计面试题目。

4. 开展招聘会。

5. 各公司撰写招聘会新闻稿。

情境三　公关危机实训

【学时】

6 学时。

【学习目标】

处理公司公关事件。

【重难点】

反应能力、应对能力。

【学习过程】

1. 教师为各公司设计公关危机情境

2013 年 9 月 28 日，红蜻蜓国际货运代理公司接到客户投诉，声称其代理货运的一批苹果手机产品在运输途中部分丢失，经过客户自己调查，是红蜻蜓公司内部人员监守自盗，该客户还将该事件通知当地媒体进行曝光。请问，红蜻蜓国际货运代理公司该如何应对？

2. 各组根据情境寻找资料，讨论、设计解决方案

3. 各组选择出席新闻发布会的构成人员，选出新闻发言人

4. 教师随机抽取 1 名同学做现场记者

5. 1 组抽取 1 名同学当观察员

6. 开展新闻发布会，处理公关危机

7. 总结与评定

项目考核

1. 讲解图 2 – 13。

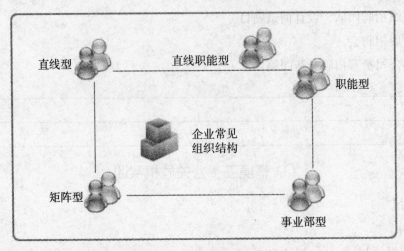

图 2-13 企业组织结构类型

2. 分析下列组织结构（如图 2-14、图 2-15 所示）。

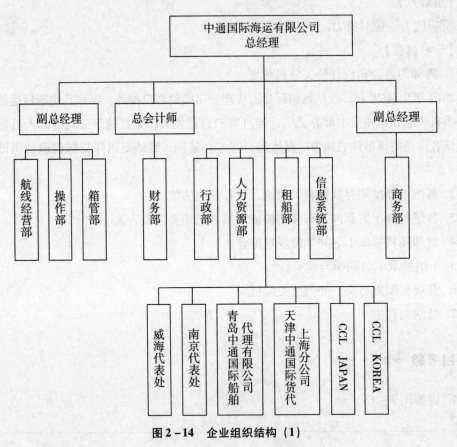

图 2-14 企业组织结构（1）

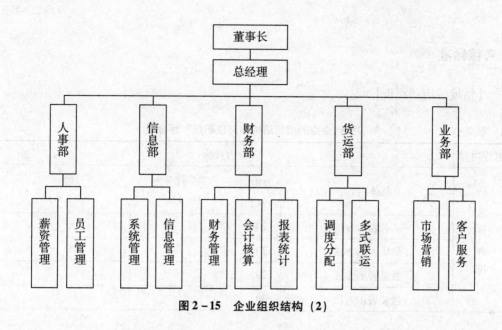

图 2-15　企业组织结构（2）

3. 分析下列资料，谈谈货代从业人员的前景。

货代人才的紧缺是货代企业发展的瓶颈，人才竞争是首先摆在各企业面前的难题。外资货代企业进入中国市场后本土化经营需要大批专业人才，势必加剧对货代行业人力资源的竞争。国际货运代理业转型期对人才提出了更高要求，而该行业从业人员的学历普遍较低，人员素质跟不上行业发展的需求，因此成熟的货代单证员、操作员、销售人员等，是市场上的抢手人才。

4. 你认为货代人员应该具备哪些素质？

实训总结

考核标准

【情境一活动评价】

表 2－6　　　　　　　　"货代企业的组织结构和岗位职责"评分表

考评内容	能力评价			
考评标准	具体内容	分值（分）	学生评分（0.4）	师评（0.6）
	品名表示方法	20		
	品质表示方法	30		
	数量表示方法	20		
	包装表示方法	30		
	合计	100	注：考评满分为 100 分，60～74 分为及格；75～84 分为良好；85 分以上为优秀	

各组成绩

小组	分数	小组	分数	小组	分数

教师记录、点评：

【情境二活动评价】

表 2－7　　　　　　　　　　　"人才招聘会"评分表

考评内容	能力评价			
考评标准	具体内容	分值（分）	学生评分（0.4）	师评（0.6）
	招聘广告设计	30		
	招聘题目设计	20		
	招聘现场布置	20		
	招聘会	30		

合计	100	注：考评满分为 100 分，60 ~ 74 分为及格；75 ~ 84 分为良好；85 分以上为优秀

各组成绩

小组	分数	小组	分数	小组	分数

教师记录、点评：

【情境三活动评价】

表 2 - 8　　　　　　　　　　"公关危机实训"评分表

考评内容	能力评价			
考评标准	具体内容	分值（分）	学生评分（0.4）	师评（0.6）
	对资料的理解程度	20		
	团队构成	10		
	对策方案	30		
	新闻发布会表现	40		
合计	100	注：考评满分为 100 分，60 ~ 74 分为及格；75 ~ 84 分为良好；85 分以上为优秀		

各组成绩

小组	分数	小组	分数	小组	分数

教师记录、点评：

熟能生巧

货代人员应具备的能力

1. 货代专业知识。

_____

_____

2. 国际贸易专业知识。

_____

_____

3. 专业外语水平。

_____

_____

4. 沟通协调能力。

_____

_____

5. 整合资源和渠道的能力。

_____

_____

6. 其他能力。

_____

_____

_____

项目三　海运货代业务操作

本项目在学生熟悉国际贸易业务相关知识的基础上，认识国际货运代理业务之后，实训操作海运货代业务。通过本项目，学生能够根据教师要求，承揽海运业务，并且按照实际业务操作流程，进行进出口海运货代业务，且独立填制相关单据。

任务一　海运业务承揽

实训学习目标

知识目标：

1. 了解国际海运货运代理业务制度。
2. 掌握国际海运货运代理业务的基本程序和操作流程。

能力目标：

1. 能够进行国际海运货运业务处理。
2. 学会进出口商品海运货代业务操作流程。

实训学习方法

1. 自学（收集资料法、比较学习法、小组讨论法）。
2. 听讲学习（提问、总结、作业）。
3. 实操（小组展示法、头脑风暴法、案例分析法）。

实训课程介绍

本次实训任务，旨在让学生通过学习和比较，让学生了解国际海运货运代理业务相关法律制度，在制度的约束下，如何进行海运代理业务。

本次实训任务，分两个学习情境进行：说说海运货运代理业务制度、承揽海运货代业务。

实训任务说明

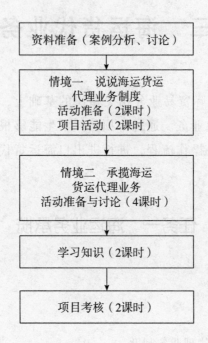

实训知识铺垫

一、国际海运货运代理的业务范围

国际海运货运代理企业可以作为进出口货物收货人、发货人的代理人，也可以作为独立经营人，从事国际货运代理业务，同时，国际货运代理也可作为承运人或海关的代理从事经营活动，其主要经营范围包括：

（1）揽货、订舱（含租船、包机、包舱）、托运、仓储、包装。

（2）货物的监装、监卸、集装箱的拆箱、分拨、中转及相关的短途运输服务。

（3）报关、报检、报验、保险。

（4）缮制签发有关单证、交付运费、结算及交付杂费。

（5）国际展品、私人物品及过境货物运输代理。

（6）国际多式联运、集运（含集装箱拼箱）。

（7）国际快递（不含私人信函）。

（8）咨询及其他国际货运代理业务。

二、国际海运货运市场的特点

国际海运货运市场结构比较模糊和不规则，难以清晰划分，市场个别需求比较明显，具体特点如下：

（1）货运需求的多样性和离散性。多样性主要表现为：货物种类繁多、运输方式的衔接、时间不确定、运输工具的选择、货运技术的多样及各种各样的配套服务。离散性表现在：只要有进出口贸易的地方都可以形成货运需求，随着物流的进一步发展，这种需求越来越分散和不规则，时间的不一致以及业务委托与货物操作的不同步进行。

（2）货运市场的区域性。国际货运市场的繁荣与地区的对外贸易发展是息息相关的，往往集中在经济发达的沿海城市和区域中心城市。

（3）众多国际货运代理企业共同占有市场，竞争激烈。拥有良好设施、设备，网络健全，能提供安全、快速、有效、及时、经济、多功能、全方位服务的国际货运代理企业，往往占有市场重要地位，具有专业特色和上乘服务的国际货运代理企业往往成为差异化市场的领先者。

三、海运货代业务承揽的基本程序

（1）接受货主询价。

（2）接受货主委托。

（3）订舱。

（4）做箱。

（5）报关。

（6）提单确认和修改。

（7）签单。

（8）航次费用结算。

（9）提单、发票发放（提单样本）。

（10）应在一个月内督促航次费用的清算并及时返还货主的"核销退税单"。

（11）海关退税有问题的，需更改并要提供相关资料。

实训任务实施

情境一 说说海运货运代理业务制度

【学时】

4学时。

【学习目标】

能够说明海运货运代理业务制度，并会运用。

【重难点】

运用海运货运代理业务相关制度。

【学习过程】

1. 学生查询资料学习相关知识，教师讲解。

（1）海运货运代理制度是什么？

（2）海运货运代理制度特点和分类。

（3）海运货运代理制度的影响（举例说明）。

（4）海运货代业务常识是什么？

（5）海运货代期盼新的服务模式？

2. 阅读案例，教师组织学生讨论海运货代业务制度相关规定。

资料 1：

假如你是一名货代，受发货人委托处理一批 20TEO 的货物发往美国洛杉矶，船东签发提单，提单的目的地港写的是洛杉矶，但没有说明是具体哪个港口，以至于船只到美国洛杉矶片区，无法停靠具体港口。你通过与美国洛杉矶港口联系，得以停靠。因为事先停港船只的作业不是港口计划的内容，所以港务公司要求须多交港口拥挤附加费，你为了使货物能安全按时抵达目的地，于是与港务公司签订协议，事后你与发货人结算费用，发货人觉得附加费不属于原先协商价格，于是要求不加以支付。能否给个解决方案呢？

资料 2：

卡特股份有限公司同意运输 S 公司的货物，用卡特公司的船"the bingo"，从英国的 A 市到西班牙的 B 市，两份提单，以 CIF Santander, cash against documents 方式运输，两种货物，第一种为木质家具，第二种为水泥。在运输过程中出现事故，家具被冲走，水泥仓进水。后检查得知该事故是由于船上工作人员忘记检查船只引起的事故。买方是否必须接受这个合约？买方是否要付货款给卖方？买方有什么权利去要求承运人赔偿？买方是否能要求保险公司进行赔偿？

资料 3：

某出口公司按 CIF 条件成交一批货物，并向中国人民保险公司投保了水渍险，货物在转船过程中遇到大雨，货到目的港后，收货人发现货物有明显的雨水浸渍，损失达70%，因而向我方提出索赔。

问题：我方能接受吗？

_____

_____

情境二　承揽海运货代业务

【学时】

4 学时。

【学习目标】

能够阐述海运货代业务，独立操作海运货代业务，处理海运货代业务中紧急问题。

【重难点】

重点：独立操作海运货代业务，处理海运货代业务中紧急问题。

难点：独立操作海运货代业务。

【学习过程】

1. 学生自学海运货代业务范围，并小组抽签分别讲解。

_____

_____

2. 阅读进出口流程图，解释流程图，并编制海运货代进出口业务流程，如图 3-1 所示。

项目考核

1. 请用自己的话来解释海运业务制度。

_____

_____

2. 请用自己的话来描述海运业务范围。

_____

_____

3. 你认为中国该不该进行国际货运代理呢？有好处吗？

_____

_____

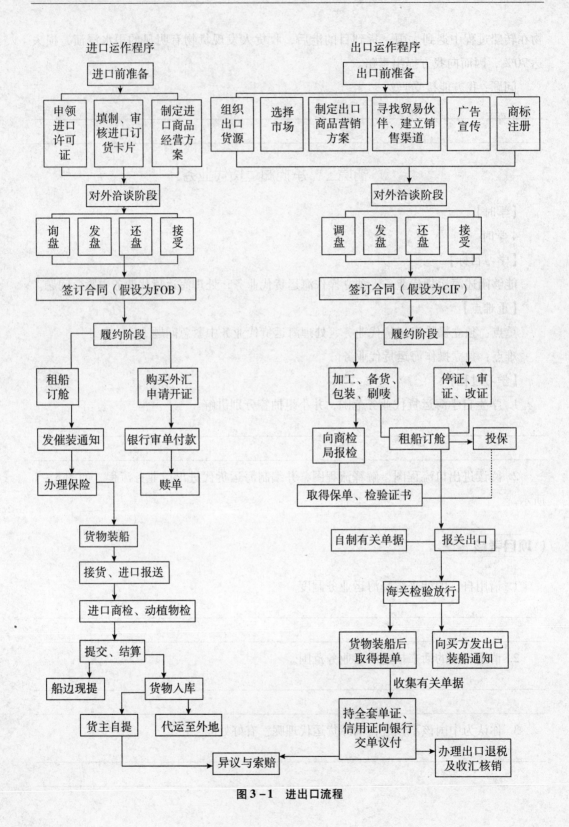

图 3-1　进出口流程

4. 假如你想成立货代公司，你如何说服父母或朋友为你投资一起搞货代?

5. 假设你出口一批白菜到韩国，请说出海运货代流程。

6. 假设你从意大利进口一批橡胶制品，请说出海运货代流程。

实训总结

考核标准

【情境一活动评价】

表 3-1　　　　　　　　　"说说海运货运代理业务制度" 评分表

考评内容	能力评价			
考评标准	具体内容	分值（分）	学生评分（0.4）	师评（0.6）
	每题回答正确	40		
	自己组织语言，准确，精练	25		
	PPT 制作精美	15		
	在 90 分钟内完成，遵守机房纪律	20		
	合计	100	注：考评满分为 100 分，60～74 分为及格；75～84 分为良好；85 分以上为优秀	

各组成绩

小组	分数	小组	分数	小组	分数
.					

教师记录、点评：

【情境二活动评价】

表 3 - 2　　　　　　　　"承揽海运货代业务"评价评分表

考评内容	能力评价			
考评标准	具体内容	分值（分）	学生评分（0.4）	师评（0.6）
	每题回答正确	40		
	自己组织语言，准确，精练	25		
	PPT 制作精美	15		
	在 90 分钟内完成，遵守机房纪律	20		
	合计	100	注：考评满分为 100 分，60～74 分为及格；75～84 分为良好；85 分以上为优秀	

各组成绩

小组	分数	小组	分数	小组	分数

教师记录、点评：

熟能生巧 ✦➤

根据咨询机构 Transport Intelligence 的最新报告，2012 年全球货代市场的增长全部来自海运的强劲表现，而空运则持续下滑。报告显示，2012 年全球货代市场增长了3.1%，达 1258 亿美元；其中，海运货代市场增长了 11.5%，达 632 亿美元；而由于运营和燃油成本提高促使货主选择其他运输方式，空运货代市场萎缩了 4.2%，为 626亿美元。报告作者 Cathy Roberson 表示，尽管 2012 年表现强劲，但海运货代市场仍面临挑战；同时，由于空运货量下滑，空运货代更加专注于高利润率的货物，如需要温度控制的产品，以弥补收入的减少。Transport Intelligence 指出，去年德迅物流（Kuehne + Nagel）收购了 2 家专业经营易腐品业务的货代公司。同时，海运货代扩展了拼箱服务，来满足以前通过空运运输的、运量较小的货运需求。Transport Intelligence 还表示，货代公司还发展了多种运输方式，如使用海运和公路运输提供门到门的服务、混合使用空运和海运来降低成本，同时仍提供更快的空运服务。报告表示，亚太区的货代市场最大，占 32% 的份额，欧洲则占 31%，"尽管亚洲需求仍严重依赖出口，但国内需求正在增长，因此亚洲区内服务正变得更受欢迎。因此，Transport Intelligence 预计，到 2016 年，亚洲将占全球货代市场 37% 的份额；而由于目前的经济问题，欧洲市场的份额将减少，从 2012 年的 31% 降至 2016 年的 26%"。

2012 年上海海事法院受理的海上（通海水域）货运代理合同纠纷为 959 件，同比增长 31.01%，占一审海事海商受理案件的 52.95%，居各类案由之首。近年来货代企业激增，货代业务由传统的订舱、报关等单一代理事项向无船承运、全程物流等复合领域延伸，此中出现的违规经营、无序竞争、发展失衡等问题较突出。

要求根据上述资料，结合所学内容，对国内外的海运货代业务发展概况作简要分析，分析的内容可参考以下提示：

1. 海运货代业务增长；

2. 海运货代合同纠纷居高；

3. 海运货代业务范围；

4. 海运货代业务制度。

任务二　进出口海运货代业务流程操作

实训学习目标

知识目标：

1. 了解国际海运货运代理业务制度。

2. 掌握国际海运货运代理业务的基本程序和操作流程。

能力目标：

1. 能够进行国际海运货运业务处理。

2. 学会进出口商品海运货代业务操作流程。

实训学习方法

1. 自学（收集资料法、比较学习法、小组讨论法）。

2. 听讲学习（提问、总结、作业）。

3. 实操（情境再现法、头脑风暴法、案例分析法）。

实训课程介绍

　　本次实训任务，旨在让学生通过学习和实操，熟悉海运货代进出口业务流程，能够分析和处理实际业务中的问题，顺利进行海运货代业务。

　　本次实训任务，分两个学习情境进行：进口海运货代业务、出口海运货代业务。

实训任务说明

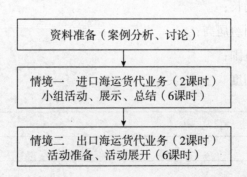

资料准备（案例分析、讨论）

↓

情境一　进口海运货代业务（2课时）
小组活动、展示、总结（6课时）

↓

情境二　出口海运货代业务（2课时）
活动准备、活动展开（6课时）

实训知识铺垫 ✦✦

一、海运出口货代流程

海运出口货代工作涉及问题多、环节复杂，认真做好出口货代工作，了解和熟悉出口运输的各个环节和操作程序，直接关系到出口运输任务的完成和企业效益，对扩大出口、多创汇有着十分重要的意义。凡以 CIF 或 CFR 条件成交的出口货物，应由我方派船或订舱运输，凡以 FOB 条件成交的出口货物，则由买方派船运输。以下流程以 CIF 为标准。

（一）审核信用证中的装运条款

为使出口工作顺利进行，收到信用证后，必须审核证中有关的装运条款，如装运期、结汇期、装运港、目的港、能否转船与分批、是否指定船名、船籍和船级等。有的采证要求提供各种证明，如离港证明书、航线证明书、船长接受随船单证收据等。对这些条款和规定，应根据我国政策、国际惯例、要求是否合理、我方能办到来考虑接受或提出修改要求。具体说明如下：

（1）装运期必须订明年份月份，对船舶靠港很少的港口，应争取跨月装运。要结合商品性质，选择合适季节，如雨季不宜装烟叶、茶叶，夏季不宜装沥青、牛羊肉和橡胶，北欧、加拿大东岸不宜在冰冻期装运，热带地区不宜雨季装运。

（2）装运期与信用证的期限要一起考虑，一般来信后一定期限内装运，远洋运输不少于 1 个月，近洋航线不少于 20 天。特别注意避免"双到期"，即信用证有效期与装运期同时到期。一般情况下，结汇有效期应长于装运期 10～15 天，以便装船出 B/L 后有足够时间办理结汇。

（3）出口货物的装运港，争取订为"中国港口"或订为几个中国港口，由卖方选择，灵活机动。

（4）在不用联运方式运输时，一般不接受内陆城市为目的地条款，应选择靠其最近的，且我方便于订舱的海港为目的港，在提单上注明"转运到××（内陆城市）"字样。

（5）出口到没有直达船的港口，要订明"允许转运"，对货量较大商品为便于备货及配船，更应在信用证上规定"允许转船及分批装运"条款。不能接受买方指定中转港、二程船公司和船名条件，也不能接受在提单上注明中转港和二程船船名的条件。

（6）对买方提出货物限期运抵目的港的要求应予重视，但一般不同意规定运抵期限的条款，因为船舶在海上航行，很难保证到达目的港的准确时间，结果出口方很容易造成违约。

（7）关于指定船舶或限制航线的条款，一般不能接受由买方指定船公司以及限制船型、船龄、船级等条件，因为 CIF 或 CFR 出口，安排船只和航线等是卖方的权利。

（8）关于指定装卸码头及仓库的条款，一般也不能接受。因为一旦指定后就会产生码头吃水浅与深的问题，出口时码头有没有泊位，使用大船停靠是否能靠上码头以及该码头与班轮公司专用码头不一致、仓库已满不能接货，就会有移库、短驳、船期损失费、驳船使用费等情况发生。

（9）关于大宗货物溢短装条款：交货数量应订有一个伸缩率，一般为增减 5% ~ 10%，由船方选择决定。大宗的麻袋、纸袋等包装货物出口，应增加大包装，即现在常用的吨袋包装，每麻袋如果是 50kg，吨袋里放 20 小袋，这样有利于装卸，也有利保持数量不缺少。

（二）备货报验

备货工作就是根据出口合同及信用证中有关货物的品种、规格、数量、包装等的规定，按时、按质、按量地准备好应出口的货物，并做好申请报验和领证工作。冷藏货要降温，以保证装船时符合规定温度要求。在我国，凡列入商检机构规定的"种类表"中的商品以及根据信用证、合同规定由商检机构出证的商品，均需在出口报关前，填写"出口检验申请书"申请商检。有的商品需鉴定重量，有的需进行动植物检疫或卫生安全检验，要事先办妥，取得合格的检验证书。出口前的准备工作，做到货证齐全，包括外地运来的出口货物都备妥后，即可办理托运工作。

（三）托运订舱

托运订舱的原则是，根据统筹兼顾、适当安排的原则，相同条件下优先配装国轮，其次配载外运租船或合资船，再配外轮，但由于运价的不同，经营航线的各异，服务质量的优劣，又应具体情况具体分析。首先，外运公司，外轮代理，联合船代和轮船公司，制定出月度海运出口船期表。上海地区比较全面的船期表有外运公司的船期表、中远国际货运的船期表、外代的船期表等。其次，出口公司向外运公司、一级货运代理（如中远货运公司，外代货运部和其他国际货运代理）订舱配载。货主在船舶抵港和截至签单前递交托运单，外运公司或其他国际货运代理经审核，签出装货单，订舱工作即告完成，就意味着托运人和承运人之间的运输合同已经缔结。

（四）保险

货物订妥舱位后，属卖方保险时，即可办理货物运输险的投保手续。保险金额通常是以发票的 CIF 价加成投保（加成数根据买卖双方约定，如未约定，则一般加 10%投保）。

（五）货物集中港区

当船舶到港装货计划确定后，按照港区进货通知或船公司通知提集装箱、装箱、进港，在规定的期限内，由托运人或货代办妥集港运输手续，将出口货物及时运至港区集中，等待装船，做到批次清、件数清、标志清。在这项工作中，还要特别注意与港区、船公司、货代、运输车队或铁路等单位保持密切联系，按时完成进货，防止工作脱节影响装船进度，或者货物进港太晚不能装上船的后果。

（六）报关（通关）

货物集中港区后，编制出口货物报关单连同装货单、发票、装箱单、商检证等有关单证向海关申报出口，经海关关员进行单证审核后，以及部分货物查验合格后方可装船。

（七）装船工作

在装船前，理货员代表船方，收集经海关放行的装货单和收货单，经过整理后，按照船舶积载图，分批接货装船。装船过程中，货主委托的货运代理一般派人在现场监装，随时掌握装船进度并处理临时发生的问题。装船方法通常有三种：一是码头作业，由港区提供足够的劳务和机械，按积载图，正常情况下 24 小时连续装船；二是现装船，即车辆将货物直接运到码头船边进行装船；三是外档过驳，货物由驳船集港，货物停留在驳船上。装船时驳船直接靠海轮外舷，将货物直接吊到海轮上。装货完毕，理货组长要与船方大副共同签署收货单，交与托运人或货代、船代。理货员如发现某批货有缺陷或包装不良，即在收货单上批注，并由大副签署，以明确船货双方的责任。但作为托运人，应尽量争取不在收货单上批注以取得清货提单。

（八）换取提单

装船完毕，托运人除向收货人（买方）发出装船通知外，由货代或直接向船公司或船代领取已装船提单，一般船公司在开船后 24 小时内开始正式签发提单。这时出口运输工作即告一段落。

（九）制单结汇

将合同或信用证规定的结汇单证备齐，如提单、发票、装箱单、汇票、原产地证、运输保险单等，在合同或信用证规定的议定有效期内，向银行交单，办理结汇手续。

二、海运进口货代流程

（1）接受收货人委托，签订委托协议书；

（2）从收货人处取得进口全套单据；

（3）确认承运人、船务代理以及换单代理；

（4）凭已背书的正本提单在换单代理处换取提货单并代缴换单费；

（5）办理集装箱押箱手续，缴纳押金，取得集装箱设备交接单；

（6）确认提箱/提货费用；

（7）报检报关；

（8）确认关税和增值税，向收货人索取该费用，代缴；

（9）办理提箱或提货手续；

（10）收货人掏空箱后，将空箱送返指定的回箱地点；

（11）到箱管部办理集装箱的押款结算手续；

（12）向收货人结清所有费用。

实训任务实施

情境一　进口海运货代业务

【学时】

8 学时。

【学习目标】

能够独立处理一些进口海运货代紧急问题，顺利进行货代业务。

【重难点】

操作进口海运货代业务。

【学习过程】

1. 布置学生查询资料（预习、自学阶段）：

（1）什么是进口海运货代业务？

（2）我国最主要进口的产品包括什么？

（3）我国主要港口？

（4）进口海运货代业务流程？

（5）进口海运货代业务注意事项？

2. 分析资料。

请参考图3-2，说明该笔海运货代业务的进口流程。

深圳市朝日进出口有限公司（SHENZHEN ASAHI IMPORT & EXPORT CO, . LTD 地址：fuyong town，Baoan district，CHI-SHENZHEN）是一家具有进出口经营权的服装贸易公司，主要经营服装进出口。2012 年 10 月底，该公司与韩国日进服装公司合作，购买 400 件毛呢大衣。该批货物拟定从釜山港运往深圳港，11 月底装 E001 航次的"丽京"轮。朝日公司业务员找到深圳宏达国际货运代理有限公司苏姗，委托其办理进口业务。

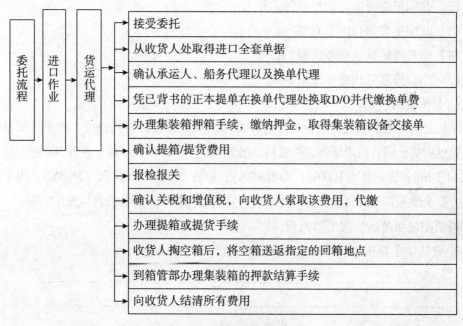

图3-2 海运货代进口流程

3. 安排学生模拟进口海运业务流程并记录。

_____

_____

_____

_____

情境二　出口海运货代业务

【学时】

8 学时。

【学习目标】

能够独立处理一些出口海运货代紧急问题，顺利进行货代业务。

【重难点】

操作出口海运货代业务。

【学习过程】

1. 布置学生查询资料（预习、自学阶段）：

（1）什么是出口海运货代业务？

（2）我国最主要出口的产品包括什么？

（3）我国主要出口国家有哪些？

（4）出口海运货代业务流程？

（5）出口海运货代业务注意事项？

2. 分析资料。

荣信公司与宏达货代公司洽谈好合作意向，双方即签订委托协议。跟单员要求荣信公司提供购货合同、信用证等相关资料，吊灯 500 件，每件装一箱，共计 500 箱。货物总体积 14.08m³；货物总重 1000kg；净重 980kg；单价 USD100 PER PC CIF SYD。因本次货运买方要求海运，苏姗直接向王天介绍宏达货代公司对本单货物的具体操作流程。

请制图说明海运货代出口流程。

3. 安排学生模拟出口海运业务流程并记录。

_____

_____

_____

_____

项目考核

模拟进行进出口海运货代业务并记录。

资料 1：

信达公司与宏运货代公司洽谈好合作意向，双方即签订委托协议。跟单员要求信达公司提供购货合同、信用证等相关资料，篮球 500 个，每件装一箱，共计 500 箱。货物总体积 14.08m³；货物总重 1000kg；净重 980kg；单价 USD100 PER PC CIF SYD。因本次货运买方要求海运，王超直接向武红介绍宏运货代公司对本单货物的具体操作流程。

_____

_____

_____

_____

资料 2：

广州市骐达进出口有限公司（GUANGZHOU ASAHI IMPORT & EXPORT CO，. LTD 地址：fuyong town，Baoan district，CHI – GUANGZHOU）是一家具有进出口经营权的日用品贸易公司，主要经营精油香皂进出口。2012 年 10 月底，该公司与泰国骐达日用品公司合作，购买 400 个精油香皂。该批货物拟定从曼谷港运往广州港，11 月底装 E001 航次的"国泰"轮。骐达公司业务员找到广州骐达国际货运代理有限公司李伟，委托其办理进口业务。

_____

_____

_____

_____

实训总结

_____

_____

_____

_____

_____

_____

_____

_____

考核标准 ✦

【情境一活动评价】

表 3 – 3　　　　　　　　　"进口海运货代业务"评分表

考评内容	能力评价			
考评标准	具体内容	分值（分）	学生评分（0.4）	师评（0.6）
	讲述进口海运货代业务内容	25		
	模拟进口海运货代业务	40		
	自己组织语言回答问题	15		
	有拓展能力	20		
合计	100	注：考评满分为 100 分，60 ~ 74 分为及格；75 ~ 84 分为良好；85 分以上为优秀		

各组成绩

小组	分数	小组	分数	小组	分数

教师记录、点评：

【情境二活动评价】

表 3 –4　　　　　　　　　"出口海运货代业务"评分表

考评内容	能力评价			
考评标准	具体内容	分值（分）	学生评分（0.4）	师评（0.6）
	讲述出口海运货代业务内容	25		
	模拟出口海运货代业务	40		
	自己组织语言回答问题	15		
	有拓展能力	20		

合计	100	注：考评满分为 100 分，60 ～ 74 分为及格；75 ～ 84 分为良好；85 分以上为优秀

各组成绩

小组	分数	小组	分数	小组	分数

教师记录、点评：

熟能生巧 ◆▶

"客户从 2007 年开始，就希望我们能提供更广泛的物流解决方案——他们希望减少自身需要面对的物流供应商的数量。" 11 月 26 日，联邦快递（FDX. N）贸易网络亚洲区董事总经理 Joseph – John Frank 告诉本报记者，这促使联邦快递进入航空与海运货代业务。

Frank 透露，联邦快递位于内地的国际航空货代业务在 2008 年 3 月便已启用，"目前我们对运作非常满意"。下一步，联邦快递贸易网络将于 2010 年 3 月 1 日为中国市场引入国际海运货代服务。

据了解，在 2008 年率先在上海以及香港开设分公司后，定位为货代、进出口清关代理、取派件以及航空、海运整合服务商的联邦快递贸易网络，近日又在宁波增开了新的分公司，这令其在中国内地的分公司布点多达 9 个，加上香港与台北的分公司，其在大中华区的布点多达 11 个。在全球范围，联邦快递贸易网络还在新加坡、胡志明市、巴黎与阿姆斯特丹进行了布点，下一步还将开拓巴西与墨西哥市场，从分公司分布看，大中华区是其最重要的业务基地。

上海国际货运代理协会秘书长李林海在 27 日对本报记者表示，并不担心联邦快递的进入会对国内的货代行业形成更大的竞争压力甚至带来供应商"清洗"。"这个行业的企业很多，竞争也一直很激烈，大家应该知道如何应对。"

联邦快递或难以把快递业务上的价格竞争策略复制到货代市场，实现在较短的时间内驱逐小型货代企业出场。有不愿公开姓名的民营货代负责人透露，在海运业上，由于竞争的残酷，一直存在"零收费"甚至"负收费"的情况。"原因在于海运企业在某些航线上的运力过剩以及货代业的不当竞争。"

但 Frank 称，联邦快递能够通过货代网络，让客户更方便地选择所需业务。

请就此事件进行讨论。

_____

_____

_____

_____

任务三 制单

实训学习目标

知识目标：

1. 单据构成。
2. 单据中相关条款的规定。
3. 填制海运货代单据。

能力目标：

1. 可以填制海运货代单据。
2. 能够读懂单据内的条款。
3. 熟悉单据相关规定。

实训学习方法

1. 自学（收集资料法、比较学习法、小组讨论法）。
2. 听讲学习（提问、总结、作业）。
3. 实操（情境再现法、头脑风暴法、案例分析法、思维导图法）。

实训课程介绍

本次实训任务，旨在让学生通过学习和比较，了解和认识国际货运代理海运业务的单据，熟悉单据中相关规定，能够审查单据，填制单据。

本次实训任务，分两个学习情境进行：认识海运货代单据、填制海运货代单据。

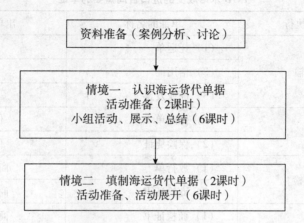

1. 以 CIF 价格成交的出口合同要涉及的主要单证，如表 3 - 5 所示。

表 3 - 5　　　　　　　　　　CIF 术语成交的出口合同需要的单证

贸易合同的执行	单证的名称	出单证的机构
1. 办理运输	（1）出口托运单	出口商
	（2）信用证	买方指定银行
	（3）商业发票	出口商
	（4）装箱单	出口商
2. 办理保险	（1）保险单	保险公司
	（2）保险凭证	保险公司
3. 办理商检	（1）放行单	商品检验局
	（2）商检证书	商品检验局
4. 办理报关	（1）装货单	出口商
	（2）发票	出口商
	（3）外汇核销单	外汇管理局
	（4）商检证书	商品检验局

2. 以 FOB 价格成交的进口合同要涉及的主要单证（如表 3 - 6 所示）。

表 3 - 6   **FOB 术语成交的进口合同需要的单证**

贸易合同的执行	单证的名称	出单证的机构
1. 办理运输	（1）托运单	企业
	（2）信用证	银行
	（3）商业发票	出口商
2. 办理保险	（1）保险单	保险公司
	（2）保险凭证	保险公司
3. 办理商检	（1）放行单	商品检验局
	（2）商检证书	商品检验局
4. 办理报关	（1）商检证书	商品检验局
	（2）发票	出口商
	（3）收货单	进口商
	（4）进口报关单	进口商

实训任务实施 ✦➤

情境一 认识海运货代单据

【学时】

8 学时。

【学习目标】

掌握海运货代单据种类。

【重难点】

单据中相关条款规定应注意的问题。

【学习过程】

1. 根据海运货代业务流程（如图 3 - 3 所示），讨论分析需要的单据有哪些?

_____

_____

2. 想一想，海运货代单据有什么作用?

_____

_____

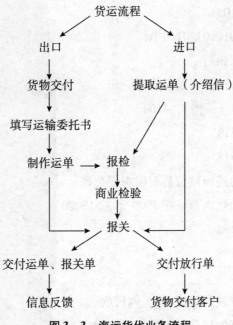

图 3 – 3 海运货代业务流程

3. 查一查，海运货代单据中，相关规定和条款。

_____

_____

4. 译一译，尝试翻译每个海运货代单据。

_____

_____

情境二 填制海运货代单据

【学时】

8 学时。

【学习目标】

填制海运货代单据。

【重难点】

填制海运货代单据。

【学习过程】

根据下面的情景，填制海运货代单据。

不可撤销信用证

兹开立号码为 1946 – 1D – 10 – 0004 的不可撤销的信用证。

开证日期：2010.01.05

有效日期和地点：2010.03.01 中国

开证行：孟加拉国家银行

开证申请人：孟加拉国曼联贸易有限公司

穆吉布大道，124 号（一楼），4100

电话：00880—2714618

传真：00880—2714618

受益人：深圳中泰力进出口贸易有限责任公司

深圳市深南中路佳和强大厦 a 座 1909 室，518000

电话：0755－83759298

传真：0755－83759298

信用证总额：_____

呈兑方式：任何银行议付见证 45 天内付款

付款行：受益人国家的任何一家银行可议付

运输要求：不允许分装　允许转船

起运港：_____天津_____

目的港：_____吉大港_____

最迟装运期：2010.02.15

货物描述：

涂料马林

规格：T5361

单价：USD __3000__/桶 CFR 吉大港

总升数：4140 公升

包装：使用适合海运的金属桶包装，每公升装成一桶，每 12 桶包装成箱

包装尺码 90cm×60cm×80cm 包装重量（毛/净）25/23kgs

应附单据：

（1）签字的商业发票五份。

（2）全套清洁已装船海运提单 3/3 份，收货人为 TO THE ORDER OF 信用证开证行，显示"运费预付"，通知开证申请人，且注明"斯里兰卡"号装运。

（3）装箱单/重量单四份，显示每个包装产品的数量/毛净重和信用证要求的包装情况。

（4）由制造商签发的质量证明三份。

（5）受益人证明的传真件，在船开后三天内已将船名航次，日期，货物的数量，重

量价值，信用证号和合同号通知付款人。

（6）当局签发的原产地证明三份。

（7）当局签发的健康/检疫证明三份。

附加指示：

（1）租船提单和第三方单据可以接受。

（2）装船期在信用证有效期内可接受。

（3）允许数量和金额公差在 10% 左右。

补充资料：

合同号：OIH/5474538564　　　　发票号：NPMS/SQ/920902

提单号：2514646316DF　　　　海关注册编码：3814.00.00

实际船期：20100214　　　　航次：V587925

发票日期：2009.12.29

备案号：C514977537934（该货物列手册第 22 项）。

深圳中泰力进出口贸易有限责任公司（编号1234）于 2010 年 02 月 13 日向天津海关（关区代码：0201）申报。收汇核销单号：29/144527267，出境货物通关单（证件编号：45727465345），法定计量单位：公升。使用集装箱运输，箱号分别为 IN-BU775638X，集装箱自重均为4020kg。

预录入编号：45727465345

贸易方式：一般贸易

征免性质：照章

结汇方式：信用证

许可证号：45727465345

境内货源地：深圳中泰力进出口贸易有限责任公司

生产厂家：深圳中泰力进出口贸易有限责任公司

唛头：PO NO.：OIH/5474538564

BUYER：深圳中泰力进出口贸易有限责任公司

GOODS' NAME：涂料马林

G. W.：25kgs

N. W.：23kgs

SIZE：T5361

NO　　2514646316DF

运费：USD 1000　　　保费：USD 15000　　　杂费：USD 300

开户行账号：中国银行 9558801106100393879　　MR. G

报关员：MR. A

单据一：

海运出口货运代理委托书

委托日期　年　月　日

委托单位名称					
提单 B/L 项目要求	发货人：Shipper				
	收货人 Consignee				
	通知人：Notity Party				
海洋运费（√）　预付　或　到付 Ocean Aeght　　Prepaid or Collect		提单份数		提单寄送地　　址	
起始港	目的港			可否转船	可否分批
集装箱预配数	20°%　　40°%			装运期限	有效期限
标记唛头	件数及包装式样	中英文货号 Description goods (In Chinese&English)	毛重（公斤）	尺码（立方米）	成交条件（总价）
			特种货物 □冷藏品 □危险品	重件：　每件重量	
				大件：（长×宽×高）	
内装箱（CFS）地址			货物报关、报检（√）自理或　委托		
门对门装箱点	地址		货物备妥日期		
	电话	联系人	货物进钱（√）　　自送　或　减库		

续　表

随附单证份	出口货物报关单	商业发展		委托方	委托人	
	出口收汇核销单	装箱清单			电　话	
	进来料加工手册	出口许可证			传　真	
	质产地说明书	出口配客证			地　址	
	危险货物说明书	高检证			委托单位盖章	
	危险货物包装证	动植物检疫证				
	危险货物装箱申明书					
备注						

单据二：

_____（公司名称）

订舱委托书

公司编号：　　　　　　　　　　　　　　日期：

（1）发货人	（4）信用证号码	
	（5）开证银行	
	（6）合同号码	（7）成交金额
	（8）装运口岸	（9）目的港
（2）收货人	（10）转船运输	（11）分批装运
	（12）信用证有效期	（13）装船期限
	（14）运费	（15）成交条件
	（16）公司联系人	（17）电话/传真
（3）通知人	（18）公司开户行	（19）银行账号
	（20）特别要求	

（21）标记唛头　（22）货号规格　（23）包装件数　（24）毛重　（25）净重　（26）数量
（27）单价　（28）总价

（29）总件数　（30）总毛重　（31）总净重　（32）总尺码　（33）总金额

单据三：

PACKING LIST

INVOICE NO.
INVOICE DATE
S/C NO.
S/C DATE

TO：
FROM：   TO：
L/C NO. ：   DATE OF SHIPMENT

唛头	货物描述	数量 ( )	包装	毛重 （kg）	净重 （kg）	总价 （USD）

TOTAL QUATITY：
TOTAL AMOUNT：

SIGNED BY：
DATE：

单据四：

INVOICE

TO ADD TEL FAX	NO.	DATE
	S/C NO.	L/C NO.

续 表

TRANSPORT DETAILS				TERMS OF PAYMENT	
品名	箱号	型号	数量 （　）	单价 （USD）	总价 （USD）
TOTAL					

TOTAL QUATITY：

TOTAL AMOUNT：

SIGNED BY：

DATE：

单据五：

海运提单

（1）托运人		COSCO
（2）收货人		（10）提单号：
（3）通知人		中国远洋运输（集团）总公司
（4）第一乘船	（5）收货地	CHINA OCEAN SHIPPING（GROUP）CO.
（6）船名 航次	（7）装运港	ORIGINAL
（8）卸货港	（9）目的地	COMBINED TRANPORT BILL OF LADING
（11）唛头　（12）包装与件数　（13）商品名称　（14）毛重　（15）体积		
（16）总件数		
（17）运费支付	（18）正本提单份数	（19）签发地点与日期
	（20）装船日期	（21）签发人

单据六：

中华人民共和国海关出口货物报关单

预录入编号   海关编号：

出口口岸	备案号		出口日期	申报日期
经营单位	运输方式		运输工具名称	提运单号
发货单位	贸易方式		征免性质	结汇方式
许可证号	运抵国		指运港	境内货源地
批准文号	成交方式	运费	保费	杂费
合同协议号	件数	包装种类	毛重（公斤）	净重（公斤）
集装箱号	随附单据			生产厂家
标记唛码及备注				

项号	商品编号	商品名称规格型号	数量及单位	最终目的国（地区）	单价	总价	币制	征免

兹声明以上申报无讹并承担法律责任	海关审单批注及放行日期	
报关员	审单	审价
单位地址　　　　　申报单位（签章）	征税	统计
邮编　　　电话　　　填制日期	查验	放行

项目考核 ✦

根据下面信用证填制进口海运货代单据。

不可撤销信用证

兹开立号码为 1946 – 1D – 10 – 0004 的不可撤销的信用证

开证日期：2013. 05. 10

有效日期和地点：2013. 08. 10 中国

开证行：中国银行广州分行

开证申请人：广州和平进出口贸易有限责任公司

广州市和平中路佳和强大厦 a 座 1909 室，518000

电话：022－83759298

传真：022－83759298

受益人：孟加拉国曼联贸易有限公司

穆吉布大道，124 号（一楼），4100

电话：00880—2714618

传真：00880—2714618

信用证总额：＿＿＿＿＿＿＿＿＿＿

呈兑方式：任何银行议付见证 45 天内付款

付款行：受益人国家的任何一家银行可议付

运输要求：不允许分装　允许转船

起运港：＿＿＿＿＿＿＿吉大港＿＿＿＿＿＿＿＿

目的港：＿＿＿＿＿＿＿广州港＿＿＿＿＿＿＿＿

最迟装运期：2013.06.05

货物描述：

甜玉米罐头

01005 号有机无糖

单价：USD ＿＿＿50＿＿＿＿／听 CIF 多伦多

数量：9600 听

包装：每 12 听装一箱

包装尺码 80cm×50cm×30cm 包装重量（毛/净）40/36kgs

应附单据：

（1）签字的商业发票五份。

（2）一整套 3/3 清洁已装船提单，抬头为 TO ORDER，运费已付的空白背书，且注明"新斯里兰卡"号装运，通知人为加拿大国家运输公司，TEL（0091）0022－26757565。

（3）装箱单/重量单四份，显示每个包装产品的数量/毛净重和信用证要求的包装情况。

（4）由制造商签发的质量证明三份。

（5）受益人证明的传真件，在船开后三天内已将船名航次，日期，货物的数量，重量价值，信用证号和合同号通知付款人。

（6）当局签发的原产地证明三份。

（7）当局签发的健康/检疫证明三份。

附加指示：

（1）租船提单和第三方单据可以接受。

（2）装船期在信用证有效期内可接受。

（3）允许数量和金额公差在10%左右。

补充资料：

合同号：OIH/547045564　　　　发票号：JMPOP75742377

提单号：SDF6341616546　　　　海关注册编号：1465165401

实际船期：20040920　　　　　　航次：V587925

发票日期：20040910

备案号：C514975345234（该货物列手册第7项）。

广州和平进出口贸易有限责任公司（编号1234）于2004年9月19日向广州海关（关区代码：2212）申报。收汇核销单号：29/14572527，出境货物通关单（证件编号：45727527345），法定计量单位：听。使用集装箱运输，箱号分别为INBU775638X，集装箱自重均为4020kg。

预录入编号：45727527345

贸易方式：一般贸易

征免性质：照章

结汇方式：L/C

许可证号：45727527345

境内货源地：广州和平进出口贸易有限责任公司

生产厂家：广州和平进出口贸易有限责任公司

唛头：N/M

运费：USD 1200　　　保费：USD 10000　　　　杂费：USD 100

开户行账号：中国银行9558801106100393879　　MR. H

报关员：MS. W

实训总结

考核标准 ✛ ➤

【情境一活动评价】

表 3-7　　　　　　　　　"认识海运货代单据"评分表

考评内容	能力评价			
考评标准	具体内容	分值（分）	学生评分（0.4）	师评（0.6）
	认识海运单据	20		
	讲解海运单据规定	30		
	分析海运单据流转	30		
	语言表达	20		
合计		100	注：考评满分为 100 分，60~74 分为及格；75~84 分为良好；85 分以上为优秀	

各组成绩

小组	分数	小组	分数	小组	分数

教师记录、点评：

【情境二活动评价】

表 3-8　　　　　　　　　"填制海运货代单据"评分表

考评内容	能力评价			
考评标准	具体内容	分值（分）	学生评分（0.4）	师评（0.6）
	阐述单据	20		
	填制单据	30		
	单据流转	30		
	语言分析与表达	20		

续　表

合计	100	注：考评满分为100分，60～74分为及格；75～84分为良好；85分以上为优秀	

各组成绩

小组	分数	小组	分数	小组	分数

教师记录、点评：

熟能生巧

中国外运股份有限公司（简称中外运）在上海开通订舱平台，邀请全上海货代公司在网上订舱、在网上交易。该平台目前规模较小，但比国内外已有的订舱平台多了一项金融功能——在线结算。

1. 传统方式账期长

中外运向上海货代公司推介海运电子商务平台，声称该平台不仅改变了"长期以来海运行业供方和需方的交易模式，还会带来交易双方成本的降低、效率的提升、服务水平的提高，提高行业集中度和标准化水平，促使海运物流行业从原先的价格竞争、规模竞争升级到向服务竞争、体验竞争和整合能力的竞争"。

中外运为这个平台开设了一个电子商务网站——海运订舱网。据介绍，货代公司、货主可以像在淘宝网上购买商品一样，购买船公司的海运物流服务，随时查看舱位、运价，完成在线下单、结算支付，还能查看货物运输情况和单据流转情况。

"我们公布的运价是真实的、可操作的，运价交易与在线订舱是无缝衔接的。"中外运称，有了订舱平台，订舱双方就不必再通过电话、传真等传统方式四处询价、比价，在线一查就可以择优落实供需方；货主、货代公司如需获得船公司的航线、价格、出运日期等信息，也可以在线询问。

上海每年运输3000万多箱标准的集装箱，大多通过货代公司向船公司订舱，约7000家货代公司涉足其中，"普遍感觉到，交易过程的信息不对称、不透明；交易的环节太多，一票业务往往层层转包，需求方花了冤枉钱提高报价，却得不到更好的服务；

操作缺乏标准，采购、营销的成本太高；交易过程的信用度低、对账手续烦琐、账期长，资金结算困难、融资困难。"中外运一位负责人将目前存在的各种问题——道来，"船公司对货代公司的账期是 15～30 天，货代公司对客户的账期长达 60～90 天，而且货代公司属于轻资产，银行一般不愿意放贷，货代公司的资金难免会很紧张。"中外运认为，网上订舱、网上交易对货代公司有利。

2. 在线结算是突破

"中外运成立了 60 多年，相比海上运输规模，反而是货运代理能力更强。"上海航运专家吴明华指出，中外运华东有限公司的海运分公司，专业从事国际海运集装箱出口订舱业务，与马士基、达飞、地中海航运等 60 多家国际海运集装箱班轮运输公司保持长期合作关系，不会出现无米之炊，"中外运的周围有一大批货代公司，这种'人脉资源'构成了订舱平台的运营基础。"

吴明华告诉记者，订舱平台并不稀奇，全球就有三大订舱平台。"在中外运这个海运订舱网上，尚未上线交易涉及第三国的航线及舱位，但是国内外的其他订舱平台没有在线结算功能，说明中外运的订舱平台是一大突破。"

阅读此文后，你有何感想？

项目四　空运货代业务操作

本项目在学生熟悉国际贸易业务相关知识的基础上，认识国际货运代理业务之后，实训操作空运货代业务。通过本项目，学生能熟练分析航空运输的优缺点，能熟练指明航空运输适用的货品，能说明航空运输组织运营情况。掌握国际空运代理业务流程，清楚国际空运代理业务要点。能够学会国际空运代理业务单据处理，学会国际空运代理业务操作。

任务一　空运业务承揽

实训学习目标

知识目标：

1. 能熟练分析航空运输的优缺点。

2. 能熟练指明航空运输适用的货品。

3. 能说明航空运输组织运营情况。

4. 掌握国际空运代理业务流程。

能力目标：

1. 能熟练分析航空运输的优缺点。

2. 能熟练指明航空运输适用的货品。

3. 能说明航空运输组织运营情况。

4. 学会国际空运代理业务操作。

实训学习方法

1. 自学（收集资料法、比较学习法、小组讨论法）。

2. 听讲学习（提问、总结、作业）。

3. 实操（小组展示法、头脑风暴法、案例分析法）。

实训课程介绍 ◆▶

本次实训任务，旨在让学生通过学习和比较，让学生能熟练分析航空运输的优缺点，能熟练指明航空运输适用的货品，能说明航空运输组织运营情况，学会国际空运代理业务操作。

本次实训任务，分两个学习情境进行：了解航空运输、承揽空运货代业务。

实训任务说明 ◆▶

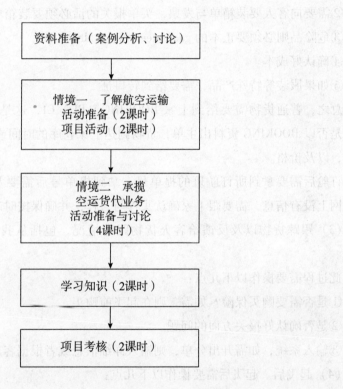

实训知识铺垫 ◆▶

一、空运操作流程

（1）首先是从业务那收到 BOOKING。（预订单）

与业务确认好订舱成本以及卖价，并确认好上家以及下家的联系方式以便保持沟通，沟通方式以邮件和电话最为合适。

收到 BOOKING 后，看 shipper（托运人）要求主要操作以下几点。

①如需要安排提货，安排提货时需要注意货物的尺寸及重量配好合适的车辆。如果不需要则须先给到客人入仓图和号码，安排货物先入我方仓库。

②如有核销单则需要拿回核销单报关，如没有资料则需要 shipper 提供 PL&CI 买单报关。

③特殊货物，比如服装需要提供转口证。危险品等需要与上家确认清楚资料，（如 guarantee letter 和 MSDS 说明书）。

④顺利安排入仓库。

（2）订舱。安排订舱主要操作以下几点：

①需要提供正确的提单资料。

②需要向客人要装箱单与发票，买单报关的话必须要装箱单与发票。

③危险品则必须要正本的 guarantee letter、MSDS 等。

④确认好成本。

⑤如果服装等特殊产品，需要给到转口证。

总之，普通货物需要给到上家 BOOKING \ PL \ CI，这是最基本的文件。需要注明：是否以 BOOKING 资料出主单，货物到达上家仓库的时间或者到港时间，所订航班信息，以及价格。

订舱后需要拿到所订航班的提单号。拿到提单号后需要及时上网查询订仓情况，如果网上没有信息，需要跟上家确认头程与二程，并确保按时起飞。

（3）跟踪货物以及反馈给客人货物跟踪情况，包括从我公司仓库到上家仓库的过程。

此过程需要操作以下几点：

①是否需要购买保险？如需，则在起飞前购买。

②是否确认好报关方面的问题。

③输入系统，如需开出分单，则输入详细信息或者根据客户需求开出分单。

（4）起飞后。起飞后需要操作以下几点：

①拿到提单，如上家与我公司不是同一家则不能在提单上显示上家公司抬头。看提单的收发货人资料有无错误，看重量和尺寸是否合理。

②开账单、开发票、收款。

（5）后期货物跟踪（输入提单号在网上查询货物状态）。

二、航空代理业务流程

（1）基本进口航空货代流程（如图 4-1 所示）。

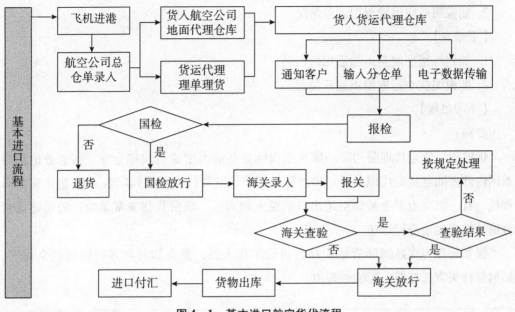

图 4 – 1　基本进口航空货代流程

（2）基本出口航空货代流程（如图 4 – 2 所示）。

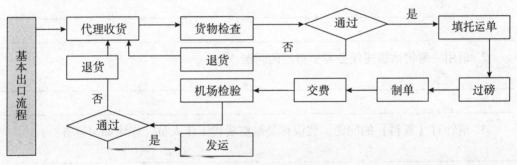

图 4 – 2　基本出口航空货代流程

实训任务实施

情境一　了解航空运输

【学时】

4 学时。

【学习目标】

1. 能熟练分析航空运输的优缺点。

2. 能熟练指明航空运输适用的货品。

3. 能说明航空运输组织运营情况。

【重难点】

1. 能熟练指明航空运输适用的货品。

2. 能说明航空运输组织运营情况。

【学习过程】

资料：

优航国际货运代理公司是一家从事国际业务的大型货运代理企业。其业务范围涵盖国内外海陆空货运代理业务。2005 年 5 月，优航货代公司接到广东 ABC 进出口公司委托，有一批女士羊毛衫要空运出口到意大利米兰。该批货物非常紧急，公司建议卖方通过航空运输进行运送。

假如您作为优航国际货运代理公司的工作人员，您会如何向客户讲解航空运输，如何解释买方选择航空运输的理由？

1. 请阅读【资料】任务描述，提炼关键词。

2. 请用一两句话描述任务需要解答的问题。

3. 请针对【资料】的问题，假设你是航空货代工作人员，你该如何解答？

4. 请用自己的话来解释航空运输。

5. 请用自己的话来描述航空运输的优点和缺点。

6. 你认为航空运输适合哪些货物运输呢？

情境二 承揽空运货代业务

【学时】

4 学时。

【学习目标】

能够阐述空运货代业务，独立操作空运货代业务，处理空运货代业务中紧急问题。

【重难点】

重点：独立操作空运货代业务，处理空运货代业务中紧急问题。

难点：独立操作空运货代业务。

【学习过程】

1. 学生自学空运货代业务范围，并小组抽签分别讲解。

2. 用图表形式分析货运代理、空运代理、航空公司业务的不同。

	业务对象	业务范围	责任范围
货运代理			
航空货运代理			
航空公司			

3. 航空货代有一客户急需进口麻布 100 匹，但航空费用昂贵，请问，作为工作人员你将如何处理？

4. 请分析你愿意做空运代理还是货运代理，为什么？

5. 请用几句话形容航空货运代理的工作。

项目考核 ◆◆

1. 请用自己的话来解释航空运输优点和缺点。

2. 请用自己的话来描述空运业务范围。

3. 你认为中国该不该进行空运货代呢？有好处吗？

4. 假设你出口一批西药到日本，请说出空运货代流程。

5. 假设你从南非进口一批钻石，请说出空运货代流程。

实训总结

考核标准

【情境一活动评价】

表 4 –1　　　　　　　　　　　"了解航空运输"评分表

考评内容	能力评价			
考评标准	具体内容	分值（分）	学生评分（0.4）	师评（0.6）
	每题回答正确	40		
	自己组织语言，准确，精练	25		
	PPT 制作精美	15		
	在 90 分钟内完成，遵守机房纪律	20		

续 表

合计	100	注：考评满分为100分，60~74分为及格；75~84分为良好；85分以上为优秀

各组成绩

小组	分数	小组	分数	小组	分数

教师记录、点评：

【情境二活动评价】

表4-2　　　　　"承揽空运货代业务"评价评分表

考评内容	能力评价			
考评标准	具体内容	分值（分）	学生评分（0.4）	师评（0.6）
	每题回答正确	40		
	自己组织语言，准确，精练	25		
	PPT制作精美	15		
	在90分钟内完成，遵守机房纪律	20		
合计	100	注：考评满分为100分，60~74分为及格；75~84分为良好；85分以上为优秀		

各组成绩

小组	分数	小组	分数	小组	分数

教师记录、点评：

熟能生巧 ✦➤

据中航协方面透露，自即日起将针对航空运输代理行业展开为期两个月的安全整顿。同时，中航协还将建立货运代理安全审计制度，对全国航空货运代理企业的从业人员强制进行航空运输危险品知识普及培训。

据中航协华东代表处首席代表韩静介绍，华东地区的 1476 家货运代理企业将在明年 1 月底前完成 30% 的企业危险品知识培训工作；明年年中完成 50%，明年年底所有代理人都将培训完毕。

另外，中航协对快递运送危险、违禁品的处罚并没停止反而加强。昨日，中航协又发布通知称，北京飞力士物流有限公司违规运输锂电池，并加盖伪造的南航确认章。因此注销该公司二类航空货运代理资质。

此外，民航华东管理局已经通知辖区内各航空公司、机场地面服务代理公司、货运销售代理人，要加强货物收运环节的检查力度，重点对托运人托运的货物及其包装进行查验，无法确认品名、包装不符合要求的货物，一律不得进行航空运输。

（资料来源：东方早报，2012 年 11 月 29 日）

要求根据上述资料，结合所学内容，对我国的空运货代业务发展概况作简要分析，分析的内容可参考以下提示：

1. 空运货代业务范围；
2. 空运货代操作流程；
3. 空运货代接受危险品；
4. 空运货代业务制度。

_____

_____

_____

_____

任务二　进出口空运货代业务流程操作

实训学习目标 ✦➤

知识目标：

1. 掌握国际空运代理业务流程。

2. 清楚国际空运代理业务要点。

能力目标：

1. 学会国际空运代理业务单据处理。

2. 学会国际空运代理业务操作。

实训学习方法

1. 自学（收集资料法、比较学习法、小组讨论法）。

2. 听讲学习（提问、总结、作业）。

3. 实操（情境再现法、头脑风暴法、案例分析法）。

实训课程介绍

本次实训任务，旨在让学生通过学习和实操，熟悉空运货代进出口业务流程，能够分析和处理实际业务中的问题，顺利进行空运货代业务。

本次实训任务，分两个学习情境进行：进口空运货代业务、出口空运货代业务。

实训任务说明

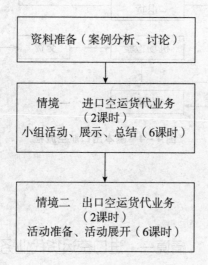

实训知识铺垫

航空代理业务流程：

（1）基本进口航空货代流程（如图4-3所示）。

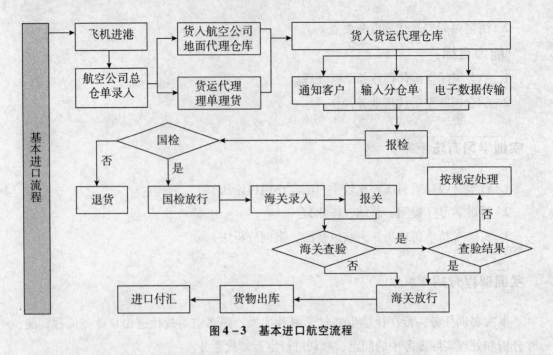

图 4-3   基本进口航空流程

（2）基本出口航空货代流程（如图 4-4 所示）。

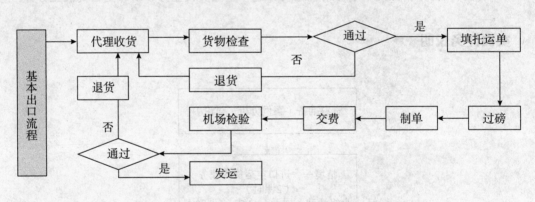

图 4-4   基本出口航空流程

实训任务实施

情境一   进口空运货代业务

【学时】

8 学时。

【学习目标】

能够独立处理一些进口空运货代紧急问题，顺利进行货代业务。

【重难点】

操作进口海运货代业务。

【学习过程】

1. 布置学生查询资料（预习、自学阶段）：

（1）什么是进口空运货代业务？

（2）我国航空最主要进口的产品包括什么。

（3）我国主要航空港口？

（4）进口空运货代业务流程？

（5）进口空运货代业务注意事项？

2. 分析资料。

分析下列空运业务资料（如表 4 - 3 所示），说明该笔海运货代业务的进口流程。

表 4 - 3   业务资料表

托运人（进口商）信息	
企业名称	深圳祥泰进出口贸易有限公司（SHENZHEN XIANGTAI IMPORT AND EXPORT TRADING CO., LTD.）
地址	广州省深圳市中湖区国瑞园 4 单元 503 室（ROOM503 4BULIDING GUORUIYUAN ZHONGHU AREA, CHINA）
联系方式	TEL/FAX：00086 - 755 - 87751861
企业性质	私营出口
主营产品	钻石
企业基本情况	具有多年的进口销售经验，主要从事于钻石的进口和销售
国际货运代理企业信息	
企业名称	深圳汉德高国际货运代理有限公司（SHENZHEN HIGH SPEED INTERANS CO., LTD.）
地址	广州省深圳市下城区德胜东路再行路 70 号
联系方式	TEL00086 - 571 - 85342800
企业性质	私营企业
主营产品	运输产物
企业基本情况	公司建立官方 1994 年，在 2004 年更名为杭州汉德，主要从事于国际间的货物出运，主要是贵重物运输，具有良好口碑

收货人（出口商）信息	
企业名称	C. J. SHAH AND CO. C/O. DESHUKH WAREHOUING CORP.
地址	ROOM NO. 815，GALA NO. 2，SHREE DUTTA COMP. REHNAL VILLAGE, BHIWAN-DI，INDIA
联系方式	91 – 11 – 27902000
企业性质	外企
主营产品	钻石
企业基本情况	主要生产钻石，从事多年

承运人（航空公司）信息	
企业名称	深圳航空有限责任公司（SHENZHEN SHIPPING CO.，LTD.）
地址	深圳宝安国际机场深圳航空有限责任公司
联系方式	0755 – 27771526
企业性质	主要经营航空客、货、邮运输业务的股份制航空运输企业
主营产品	航空运输
企业基本情况	从事货物运输与客流运输，投资成立并控股翡翠货运航空、河南航空、昆明航空，积极实施客货并举，国内国际并举，干线、支线、货运共同发展的战略

交易商品信息	
中文名称	钻石
英文名称	Diamond
商品规格	是主要由碳元素组成的等轴（立方）晶系天然矿物，摩氏硬度 10，密度 3.52（±0.01）g/cm^3，折射率 2.417，色散 0.044
数量	150 颗

3. 安排学生模拟进口海运业务流程并记录。

_____

_____

_____

_____

情境二　出口空运货代业务

【学时】

8 学时。

【学习目标】

能够独立处理一些出口空运货代紧急问题，顺利进行货代业务。

【重难点】

操作出口海运货代业务。

【学习过程】

1. 布置学生查询资料（预习、自学阶段）

（1）什么是出口空运货代业务？

（2）我国航空最主要出口的产品包括什么？

（3）出口空运货代业务流程？

（4）出口空运货代业务注意事项？

2. 分析资料。

分析下列空运业务资料（如表4-4所示），说明该笔海运货代业务的进口流程。

表4-4 业务资料表

托运人（出口商）信息	
企业名称	杭州朗润德进出口贸易有限公司（HANGZHOU LANGRUNDE IMPORT AND EXPORT TRADING CO.，LTD.）
地址	浙江省杭州市西湖区锋尚苑4单元503室（ROOM503 4BULIDING FENGSHANGYUAN XIHU AREA，CHINA）
联系方式	TEL/FAX：00086-571-87751861
企业性质	私营出口
主营产品	化工品及药品及药品原料
企业基本情况	具有多年的出口销售经验，主要从事于化工品及药品原料的生产及原料提供
国际货运代理企业信息	
企业名称	杭州汉德高国际货运代理有限公司（HANGZHOU HIGH SPEED INTERANS CO.，LTD.）
地址	浙江省杭州市下城区德胜东路再行路70号
联系方式	TEL00086-571-85342800
企业性质	私营企业
主营产品	运输产物
企业基本情况	公司建立官方1994年，在2004年更名为杭州汉德，主要从事于国际间的货物出运，主要是化工与部分纺织品，具有良好口碑
收货人（进口商）信息	
企业名称	C. J. SHAH AND CO. C/O. DESHUKH WAREHOUING CORP.

地址	ROOM NO. 815, GALA NO. 2, SHREE DUTTA COMP. REHNAL VILLAGE, BHIWAN-DI, INDIA
联系方式	91 – 11 – 27902000
企业性质	外企
主营产品	药品
企业基本情况	主要生产药品，从事多年

承运人（航空公司）信息	
企业名称	深圳航空有限责任公司（SHENZHEN SHIPPING CO., LTD.）
地址	深圳宝安国际机场深圳航空有限责任公司
联系方式	0755 – 27771526
企业性质	主要经营航空客、货、邮运输业务的股份制航空运输企业
主营产品	航空运输
企业基本情况	从事货物运输与客流运输，投资成立并控股翡翠货运航空、河南航空、昆明航空，积极实施客货并举，国内国际并举，干线、支线、货运共同发展的战略

交易商品信息	
中文名称	药品原料（己酸孕酮）
英文名称	MEDICINE（HYDROXY PROGESTERONE CAPROATE）
商品规格	白色结晶性粉末，不溶于水，易溶于丙酮，熔点为 120～124℃，分子式 $C_{27}H_{40}O_4$
数量	20 油桶/200kg，净重/235kg，毛重/0.67CBM

3. 安排学生模拟出口航空业务流程并记录。

_____

_____

_____

_____

项目考核 ◆▶

模拟进行进出口空运货代业务并记录。

资料 1：

一票从罗马经北京中转至大连的货物，一程航班 XY940/05FEB 02，二程航班 XY951/08FEB 02，货运单号 888 – 34783442，1 件 320 千克。品名：尼龙粉。收货人：

某市保税区贸易公司。赔偿原因：内物丢失 16 千克。

调查情况：2 月 7 日装卸人员在倒板时发现有绿色粉末散落，并随即告知保管员，但保管员没有理会这些，随口说就那么装，也没有填开事故纪录。

货物价值：13070 马克，每千克 38 马克，约折合人民币 2403 元。

问题：分析航空承运人的法律责任及赔偿原则。

_____
_____
_____
_____

资料 2：

一票从西班牙的马德里经北京中转到济南的货物，货运单号 777 - 89783442，1 件 80 公斤，航班 XY767/21MAY，在北京货物完好，但从北京运到终点站济南发现货物完全受损，货物没有声明价值，货物价值 CNY40000。

问题：

1. 该货物赔偿按照国际运输还是国内运输？为什么？

2. 航空公司应赔偿多少？

_____
_____
_____
_____
_____

实训总结

_____
_____
_____
_____
_____
_____

考核标准

【情境一活动评价】

表 4 – 5 "进口空运货代业务"评分表

考评内容	能力评价			
考评标准	具体内容	分值（分）	学生评分（0.4）	师评（0.6）
	讲述进口空运货代业务内容	25		
	模拟进口空运货代业务	40		
	自己组织语言回答问题	15		
	有拓展能力	20		
合计		100	注：考评满分为100分，60～74分为及格；75～84分为良好；85分以上为优秀	

各组成绩					
小组	分数	小组	分数	小组	分数

教师记录、点评：

【情境二活动评价】

表 4 – 6 "出口空运货代业务"评分表

考评内容	能力评价			
考评标准	具体内容	分值（分）	学生评分（0.4）	师评（0.6）
	讲述出口空运货代业务内容	25		
	模拟出口空运货代业务	40		
	自己组织语言回答问题	15		
	有拓展能力	20		

续 表

合计	100	注：考评满分为100分，60～74分为及格；75～84分为良好；85分以上为优秀

各组成绩

小组	分数	小组	分数	小组	分数

教师记录、点评：

熟能生巧

在边境线上徘徊已久的外资物流企业终于敲开了国内空运市场的大门。

2007年1月26日，全球最大的综合物流企业德国敦豪（DHL）集团获得了在国内17个主要城市开展国内货物空运业务的牌照，成为首家进入国内空运市场的外资物流公司。

4天之后，港澳企业获得了更大的开放空间，中国航空运输协会发布公告，允许香港、澳门企业通过设立合资或独资公司的方式在内地从事空运销售代理业务。目前已有20多家港澳公司提出了资格认可申请，另一家物流巨头美国UPS也有意借助这种方式曲线进入国内空运市场。

在敦豪"着陆"之前，受益于政策保护，中国的国内空运市场一直由本土企业垄断。目前，国内货物空运代理企业已有1930家，它们大多是中小企业，在市场上进行惨烈的价格绞杀。

和之前全面开放的零售、国际快递业务类似，随着外资强势涌入，国内空运业零散混乱的行业格局有望全线重塑，大量货代企业将面临生死考验。

"外资进来后，将逼着国内货代企业提升自己。"曾担任中外运集团董事长的中国国际货运代理协会会长罗开富说。

1. 敦豪闯入

在国内空运市场全面开放的前夜，敦豪又一次抢得先机。

从2006年开始，敦豪持股49%的丹沙中福货运代理有限公司陆续获得了中国航空运输协会颁发的17张国内空运销售代理执照，从而成为第一家获准开展国内货物空运业务的外资企业。

丹沙中福的其余51%股权由中福实业持有，后者系中国福利会的成员单位，不参与企业的运营管理。这些执照覆盖北京、上海、广州、深圳、武汉、乌鲁木齐等17个城市，涵盖了中国经济发展最快、货运需求最大的主要地区。

敦豪1980年进入中国，1986年与中外运成立合资公司，是最早进入中国的国际快递公司，也是最先提供国内快递服务的跨国物流企业。

"获得国内货物空运业务执照，使得我们能为客户的重货空运提供一站式服务。"敦豪全球货运物流亚太区首席执行官蓝希德说。

据了解，过去敦豪从国外运到中国的货物到达口岸后，需要由客户寻找本土代理商安排国内空运，而获得执照后，这部分业务也可由敦豪操作。由此，敦豪将国际客户的物流业务进一步向国内延伸，在帮助客户优化供应链的同时，也为自己找到了新的赢利空间。

1月26日，敦豪与中国国际货运航空公司、中国货运航空公司、南方航空公司和上海航空公司签订协议，长期租用这些公司的舱位进行国内货物空运。

"未来5年，敦豪计划将网络覆盖到全国70个城市，在国内空运市场上占有10%～12%的份额。"敦豪全球货运物流中国区总经理黄国哲说。

2. 大幅开放

事实上，在敦豪正式获批之前，外资物流企业已经尝试着通过各种途径，包括使用灰色手段涉足国内空运市场，但大多属于试验性质，没有大面积推开。

"与其将外资推出去，不如把它们拉进来，一起把'蛋糕'做大。"中国航空运输协会秘书长魏振中告诉本报，这次之所以向敦豪一举开放了17个城市，原因是开展国内空运需要网络，如果只批一两个点，外资仍可能通过发展"黑点"的方式建立网络，这样反倒难以控制。不如加大开放力度，同时增强政府和行业协会的监管。

2006年3月，民航总局改变管理方式，将航空运输销售代理资格的审批工作，改为由中国航空运输协会进行资格认可及管理。此后，国内空运市场的开放进程明显加快。

1月30日，中国航空运输协会规定：从即日起，允许符合香港、澳门"服务提供者"定义的香港、澳门航空销售代理企业在内地设立合资、合作或独资航空运输销售代理企业，注册资本及其他相关要求与内地企业相同。

这标志着内地航空货运代理市场对港澳企业全面开放。业内人士预计，国内空运市场对其他外资的开放力度也将逐步加大。目前，其他外资可以借助在港澳设立的合资或独资公司，借道进入国内空运市场。

据了解，目前已有20多家港澳企业向中国航空运输协会提交了资格认可申请，部分企业已进入认证程序。

3. 整合起步

敦豪并不排斥并购和行业整合。"我们在市场上一直采取开放的态度。如果发现好的并购机会，我们也会考虑。"敦豪货运物流亚太区首席执行官蓝希德说。敦豪全球货运物流中国区总经理黄国哲则表示，公司计划在 2010 年把网络覆盖到国内 93% 的经济地区，拥有 11% 左右的市场份额。

以敦豪为代表的外资大举进入后，是否将给行业带来冲击？中国国际货运代理协会会长罗开富表示，短期内外资还只是市场的参与者，不会对全行业形成严重威胁。

中外运空运发展股份有限公司一位人士不愿对上述问题进行分析，但他表示，国内航空货代业确有整合的必要。

航空货代作为联结航空公司和货主的纽带，一直以来进入门槛很低，将近 2000 家国有和民营企业普遍规模偏小，竞争极不规范。整个市场处于"小、散、乱"的状态，即便是中远、中外运、中铁快运等大型企业，其市场份额也很低，目前也没有整合行业的意愿和实力。

据中国国际货运代理协会副会长兼秘书长李力谋介绍，由于竞争激烈，目前国内货代企业的利润率平均只有 2% 左右。

"国内货代企业与外资相比，主要有三大差距：网络、信息技术和资源整合能力。"中国航空运输协会秘书长魏振中说，加快空运市场开放的用意之一，就是通过与外资的竞争和合作，促进国内企业缩小差距，尽快提高竞争力。

请就此事件进行讨论。

_____

_____

_____

_____

_____

任务三　制单

实训学习目标 ✦

知识目标：

1. 单据构成。

2. 单据中相关条款的规定。

3. 填制空运货代单据。

能力目标：

1. 可以填制海运货代单据。

2. 能够读懂单据内的条款。

3. 熟悉单据相关规定。

实训学习方法 ✦▶

1. 自学（收集资料法、比较学习法、小组讨论法）。

2. 听讲学习（提问、总结、作业）。

3. 实操（情境再现法、头脑风暴法、案例分析法、思维导图法）。

实训课程介绍 ✦▶

本次实训任务，旨在让学生通过学习和比较，了解和认识国际货运代理空运业务的单据，熟悉单据中相关规定，能够审查单据，填制单据。

本次实训任务，分两个学习情境进行：认识空运货代单据、填制空运货代单据。

实训任务说明 ✦▶

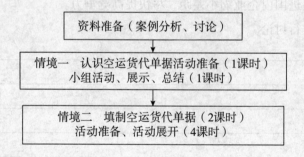

实训知识铺垫 ✦▶

1. 航空货运单的定义

航空货运单（Air Waybill，AWB）是指托运人或托运人委托承运人或其代理人填制的，托运人和承运人之间为在承运人航线上承运托运人货物所订立的运输契约的凭证，是办理货物运输的依据，是计收运费的财务凭证。通常，航空货运由货运代理人代为填制。

2. 航空货运单的作用

（1）是航空货物运输条件及合同订立和承运人接收货物的初步证据。

（2）是货物交付后的收据，银行结汇单据之一。

（3）是运费结算凭证及运费收据。

（4）是承运人在货物运输组织全过程中运输货物的依据。

（5）是保险的证明。

（6）是国际进出口商办理货物清关的证明文件。

3. 航空总运单和分运单

总运单：（Master AWB）集中托运商以自己的名义向航空公司订舱托运，航空公司收运后签发给集中托运商的就是总运单。

分运单：（House AWB）集中托运商在取得航空公司签发的总运单后，签发自己的分运单给真正的收发货人。它是集中托运商接收货物的初步证据，是集中托运商的目的港代理人交付货物给收货人的正式文件，也是集中托运商与托运人结算运费的依据。

4. 航空货运单的构成

航空货运单一般一式十二联，其中三联正本、六份副本、三份额外副本。三联正本分别是：

（1）正本3，蓝色，交托运人。

（2）正本1，绿色，交开单人。

（3）正本2，粉红色，交收货人。

5. 使用航空货运单的注意事项

（1）航空货运单只是运输合同的证明，不是物权凭证，不可以转让，在货运单的正面有"不可转让"（NOT NEGOTIABLE）字样。

（2）航空货运单可用于单一种类货物的运输，也可以用于不同种类货物的集合运输。可用于单程运输，也可以用于联程运输。

（3）一张航空运单可以用于一个托运人在同一时间、同一地点托运的由承运人运往同一目的站的同一收货人的一件或多件货物。

（4）托运人对填开的货物说明和声明的正确性负责。由于货运单上所填的说明和声明不符合规定，或不完整、不正确，给承运人或其他人造成的损失，托运人应当承担赔偿的责任。

（5）空运单的有效期：当货物运至目的地，收货人提取货物并在货运单交付联上签字认可后，货运单作为运输契约凭证的有效期即告结束。作为运输契约，其作为法律依据的有效期应延伸至运输停止后的两年内。

（6）全套正本：空运单必须提交注明"托运人/发货人正本"的那一联，即使信用证要求全套正本空运单，也只要提交托运人联即可。

6. 填开货运单的规定

（1）托运人在航空货运单上的签字，证明其接受了航空货运单正面和背面的运输条款。

（2）运单要求用英文大写字母打印，不得随意涂改。

（3）货运单中有标题的阴影栏目仅由承运人填写。没有标题的阴影栏目一般也不需要填写，除非承运人有特殊需要。

（4）修改货运单时应将所有剩余的各联一同修改，并盖章确认。

（5）运费更改通知书（CCA）：托运人货物出运后，托运人要求更改货运单上除了声明价值和保险金额以外的其他费用，如收货人尚未提货，承运人应同意更改并发送"运费更改通知书"。

实训任务实施 ➡️

情境一 认识空运货代单据

【学时】

2 学时。

【学习目标】

掌握空运货代单据种类。

【重难点】

单据中相关条款规定应注意的问题。

【学习过程】

1. 根据海运货代业务流程（如图 4-5 所示），讨论分析需要的单据有哪些?

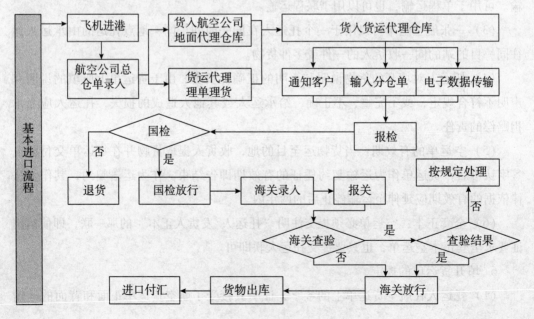

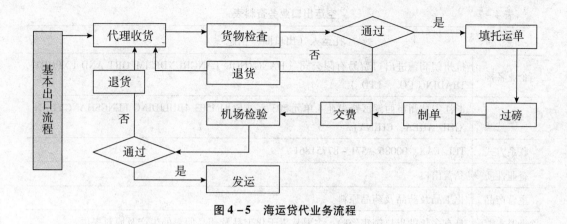

图 4 - 5　海运贷代业务流程

2. 想一想，空运货代单据有什么作用？

3. 查一查，空运货代单据中，相关规定和条款。

4. 译一译，尝试翻译每个空运货代单据。

情境二　填制空运货代单据

【学时】

6 学时。

【学习目标】

填制空运货代单据。

【重难点】

填制空运货代单据。

【学习过程】

根据下面的情景，填制空运货代单据。

分析下列空运业务资料（如表 4 - 7 所示）。

表4 -7 空运出口业务资料表

托运人（出口商）信息	
企业名称	杭州朗润德进出口贸易有限公司（HANGZHOU LANGRUNDE IMPORT AND EXPORT TRADING CO.，LTD.）
地址	浙江省杭州市西湖区锋尚苑4单元503室（ROOM503 4BULIDING FENGSHANGYUAN XIHU AREA，CHINA）
联系方式	TEL/FAX：00086 - 571 - 87751861
企业性质	私营出口
主营产品	化工品及药品及药品原料
企业基本情况	具有多年的出口销售经验，主要从事于化工品及药品原料的生产及原料提供

国际货运代理企业信息	
企业名称	杭州汉德高国际货运代理有限公司（HANGZHOU HIGH SPEED INTERANS CO.，LTD.）
地址	浙江省杭州市下城区德胜东路再行路70号
联系方式	TEL00086 - 571 - 85342800
企业性质	私营企业
主营产品	运输产物
企业基本情况	公司建立官方1994年，在2004年更名为杭州汉德，主要从事于国际间的货物出运，主要是化工与部分纺织品，具有良好口碑

收货人（进口商）信息	
企业名称	C. J. SHAH AND CO. C/O. DESHUKH WAREHOUING CORP.
地址	ROOM NO. 815，GALA NO. 2，SHREE DUTTA COMP. REHNAL VILLAGE，BHIWAN-DI，INDIA
联系方式	91 - 11 - 27902000
企业性质	外企
主营产品	药品
企业基本情况	主要生产药品，从事多年

承运人（航空公司）信息	
企业名称	深圳航空有限责任公司（SHENZHEN SHIPPING CO.，LTD.）
地址	深圳宝安国际机场深圳航空有限责任公司
联系方式	0755 - 27771526
企业性质	主要经营航空客、货、邮运输业务的股份制航空运输企业

续 表

主营产品	航空运输
企业基本情况	从事货物运输与客流运输，投资成立并控股翡翠货运航空、河南航空、昆明航空，积极实施客货并举，国内国际并举，干线、支线、货运共同发展的战略
交易商品信息	
中文名称	药品原料（己酸孕酮）
英文名称	MEDICINE（HYDROXY PROGESTERONE CAPROATE）
商品规格	白色结晶性粉末，不溶于水，易溶于丙酮，熔点为120℃~124℃，分子式 $C_{27}H_{40}O_4$
数量	20 油桶/200kgS 净重/235kgS 毛重/0.67CBM

单据一：

Shipper's name and address（发货人单位及地址）		The Air Waybill Number：（运单号码） NOT NEGOTIABLE　中国民航　CAAC 　　AIR WAYBILL AIR CONSIGNMENT NOTE ISSUEDE BY：THE CIVIL AVIATION ADMINIASTRATION OF CHINA 　　　　　　BEIJING CHINA
Consignee's name and address（收货人单位及地址）		It is agreed that the goods described herein are accepted in apparent good order and condition（except as noted）for carriage SUBJECT TO THE CONDITIONS OF CONTRACT ON THE REVERSE HEREOF, ALL GOODS MAY BE CARRIED BY ANY OTHER MEANS. INCLUDING ROAD OR ANY OTHER CARRIER UNLESS SPECIFIC CONTRARY INSTRUCTIONS ARE GIVEN HEREON BY THE SHIPPER. THE SHIPPER'S ATTENTION IS DRAWN TO THE NOTICE CONCERNING CARIER'S LIMITATION OF LIABILITY. 　　Shipper may increase such limitation of liability by declaring a higher value of carriage and paying a supplemental charge if required.
Issuing Carrier's Agent Name and City（承运人代理的名称及地址）		
Agents IATA Code（国际航协代号）	Account No.（账号）	
Airport of Departure（Add. of First Carrier）and Requested Routing（始发站机场）		Accounting Information（财务说明）

To	By first carrier（第一承运人）	to	by	to	by	Currency（货币）	Declared Value for Carriage（供运输用声明价值）	Declared Value for Customs（声明价值供海关用声明价值）
Airport of Destination（目的站机场）		Flight/Date（航班号及日期）		Amount of Insurance（保险金额）		INSURANCE – If carrier offers insurance and such insurance is requested in accordance with the conditions thereof indicate amount to be insured in figures in box marked "Amount of Insurance"		

Handling Information（运输处理注意事项）

No. of Pieces 件数	Gross Weight 毛重	Rate Class 运价等级	Chargeable Weight 计费重量	Rate/Charge 运价/运费	Total 总额	Nature and Quantity of Goods 货物品名和数量

Prepaid Weight charge Collect 预付、到付运费	Other Charges 其他费用
Valuation Charge 声明价值附加费	
Tax 税款	
Total Other Charges Due Agent 由代理人收取的其他费用总额	托运人证明栏 Shipper certifies that the particulars on the face hereof are correct and that insofar as any part of the consignment contains dangerous goods, such part is properly described by name and is in proper condition for carriage by air according to the applicable Dangerous Goods Regulations.
Total Other Charges Due Carrier 由承运人收取的其他费用	——————————— Signature of Shipper or his agent

Total Prepaid 预付总计	Total Collect 到付总计	Executed on（填开日期）_____ at（填开地点）_____ Signature of issuing Carrier or as Agent 填开货运单的承运人或其代理人签字	
Currency Conversion Rates 货币兑换比价	CC Charges in des. Currency 用目的站国家货币付费		
For Carrier's Use Only at Destination 仅供承运人在目的站使用	Charges at Destination 在目的站的费用	Total Collect Charges 到付费用总额	999—

单据二：

_____（公司名称）

订舱委托书

公司编号：　　　　　　　　　　　　日期：

（1）发货人	（4）信用证号码	
	（5）开证银行	
	（6）合同号码	（7）成交金额
	（8）装运口岸	（9）目的港
（2）收货人	（10）转船运输	（11）分批装运
	（12）信用证有效期	（13）装船期限
	（14）运费	（15）成交条件
	（16）公司联系人	（17）电话/传真
（3）通知人	（18）公司开户行	（19）银行账号
	（20）特别要求	

（21）标记唛头　（22）货号规格　（23）包装件数　（24）毛重　（25）净重　（26）数量　（27）单价　（28）总价

（29）总件数　（30）总毛重　（31）总净重　（32）总尺码　（33）总金额　（34）备注

单据三：

PACKING LIST

INVOICE NO.

INVOICE DATE

S/C NO.

S/C DATE

TO：

FROM：   TO：

L/C NO.：   DATE OF SHIPMENT

唛头	货物描述	数量 （　）	包装	毛重 （kg）	净重 （kg）	总价 （USD）

TOTAL QUATITY：

TOTAL AMOUNT：

SIGNED BY：

DATE：

单据四：

INVOICE

TO ADD TEL	FAX		NO.	DATE
			S/C NO.	L/C NO.
TRANSPORT DETAILS			TERMS OF PAYMENT	

品名		箱号	型号	数量 （　）	单价 （USD）	总价 （USD）
TOTAL						

TOTAL QUATITY：

TOTAL AMOUNT：

SIGNED BY：

DATE：

单据五：

中华人民共和国海关出口货物报关单

预录入编号：　　　　　　　　　　　　　　　　　海关编号：

出口口岸	备案号		出口日期		申报日期
经营单位	运输方式		运输工具名称		提运单号
发货单位	贸易方式		征免性质		结汇方式
许可证号	运抵国		指运港		境内货源地
批准文号	成交方式	运费	保费		杂费
合同协议号	件数	包装种类	毛重（公斤）		净重（公斤）
集装箱号	随附单据			生产厂家	

标记唛码及备注

项号	商品编号	商品名称规格型号	数量及单位	最终目的国（地区）	单价	总价	币制	征免

兹声明以上申报无讹并承担法律责任	海关审单批注及放行日期	
	审单	审价
报关员	征税	统计
单位地址　　　　　　申报单位（签章）		
邮编　　电话　　填制日期	查验	放行

项目考核 ✦→

根据下面信用证填制进口空运货代单据：

托运人（进口商）信息	
企业名称	深圳祥泰进出口贸易有限公司（SHENZHEN XIANGTAI IMPORT AND EXPORT TRADING CO.，LTD.）

地址	广州省深圳市中湖区国瑞园 4 单元 503 室（ROOM503 4BULIDING GUORUIYUAN ZHONGHU AREA，CHINA）
联系方式	TEL/FAX：00086 – 755 – 87751861
企业性质	私营出口
主营产品	钻石
企业基本情况	具有多年的进口销售经验，主要从事于钻石的进口和销售
国际货运代理企业信息	
企业名称	深圳汉德高国际货运代理有限公司（SHENZHEN HIGH SPEED INTERANS CO.，LTD.）
地址	广州省深圳市下城区德胜东路再行路 70 号
联系方式	TEL00086 – 571 – 85342800
企业性质	私营企业
主营产品	运输产物
企业基本情况	公司建立官方 1994 年，在 2004 年更名为杭州汉德，主要从事于国际间的货物出运，主要是贵重货物运输，具有良好口碑
收货人（出口商）信息	
企业名称	C. J. SHAH AND CO. C/O. DESHUKH WAREHOUING CORP.
地址	ROOM NO. 815，GALA NO. 2，SHREE DUTTA COMP. REHNAL VILLAGE，BHIWAN-DI，INDIA
联系方式	91 – 11 – 27902000
企业性质	外企
主营产品	钻石
企业基本情况	主要生产钻石，从事多年
承运人（航空公司）信息	
企业名称	深圳航空有限责任公司（SHENZHEN SHIPPING CO.，LTD.）
地址	深圳宝安国际机场深圳航空有限责任公司
联系方式	0755 – 27771526
企业性质	主要经营航空客、货、邮运输业务的股份制航空运输企业
主营产品	航空运输
企业基本情况	从事货物运输与客流运输，投资成立并控股翡翠货运航空、河南航空、昆明航空，积极实施客货并举，国内国际并举，干线、支线、货运共同发展的战略

续　表

交易商品信息	
中文名称	钻石
英文名称	Diamond
商品规格	是主要由碳元素组成的等轴（立方）晶系天然矿物，摩氏硬度 10，密度 3.52（±0.01）g/cm^3，折射率 2.417，色散 0.044
数量	150 颗

实训总结

_____

_____

_____

_____

_____

_____

_____

考核标准

【情境一活动评价】

表 4 - 8　　　　　　　　　　"认识空运货代单据"评分表

考评内容	能力评价			
考评标准	具体内容	分值（分）	学生评分（0.4）	师评（0.6）
	认识空运单据	20		
	讲解空运单据规定	30		
	分析空运单据流转	30		
	语言表达	20		
合计		100	注：考评满分为 100 分，60 ~ 74 分为及格；75 ~ 84 分为良好；85 分以上为优秀	

续　表

各组成绩

小组	分数	小组	分数	小组	分数

教师记录、点评：

【情境二活动评价】

表4－9　　　　　　　　　　　"填制空运货代单据"评分表

考评内容	能力评价			
考评标准	具体内容	分值（分）	学生评分（0.4）	师评（0.6）
	阐述单据	20		
	填制单据	30		
	单据流转	30		
	语言分析与表达	20		
	合计	100	注：考评满分为100分，60～74分为及格；75～84分为良好；85分以上为优秀	

各组成绩

小组	分数	小组	分数	小组	分数

教师记录、点评：

熟能生巧 ➡

根据咨询机构 Transport Intelligence 的最新报告，2012 年全球货代市场的增长全部来自海运的强劲表现，而空运则持续下滑。报告显示，2012 年全球货代市场增长了 3.1%，达 1258 亿美元；其中，海运货代市场增长了 11.5%，达 632 亿美元；而由于运营和燃油成本提高促使货主选择其他运输方式，空运货代市场萎缩了 4.2%，为 626 亿美元。报告作者 Cathy Roberson 表示，尽管 2012 年表现强劲，但海运货代市场仍面临挑战；同时，由于空运货量下滑，空运货代更加专注于高利润率的货物，如需要温度控制的产品，以弥补收入的减少。Transport Intelligence 指出，2012 年德迅物流（Kuehne + Nagel）收购了 2 家专业经营易腐品业务的货代公司。同时，海运货代扩展了拼箱服务，来满足以前通过空运运输的、运量较小的货运需求。Transport Intelligence 还表示，货代公司还发展了多种运输方式，如使用海运和公路运输提供门到门的服务、混合使用空运和海运来降低成本，同时仍提供更快的空运服务。报告表示，亚太区的货代市场最大，占 32% 的份额，欧洲则占 31%，"尽管亚洲需求仍严重依赖出口，但国内需求正在增长，因此亚洲区内服务正变得更受欢迎。因此，Transport Intelligence 预计，到 2016 年，亚洲将占全球货代市场 37% 的份额；而由于目前的经济问题，欧洲市场的份额将减少，从 2012 年的 31% 降至 2016 年的 26%"。

　　阅读此文后，你有何感想？

_____

_____

_____

_____

项目五　陆运货代业务及国际多式联运货代业务操作

本项目在国际货运代理课程中处于重要位置，在国际货运当中，陆运业务一般表现在国内运输路段，但国际多式联运业务却在近几年发展迅速。公路运输和铁路运输及如今比较多见的海铁联运等将在国际货运中日益重要。

任务一　陆运及多式联运业务承揽

实训学习目标

知识目标：

1. 铁路货代业务。

2. 公路货代业务。

3. 业务承揽流程。

4. 国际多式联运。

能力目标：

1. 可以讲解铁路、公路货代业务范围。

2. 能够讲解国际多式联运条件。

3. 分析国际多式联运的特点。

4. 分析国际多式联运的发展趋势。

实训学习方法

1. 自学（收集资料法、比较学习法、小组讨论法）。

2. 听讲学习（提问、总结、作业）。

3. 实操（小组展示法、头脑风暴法、案例分析法）。

实训课程介绍

本次实训任务，旨在让学生通过学习，了解铁路运输、公路运输的特点和运输工具，能够进行国际铁路、国际公路业务承揽，熟悉国际多式联运的特点和运作模式。

本次实训任务，分三个学习情境进行：陆运及多式联运业务承揽、了解国际多式联运业务。

实训任务说明

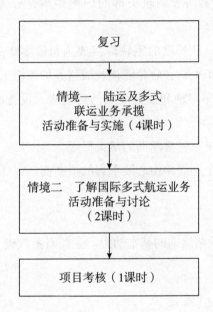

```
┌─────────────────────┐
│        复习          │
└─────────────────────┘
          ↓
┌─────────────────────┐
│  情境一　陆运及多式    │
│  联运业务承揽         │
│  活动准备与实施（4课时）│
└─────────────────────┘
          ↓
┌─────────────────────┐
│  情境二　了解国际多式航运业务 │
│  活动准备与讨论        │
│    （2课时）          │
└─────────────────────┘
          ↓
┌─────────────────────┐
│   项目考核（1课时）     │
└─────────────────────┘
```

实训知识铺垫

一、国际铁路运输

国际铁路运输是在国际贸易中仅次于海运的一种主要运输方式。其优势是运量较大，速度较快，运输风险明显小于海洋运输，能常年保持准点运营等。

我国的国际铁路运输大致上分为两种，第一种是国际铁路联运，第二种是对港澳地区的铁路运输。

（一）铁路线路

铁路线路是机车车辆和列车运行的基础。

（1）铁路等级：铁路的主要技术标准之一，分为 3 个等级，即Ⅰ级、Ⅱ级、Ⅲ级，如表 5-1 所示。

表 5 – 1   铁路等级

等级	作用	远期年输送能力	行车速度
Ⅰ级	骨干	>800 万吨	120km/h
Ⅱ级	辅助	500～800 万吨	100km/h
Ⅲ级	地方服务	< 500 万吨	80km/h

（2）铁路轨距：线路上两股钢轨头部的内侧距离，分为宽轨、标准轨（我国采用）、窄轨。

无缝线路：把若干根标准长度的钢轨焊接成为每段 800～1000 米或更长的长钢轨线路，接头很少，具有行车平稳，轨轮磨损及线路养护维修工作量少等特点。

（3）铁路限界：对机车车辆和接近线路的建筑物、设备所规定的不允许超越的轮廓尺寸线。

①机车车辆限界：机车车辆横断面的最大极限。

②建筑接近限界：一个和线路中心线垂直的横断面。

（二）铁路机车

俗称"火车头"，是铁路运输的基本动力。主要有蒸汽机车、内燃机车和电力机车以及磁悬浮、动车组。

（三）车辆及其标记

（1）分为客车和货车；

（2）货车按用途分为通用货车、专用货车和特种货车；

（3）通用货车分为棚车、敞车和平车；

（4）棚车适合运送比较贵重和怕潮湿的货物；

（5）敞车主要运送不怕湿损的煤炭、矿石、机械设备等散装货和包装货；

（6）平车适合运送重量、体积或长度较大的汽车、钢材、集装箱等货物。

专用货车：包括运送保鲜货物的保温车、运送油类等液体货物的罐车、专供运送长大货物及笨重货物的长大货车和运送蔬菜等的通风车。

特种货车是指专供铁路特种作业时使用的发电车、救援车等。

车辆标记：

（1）路徽，如下图所示。

（2）车号：包括型号和号码。型号有基本型号和辅助型号两种。

①基本型号代表车辆种类，如 P—棚车，C—敞车，G—罐车，M—煤车，X—集装

中华人民共和国铁路路徽

箱专用车。

②辅助型号表示车辆的构造型式，它以阿拉伯数字和汉语拼音组合而成。

③如 P64A，表示结构为 64A 型的棚车。

④号码一般编在车辆的基本型号和辅助型号之后，例如：P62.3319324。

（3）配属标记：对配属的车辆标上所属铁路局和车辆段的简称，如"京局京段"——北京铁路局北京车辆段。

（4）载重：车辆允许的最大装载重量，以吨位单位。

（5）自重：车辆本身的重量，以吨位单位。

（6）容积：为货车（平车除外）可供装载货物的容积，以立方米为单位。

（7）特殊标记：根据货车的构造及设备情况，在车辆上涂上各种特殊的标记。如 MC——用于国际联运。

（四）国际铁路联运

办理种别：

（1）整车货物：用一张运单托运的按其体积或种类需要单独车辆运送的货物。

（2）零担货物：按一份运单托运的一批货物，重量不超过 5000 千克，并按其体积又不需要单独车辆运送的货物。

（3）大吨位集装箱：按一份运单托运，用大吨位集装箱运送的货物或空的大吨位的集装箱。

国际铁路联运单据种类如表 5-2 所示。

表 5-2　　　　　　　　　国际铁路联运单据种类

联别与名称	主要用途	票据周转程序
1. 运单正本	运输合同凭证	发货人→发站→到站→收货人
2. 运行报单	各承运人间交接、划分责任等证明	发货人→发站→到站→到达铁路
3. 运单副本	承运人接收货的证明，发货人凭此结汇等	发货人→发站→发货人

续　表

联别与名称	主要用途	票据周转程序
4. 货物交付单	承运人合同履行的证明	发货人→发站→到站→到达铁路
5. 货物到达通知单	收货人存查	发货人→发站→到站→收货人

（五）内地对中国香港铁路运输（如图5-1所示）

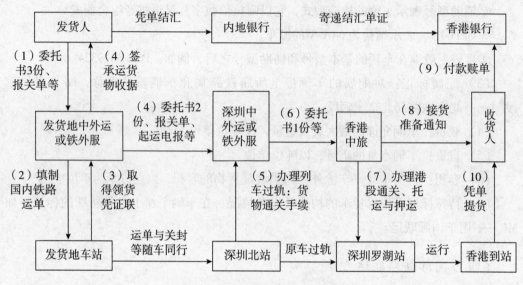

图5-1　内地对中国香港铁路运输

1. 供港货物铁路运输交接口岸概况

（1）对香港出口货物的运输方式：

①海运；

②铁路过轨运输；

③铁路—公路运输：内地—深圳—文锦渡；

④公路运输：内地—深圳—九龙。

（2）深圳口岸概况。内地各省市铁路发往香港的整车和零担货物车，均在深圳北站进行解体、编组以及必要的装卸作业和联检作业。

深圳站向南有罗湖桥，它是内地与香港的分界处。中外运深圳分公司是各外贸专业公司在深圳口岸的货运代理，负责其货物的进出口业务。

（3）港段铁路概况。港段铁路为京九、广九铁路的一部分，自边境罗湖车站起，至九龙车站，全长34千米。

目前，港段铁路的货运业务，均由香港中旅货运有限公司承包。香港中旅货运是中外运深圳分公司在香港的货运代理。

2. 对香港地区铁路运输的特点

对香港地区铁路运输不同于国际联运，也不同于一般的国内运输，而是一种特定的运输方式，有如下特点：

（1）租车方式两票运输；

（2）运输工作计划多变；

（3）运输计划主要是编制月度计划。

二、国际公路运输

（1）特点：机动灵活、简捷方便、应急性强，适应零星、季节性强的货物运输，运距短，载重量小，费用和成本比海运和铁路运输高。

（2）运输种类：整车货物运输、零担货物运输、特种货物运输、集装化货物运输（托盘和集装箱）和包车货物运输（计时和计程）。

（3）公路运输费用：以"吨/里"为计算单位，一般有两种计算标准，一是按货物等级规定基本运费费率，一是以路面等级规定基本运价。凡是一条运输路线包含两种或两种以上的等级公路时，则以实际行驶里程分别计算运价。

特殊道路，如山岭、河床、原野地段，则由承托双方另议商定。

整车运输与零担运输比较如表 5 - 3 所示。

表 5 - 3 　　　　　　　　　　　整车运输与零担运输比较

对比项目	整车运输	零担运输
承运人责任期间	装车/卸车	货运站/货运站
是否进站存储	否	是
货源与组织特点	货物品种单一、数量大、货价低，装卸地点一般比较固定，运输组织相对简单	货源不确定、货物批量小、品种繁多、站点分散，质高价贵，运输组织相对复杂
营运方式	直达的不定期运输形式	一般定线、定班期发运
运输时间长短	相对较短	相对较长
运输合同形式	通常预先签订书面运输合同	通常托运单或运单作为合同的证明
运输费用的构成与高低	单位运费率一般较低，仓储、装卸等费用分担，需在合同中约定	单位运费率一般较高，运费中往往包括仓储、装卸等费用

三、国际多式联运

国际多式联运是一种以实现货物整体运输的最优化效益为目标的联运组织形式。它通常是以集装箱为运输单元，将不同的运输方式有机地组合在一起，构成连续的、综合性的一体化货物运输。

1. 优点

（1）责任统一，手续简便；

（2）节省费用，降低运输成本；

（3）减少中间环节，时间缩短，运输质量提高；

（4）运输组织水平提高，运输更加合理化；

（5）实现门对门运输；

（6）其他（从政府角度来看，发展国际多式联运具有以下重要意义：利于加强政府对整个货物运输链的监督与管理；保证本国在整个货物运输过程中获得较大的运费收入比例；有助于引进新的先进运输技术；减少外汇支出；改善本国基础设施的利用状态；通过国家的宏观调控与指导职能保证使用对环境破坏最小的运输方式达到保护本国生态环境的目的）。

2. 条件

进行国际多式联运应具备以下条件：

（1）多式联运经营人与托运人之间必须签订多式联运合同，以明确承、托双方的权利、义务和豁免关系。多式联运合同是确定多式联运性质的根本依据，也是区别多式联运与一般联运的主要依据。

（2）必须使用全程多式联运单据（M. T. D.，我国现在使用的是 C. T. B/L）。该单据既是物权凭证，也是有价证券。

（3）必须是全程单一运价。这个运价一次收取，包括运输成本（各段运杂费的总和）、经营管理费和合理利润。

（4）必须由一个多式联运经营人对全程运输负总责。他是与托运人签订多式联运合同的当事人，也是签发多式联运单据或多式联运提单者，他承担自接受货物起至交付货物止的全程运输责任。

（5）必须是两种或两种以上不同运输方式的连贯运输。如为海/海、铁/铁、空/空联运，虽为两程运输，但仍不属于多式联运，这是一般联运与多式联运的一个重要区别。同时，在单一运输方式下的短途汽车接送也不属于多式联运。

（6）必须是跨越国境的国际间的货物运输。这是区别国内运输和国际运输的限制条件。

3. 区别

国际多式联运是一种比区段运输高级的运输组织形式，20 世纪 60 年代未美国首先试办多式联运业务，受到货主的欢迎。随后，国际多式联运在北美、欧洲和远东地区开始采用；20 世纪 80 年代，国际多式联运已逐步在发展中国家实行。目前，国际多式联运已成为一种新型的重要的国际集装箱运输方式，受到国际航运界的普遍重视。1980 年 5 月在日内瓦召开的联合国国际多式联运公约会议上产生了《联合国国际多式联运公约》。该公约将在 30 个国家批准和加入一年后生效。它的生效将对今后国际多式联运的发展产生积极的影响。

国际多式联运是今后国际运输发展的方向，这是因为，开展国际集装箱多式联运具有许多优越性，主要表现在以下几个方面。

（1）简化托运、结算及理赔手续，节省人力、物力和有关费用。在国际多式联运方式下，无论货物运输距离有多远，由几种运输方式共同完成，且不论运输途中货物经过多少次转换，所有一切运输事项均由多式联运经营人负责办理。而托运人只需办理一次托运，订立一份运输合同，一次支付费用，一次保险，从而省去托运人办理托运手续的许多不便。同时，由于多式联运采用一份货运单证，统一计费，因而也可简化制单和结算手续，节省人力和物力，此外，一旦运输过程中发生货损货差，由多式联运经营人对全程运输负责，从而也可简化理赔手续，减少理赔费用。

（2）缩短货物运输时间，减少库存，降低货损货差事故，提高货运质量。在国际多式联运方式下，各个运输环节和各种运输工具之间配合密切，衔接紧凑，货物所到之处中转迅速及时，大大减少货物的在途停留时间，从而从根本上保证了货物安全、迅速、准确、及时地运抵目的地，因而也相应地降低了货物的库存量和库存成本。同时，多式联运系通过集装箱为运输单元进行直达运输，尽管货运途中须经多次转换，但由于使用专业机械装卸，且不涉及糟内货物，因而货损货差事故大为减少，从而在很大程度上提高了货物的运输质量。

（3）降低运输成本，节省各种支出。由于多式联运可实行门到门运输，因此对货主来说，在货物交由第一承运人以后即可取得货运单证，并据以结汇，从而提前了结汇时间。这不仅有于加速货物占用资金的周转，而且可以减少利息的支出。此外，由于货物是在集装箱内进行运输的，因此从某种意义上来看，可相应地节省货物的包装，理货和保险等费用的支出。

（4）提高运输管理水平，实现运输合理化。对于区段运输而言，由于各种运输方式的经营人各自为政，自成体系，因而其经营业务范围受到限制，货运量相应也有限。而一旦由不同的联运经营人共同参与多式联运，经营的范围可以大大扩展，同时可以最大限度地发挥其现有设备作用，选择最佳运输线路组织合理化运输。

（5）其他作用：从政府的角度来看，发展国际多式联运具有以下重要意义：有利于加强政府部门对整个货物运输链的监督与管理；保证本国在整个货物运输过程中获得较大的运费收入比例；有助于引进新的先进运输技术；减少外汇支出；改善本国基础设施的利用状况；通过国家的宏观调控与指导职能保证使用对环境破坏最小的运输方式达到保护本国生态环境的目的。

实训任务实施

情境一　陆运及多式联运业务承揽

【学时】

4 学时。

【学习目标】

掌握陆运业务及多式联运业务的特点和承揽。

【重难点】

陆运及多式联运业务的特点。

【学习过程】

1. 指导学生分析国际铁路运输，分为国际的和港澳台的运输。

2. 教师指导学生了解铁路线路。

3. 组织学生查询铁路车辆类型并讲解。

4. 学习我国的铁路干线及国境车站。

（1）滨州线。

（2）滨绥线。

（3）集二线。

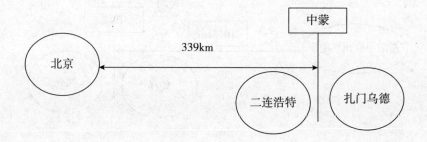

（4）沈丹线。

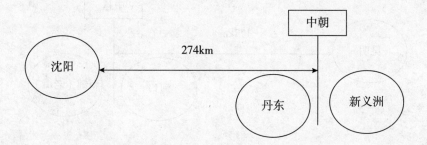

（5）长图线。

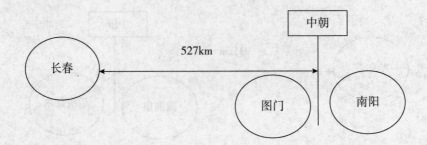

（6）梅集线。

（7）湘桂线。

（8）昆河线。

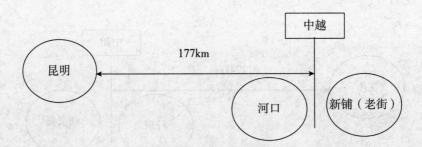

（9）北疆线。

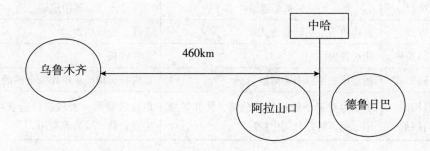

5. 教师讲解国境站的联检机构：

（1）国际铁路货物联运交接所。

（2）海关。

（3）国境站商检。

（4）动植物检疫所。

（5）边防检查站。

（6）卫生和食品卫生检疫所。

（7）中国对外贸易运输总公司口岸分公司。

6. 组织学生了解国际公路运输。

在公路运输中，如果托运人一次托运货物在 3t 以下（含 3t），虽不足 3t，但其性质、体积、形状需要一辆 3t 级以上的车，运输均为整车运输，反之，为零担运输。

判断一批货物是零担货还是整车货的依据不完全取决于货物数量，体积或形状的大小，还应考虑货物的性质，货物价值对运费的负担能力等因素，对于特种货物（包括集装箱货物），无论数量、体积、形状如何、承运人通常均不按零担货承运。

整车运输与零担运输比较，如表 5-4 所示。

无论是零担运输还是整车运输，其业务运作过程均由发送管理、在运管理、中转管理、交付管理四个方面构成。但他们之间仍存在许多不同之处。

表 5-4　　　　　　　　　　　　整车运输与零担运输比较

对比项目	整车运输	零担运输
承运人责任期间	装车/卸车	货运站/货运站
是否进站存储	否	是
货源与组织特点	货物品种单一，数量大，货价低，装卸地点一般比较固定，运输组织相对简单	货源不确定，货物批量小，品种繁多，站点分散，质高价贵，运输组织相对复杂

对比项目	整车运输	零担运输
营运方式	直达的不定期运输方式	定线，定班期发运
运输时间长短	相对较短	相对较长
运输合同形式	通常预先签订书面运输合同	通常托运单或运单作为合同的证明
运输费用的构成与高低	单位运费率一般较低，仓储、装卸等费用分担，需在合同中约定	单位运费率一般较高，运费中往往包括仓储、装卸等费用

不同的货物要按照不同的运输方式进行运送，选择适合自己的运输方式很重要，另外对于运输公司也要多加比较，选择实力较强，信誉度较高的公司，以免遭受损失。

7. 组织学生分析讨论公路运输方式？

（1）整车货物运输。

（2）零担货物运输。

（3）特种货物运输。

（4）集装箱运输。

（5）边境公路运输。

（6）进、出口货物集、疏港运输。

（7）包车运输。

（8）海关监管运输。

8. 了解甩挂运输。

甩挂运输就是带有动力的机动车将随车拖带的承载装置，包括半挂车、全挂车甚至货车底盘上的货箱甩留在目的地后，再拖带其他装满货物的装置返回原地，或者驶向新的地点。这种一辆带有动力的主车，连续拖带两个以上承载装置的运输方式被称为甩挂运输。

我国甩挂运输的发展严重滞后。从数量上看，挂车数量少，拖挂比低。从领域上看，甩挂运输主要集中在华东和华南港口城市（如上海、广州、深圳和厦门等），用于港口集装箱运输。在其他领域，甩挂运输基本没有得到发展，公路运输仍然以普通的单体货车为主。究其原因，在政策制度、组织化程度、货运站场功能、信息化建设、运输车辆配备五个方面还存在制约发展的因素。

（1）制度障碍尚未完全消除。甩挂运输的发展曾经受到管理制度的严重制约，为此，交通运输部、国家发改委等五部委《关于促进甩挂运输发展的通知》（以下简称《通知》）（交运发〔2009〕808 号）对制约甩挂运输发展的具体制度进行了改革。

一是半挂车牌证管理问题。《通知》规定："完善挂车证件携带、保管与交接管理，挂车道路运输证和机动车行驶证应随车流转。"在制度上允许牵引车与半挂车自由组合（突破企业和行政区域的界限），为甩挂运输发展提供了前提条件。

二是半挂车车辆检测问题。《通知》规定："减少挂车检验次数"。由于挂车行驶里程低且本身不具备动力，将半挂车的检测制度区别于牵引车，减少挂车检验次数，更加符合实际情况，降低了运输生产时间的损耗。

三是海关监管问题。《通知》规定："经海关同意，牵引车与挂车可以分离，提高牵引车周转效率。"从而打破了原来将牵扯车、半挂车、集装箱视为一体化组合进行监管的困境，使得牵引车在报关检验的等待时间里，能够与挂车分离并独立运转，提高了运输生产效率。

四是通行费问题。《通知》规定："对道路运输经营者所拥有的汽车列车应按照一车一挂的标准征费，对超出牵引车数量的其余挂车不再征费。"减轻了企业负担，降低了物流成本。

五是半挂车保险问题。《通知》将半挂车定位为"可移动的集装箱"，为明确半挂车不单独缴纳保险费，不独立承担风险责任创造了前提条件。

但是，由于各地贯彻落实的情况不同，原有的制度障碍仍在一定程度上发挥作用，制约了甩挂运输的发展。

（2）运输组织化程度不高。我国道路货运业经营主体呈现明显的"小、散、弱"特点。全国道路货运业户中，个体运输业户占90%左右，平均拥有车辆数仅为1.5辆，10辆货车以下的业户比例高达91.6%，道路运输业缺乏引领行业规模化、网络化经营的骨干龙头货运企业。这种"散兵游勇"状态不利于甩挂运输的发展：一是使甩挂运输无法得到充足而稳定的货源保证。甩挂运输最基本的条件是要保证两头有货，线路流量相对平衡，如果仅凭临时客户，货源无法组织，采用甩挂运输既困难又不经济。二是增加运输组织的难度和复杂性。甩挂运输经常需要不同牵引车和挂车的频繁组合，散兵游勇的状态会使牵引车和挂车之间的配合出现各种间歇，增加管理成本，影响整体效率。三是形成不利于甩挂运输发展的外部环境。组织化程度过低容易引发压低运费、超载超限等恶性竞争现象，形成不利于甩挂运输发展的外部环境。

（3）货运站场难以满足需求。货运站场是甩挂运输组织的中心，是甩挂运输赖以生存的基础。甩挂运输对道路货运站场的数量、布局和服务功能都有较高的要求，我国的货运站场现状难以满足服务需要。一是货运站场数量难以满足甩挂运输需要。我国现有道路货运站场3104个，数量明显不足。二是货运站场布局难以满足需要。大部分站场规划选址不合理，远离货源、远离市场，没有很好的与周边集疏运网络衔接，造成甩挂运输服务供给和市场需求矛盾。三是货运站场服务功能难以满足需要。已有的货运站场中，达到一级货运站仅有 234 个，二级货运站 279 个。货运站场普遍存在规模偏小、设施设备简陋等问题，无法满足甩挂运输的仓储、装卸搬运、配载、装箱、包装乃至汽车检修和商检等一系列服务，成为制约甩挂运输发展的重要因素。

（4）信息化建设严重滞后。目前，我国道路运输业的信息化水平仍然较低。一是道路运输企业信息化水平低。部分运输企业还没有信息管理系统，沿用黑板公告、简报、短信、面对面交流等方式组织货物运输，这种管理水平难以满足对甩挂运输车辆动态调度和管理，组织货物配载的要求。二是物流公共信息平台还有待完善。

（5）车辆配备难以满足需求。甩挂运输对车辆配备具有较高的要求。在技术上，需要标准化的车辆配备，确保不同的牵引车和挂车之间能够自由组合；在数量上，需要牵引车和挂车配比要达到 1∶3 左右，从而实现"一拖"配"多挂"的运力优化。但是，我国目前的货运车辆技术状况普遍不佳，车型庞杂，牵引车和挂车数量明显不足；已有的甩挂车辆标准化程度低，相互之间不能自由匹配，出现"挂不上、拖不了"的情况；运力结构不合理，牵引车和挂车比仅为 1∶1.12，拖挂比明显偏低，这些因素都制约了甩挂运输的发展。

情境二　了解国际多式联运业务

【学时】

2 学时。

【学习目标】

掌握国际多式联运业务的特点。

【重难点】

重点：多式联运业务的条件。

难点：多式联运业务职责划分。

【学习过程】

1. 分析国际多式联运与一般货物运输的区别

国际多式联运极少由一个经营人承担全部运输。往往是接受货主的委托后，联运经营人自己办理一部分运输工作，而将其余各段的运输工作再委托其他的承运人。但这又不同于单一的运输方式，这些接受多式联运经营人负责转托的承运人，只是依照运输合同关系对联运经营人负责，与货主不发生任何业务关系。因此，多式联运经营人可以是实际承运人，也可是"无船承运人"（NVOC）。国际多式联运与一般国际货物运输的主要不同点有以下几个方面。

（1）货运单证的内容与制作方法不同。

国际多式联运大都为"门到门"运输，故货物于装船或装车或装机后应同时由实际承运人签发提单或运单，多式联运经营人签发多式联运提单，这是多式联运与任何一种单一的国际货运方式的根本不同之处。在此情况下，海运提单或运单上的发货人应为多式联运的经营人，收货人及通知方一般应为多式联运经营人的国外分支机构或其代理；多式联运提单上的收货人和发货人则是真正的、实际的收货人和发货人，通知方则是目的港或最终交货地点的收货人或该收货人的代理人。

多式联运提单上除列明装货港、卸货港外，还要列明收货地、交货地或最终目的地的名称以及第一程运输工具的名称、航次或车次等。

（2）多式联运提单的适用性与可转让性与一般海运提单不同。

一般海运提单只适用于海运，从这个意义上说多式联运提单只有在海运与其他运输方式结合时才适用，但现在它也适用于除海运以外的其他两种或两种以上的不同运输方式的连贯的跨国运输（国外采用"国际多式联运单据"就可避免概念上的混淆）。

多式联运提单把海运提单的可转让性与其他运输方式下运单的不可转让性合而为一，因此多式联运经营人根据托运人的要求既可签发可转让的也可签发不可转让的多式联运提单。如属前者，收货人一栏应采用指示抬头；如属后者，收货人一栏应具体列明收货人名称，并在提单上注明不可转让。

（3）信用证上的条款不同。

根据多式联运的需要，信用证上的条款应有以下三点变动：

①向银行议付时不能使用船公司签发的已装船清洁提单，而应凭多式联运经营人签发的多式联运提单，同时还应注明该提单的抬头如何制作，以明确可否转让。

②多式联运一般采用集装箱运输（特殊情况除外，如在对外工程承包下运出机械设备则不一定采用集装箱），因此，应在信用证上增加指定采用集装箱运输条款。

③如不由银行转单，改由托运人或发货人或多式联运经营人直接寄单，以便收货人或代理能尽早取得货运单证，加快在目的港（地）提货的速度，则应在信用证上加列"装船单据由发货人或由多式联运经营人直寄收货人或其代理"之条款。如由多式联运经营人寄单，发货人出于议付结汇的需要应由多式联运经营人出具一份"收到货运单据并已寄出"的证明。

（4）海关验放的手续不同。

一般国际货物运输的交货地点大都在装货港，目的地大都在卸货港，因而办理报关和通关的手续都是在货物进出境的港口。而国际多式联运货物的起运地大都在内陆城市，因此，内陆海关只对货物办理转关监管手续，由出境地的海关进行查验放行。进口货物的最终目的地如为内陆城市，进境港口的海关一般不进行查验，只办理转关监管手续，待货物到达最终目的地时由当地海关查验放行。

2. 了解国内多式联运公司的主要业务

（1）零担货物的集结运输。

零担货物具有批数多、重量小、发到地分散、品种复杂、形状各异、包装不统一等特点。由联运公司承保零担货物运输业务，不仅可以方便货主，提高服务质量，还可以通过联运服务公司的货物集结过程，化零为整，提高运输企业的运输效率和运输过程的安全可靠性。

零担货物集结运输包括货物接取、集结装运，不同运输工具间的货物中转、到达、分送等运输环节。联运服务公司通过对运输各环节的合理组织和分设在货物发到地各处所的运输营业站、点，可以实现零担货物运输的邮件化。

（2）代办货物中转。

是在货主直接托运制条件下，联运服务公司作为货主的代理人为货主办理在不同运输工具间的货物转运业务。这样不仅可以减轻货主的运输工作负担，也有利于货物运输过程在不同运输工具间的紧密衔接，压缩货物中转滞留时间。代办货物中转业务可以由货主按批向联运服务公司提出委托的方式来办理，也可以通过货主和联运公司签订委托合同办理。

（3）笨重货物运输。

笨重货物、家具和搬家货物的运输由于对运送条件、装运工具等都有特殊要求，需要作为特种货物运输办理，联运经营人有这方面的技术和优势。

（4）工厂或成套设备承包运输。

联运公司对由各地区供应的新建工厂全部设备或改建、扩建工厂的某方面成套设备的系统承包运输。厂方作为一项运输任务与联运公司签订运输合同，协商确定一项总的运输费用。这种形式的条件：一是联运公司必须建立健全的经济发展信息网，保证经济情报来源可靠、及时；二是联运公司必须具有既精通运输业务，又具备必要的商业、工业机械设备知识的揽货专业人员；三是在供货地区内具有健全的联运业务网和网内的通信网。

（5）仓库保管。

相当于仓储公司或储运公司的业务，也是联运公司可以开展且大有发展前途的业务。

（6）货物包装。

指货物的运输包装，它应根据货物特征、运输条件、运输工具和运输距离进行设计（包括外形、包装材料、加固等）。因此，货物包装也是一项专业性很强的工作。

3. 了解国际多式联运业务组织

国际多式联运是采用两种或两种以上不同运输方式进行联运的运输组织形式。这里所指的至少两种运输方式可以是：海陆，陆空，海空等。这与一般的海海，陆陆，空空等形式的联运有着本质的区别。后者虽也是联运，但仍是同一种运输工具之间的运输方式。目前，有代表性的国家多式联运主要有远东/欧洲，远东/北美等海陆空联运，其组织形式包括：

（1）海陆联运。海陆联运，即是陆路各站和沿海、内河各港（不包括管道运输）之间，使用一份运输票据（即海陆联运货物托运单、货票），联合办理的货物运输，是国际多式联运的主要组织形式，也是远东/欧洲多式联运的主要组织形式之一。

目前组织和经营远东/欧洲海陆联运业务的主要有班轮公会的三联集团、北荷、冠航和丹麦的马士基等国际航运公司，以及非班轮公会的中国远洋运输公司、台湾长荣航运公司和德国那亚航运公司等。这种组织形式以航运公司为主体，签发联运提单，与航线两端的内陆运输部门开展联运业务，与大陆桥运输展开竞争。

国际多海陆联运金牌路线举例：

①金牌路线 1：起运港—伊朗 ABBAS—阿塞拜疆/亚美尼亚/（中亚五国）土库曼斯坦/阿富汗/伊拉克。

②金牌路线 2：起运港—格鲁吉亚 POTI—阿塞拜疆/亚美尼亚/格鲁吉亚。

③金牌路线 3：起运港—巴基斯坦 KARACHI—阿富汗。

④金牌路线 4：起运港—伊拉克 UMM QASR—伊拉克。

⑤金牌路线 5：起运港—乌克兰 ODESSA—乌克兰/摩尔多瓦。

⑥金牌路线 6：起运港—立陶宛 KLAIPEDA—白俄罗斯 /立陶宛。

⑦金牌路线 7：起运港—印度 CALCUTTA—尼泊尔。

（2）陆桥运输。所谓陆桥运输是指采用集装箱专用列车或卡车，把横贯大陆的铁路或公路作为中间"桥梁"，使大陆两端的集装箱海运航线与专用列车或卡车连接起来的一种连贯运输方式。

严格地讲，陆桥运输也是一种海陆联运形式。只是因为其在国际多式联运中的独特地位，故在此将其单独作为一种运输组织形式。

①西伯利亚大陆桥。又称第一亚欧大陆桥，贯通亚洲北部，以俄罗斯东部的哈巴罗夫斯克（伯力）和符拉迪沃斯托克（海参崴）为起点，通过世界上最长铁路——西伯利亚大铁路（莫斯科至符拉迪沃斯托克，全长 9332 千米），通向欧洲各国最后到达

荷兰的鹿特丹港，也称西伯利亚大陆桥，整个大陆桥共经过俄罗斯、中国、哈萨克斯坦、白俄罗斯、波兰、德国、荷兰7个国家，全长13000千米左右，沟通了太平洋和大西洋。

②新亚欧大陆桥，又名"第二亚欧大陆桥"。是从中国的江苏连云港市和山东日照市等港群，到荷兰鹿特丹港口、比利时的安特卫普等。

港口的铁路联运线：大陆桥途经山东、江苏、河南、安徽、陕西、甘肃、山西、四川、宁夏、青海、新疆11个省、区，89个地、市、州的570多个县、市，到中俄边界的阿拉山口出国境。出国境后可经3条线路抵达荷兰的鹿特丹港。中线与俄罗斯铁路友谊站接轨，进入俄罗斯铁路网，途经阿克斗亚、切利诺格勒、古比雪夫、斯摩棱斯克、布列斯特、华沙、柏林达荷兰的鹿特丹港，全长10900千米，辐射世界30多个国家和地区。

③第三亚欧大陆桥。目前构想中的第三亚欧大陆桥（如图5-2所示）以深圳港为代表的广东沿海港口群为起点，由昆明经缅甸、孟加拉国、印度、巴基斯坦、伊朗，从土耳其进入欧洲，最终抵达荷兰鹿特丹港，横贯亚欧21个国家（含非洲支线4个国家：叙利亚、黎巴嫩、以色列和埃及），全长约15157千米，比目前经东南沿海通过马六甲海峡进入印度洋行程要短3000千米左右。

第三亚欧大陆桥，将成为我国继北部、中部之后，由南部沟通东亚、东南亚、南亚、中亚、西亚以及欧洲、非洲的又一最便捷和安全的陆路国际大通道。

图5-2　三条亚欧大陆桥

④北美大陆桥。北美大陆桥是指利用北美的大铁路从远东到欧洲的"海陆海"联运。该陆桥运输包括美国大陆桥运输和加拿大大陆桥运输。

美国大陆桥有两条运输线路：一条是从西部太平洋沿岸至东部大西洋沿岸的铁路

和公路运输线；另一条是从西部太平洋沿岸至东南部墨西哥湾沿岸的铁路和公路运输线。在北美大陆桥强大的竞争面前，巴拿马运河可以说是最大的输家之一。

⑤小路桥运输。指比大陆桥的海—陆—海运输缩短一段海上运输，成为陆—海，或海—陆联运方式的运输。

美国小陆桥将日本或远东至美国东部大西洋口岸或美国南部墨西哥湾口岸的货运，由原来的全程海运改为由日本或远东装船至美国西部太平洋口岸或南部墨西哥湾口岸，以陆上铁路或公路作为桥梁把美国东海岸与西海岸和墨西哥湾连接起来。

⑥微型陆桥。微型陆桥运输是在小陆桥运输形成和发展的基础上产生的。因为它只利用了大陆桥的一部分，不通过整个陆桥，比小陆桥还短一段，因此也称为"半陆桥"。货主认为，这种小路桥运输不能从内地直接以国际货运单证运至西海岸港口转运，不仅增加费用，而且耽误运输时间。为解决这一问题，微桥运输应运而生。进出美、加内陆城市的货物采用微桥运输既可节省运输时间，也可避免双重港口收费，从而节省费用。例如，往来于日本和美东内陆城市匹兹堡的集装箱货，可从日本海运至美国西海岸港口，如奥克兰，然后通过铁路直接联运至匹兹堡，这样可完全避免进入美东的费城港，从而节省了在该港的港口费支出。

（3）海空联运。海空联运又被称为空桥运输。在运输组织方式上，空桥运输与陆桥运输有所不同：陆桥运输在整个货运过程中使用的是同一个集装箱，不用换装，而空桥运输的货物通常要在航空港换入航空集装箱。不过，两者的目标是一致的，即以低费率提供快捷、可靠的运输服务。

这种联运组织形式是以海运为主，只是最终交货运输区段由空运承担。

目前，国际海空联运线主要有：

①远东—欧洲：目前，远东与欧洲间的航线有以温哥华、西雅图、洛杉矶为中转地，也有以中国香港、曼谷、海参崴为中转地。此外还有以旧金山、新加坡为中转地。

想一想

海空联运较难实现是为什么？

②远东—中南美：近年来，远东至中南美的海空联运发展较快，因为此处港口和内陆运输不稳定，所以对海空运输的需求很大。该联运线以迈阿密、洛杉矶、温哥华为中转地。

③远东—中近东、非洲、澳洲：这是以中国香港、曼谷为中转地至中近东、非洲

的运输服务。在特殊情况下，还有经马赛至非洲、经曼谷至印度、经中国香港至澳洲等联运线，但这些线路货运量较小。

总的来讲，运输距离越远，采用海空联运的优越性就越大，因为同完全采用海运相比，其运输时间更短；同直接采用空运相比，其费率更低。因此，从远东出发将欧洲、中南美以及非洲作为海空联运的主要市场是合适的。

项目考核 ➡

一、单项选择题（每小题 1 分，共 15 分）

1. 以下哪个特点不是国际多式联运所应具有的特点？（　　　）

A. 签订一个运输合同　　　　　　　　B. 采用一种运输方式

C. 采用一次托运　　　　　　　　　　D. 至少涉及两个国家

2. 铁路专用货车包括以下哪种？（　　　）

A. 棚车　　　　　B. 平车　　　　　C. 敞车　　　　　D. 家畜车

3. 铁路零担货物和以零担形式运输的集装箱货物使用（　　　）作为货运合同。

A. 铁路货物运输服务订单　　　　　　B. 订单

C. 货票　　　　　　　　　　　　　　D. 运单

4. 保证货物运输的（　　　）是反映道路运输企业运输质量的首要指标。

A. 及时性　　　　　B. 安全性　　　　　C. 方便性　　　　　D. 可得性

5. 通过我国进口国境站接入的进口阔大货物和（　　　）不得变更到站。

A. 贵重货物　　　　　B. 新鲜货物　　　　　C. 食品　　　　　D. 危险货物

6. 下列货物中不能按一批托运的是（　　　）。

A. 服装与帽子　　　　　　　　　　　B. 西药与毛巾

C. 白糖与水泥　　　　　　　　　　　D. 电风扇与西餐桌

7. 下列（　　　）情况下可解除铁路货运合同。

A. 整车货物挂运后　　　　　　　　　B. 大型集装箱承运后挂运前

C. 零担货物装车后　　　　　　　　　D. 其他集装箱货物装车后

8. 将铁路货物"领货凭证"及时交给收货人并通知有关收货单位或人员到站领取货物义务方是（　　　）。

A. 承运方　　　　　B. 托运方　　　　　C. 装卸公司　　　　　D. 代理公司

9. 下列物品不能作为公路零担运输的是（　　　）。

A. 活鱼　　　　　B. 计算机　　　　　C. 书籍　　　　　D. 棉被

10. 铁路阔大件运输货物不包括（　　　）。

A. 超长货物　　　　B. 集重货物　　　　C. 集装箱　　　　D. 超限货物

11. 国际铁路联运运单具有（　　　）功能。

A. 运输合同证明和物权凭证　　　　B. 运输合同证明和货物收据

C. 货物收据和货物凭证　　　　D. 货物收据和流通性

12. 凡办理由一国铁路向另一国铁路移交或接收货物和机车车辆作业的车站，称为（　　　）。

A. 国境站　　　　B. 发货站　　　　C. 转运站　　　　D. 始运站

13. 下列选项中属于各国公路运输采用的公约是（　　　）。

A. 《国际货约》　　　　B. 《国际货协》

C. 《国际公路公约》　　　　D. 《华沙公约》

14. 当货运代理负责多式联运并签发提单时，便成了多式联运经营人（MTO），被看作法律上的（　　　）。

A. 代理人　　　　B. 承运人　　　　C. 委托人　　　　D. 经纪人

15. 《国际多式联运公约》规定 MTO 对货物灭失或损坏的责任限制为最多不超过每件或每个运输单位（　　　），或每公斤不超过（　　　）个特别提款权，以两者较高为准。但如果国际多式联运不包括海上或内河运输，则 MTO 的赔偿责任按灭失或损坏货物毛重每公斤不得超过（　　　）个特别提款权计算单位。

A. 920；2.75；8.33　　　　B. 666.67；2；8.33

C. 920；8.33；2.75　　　　D. 666.67；2.75；2

二、多项选择题（每小题 2 分，共 20 分）

1. 公路货物过境运输的组织形式、管理模式、使用的运输单证、具体操作方法等应根据双边或多边汽车运输协定的规定执行。我国公路货物过境运输的运作具有以下特点（　　　）。

A. 实行经营许可证制度

B. 实行行车许可证制度

C. 使用《国际公路货物运单》

D. 遵守有关的国际公约、货物途经国家的法律规定以及国际惯例

2. 下列关于国际铁路货物联运的表述正确的是（　　　）。

A. 在由一国铁路向另一国铁路移交货物时需要发货人与收货人参与

B. 由铁路部门负责从托运人交货到向收货人交货的全过程运输

C. 经过两个或两个以上国家的铁路

D. 在整个联运过程中使用一份国际联运运单

3. 下列哪些情况下铁路有权拒绝变更运输合同或延缓执行变更？（　　　）

A. 违反铁路运营管理时

B. 变更到站后，货物的价值不能抵偿运到新到站的一切预期费用

C. 发货人将货物返回发站

D. 变更运输合同时，将一批货物分开办理

4. 下列情况需要写"商务记录"的是（　　　）。

A. 有票无货、有货物票或运单缺页

B. 在国境站换装时发现货物容器或包装不良

C. 货物部分重量不足

D. 运单中所记载的发货人运送用具短少

5. 下列对外贸易术语指铁路交货的是（　　　）。

A. FOB　　　　　B. FOT　　　　　C. FCA　　　　　D. FBL

6. 以下哪些运输组织方式属于多式联运方式？（　　　）

A. SLB　　　　　B. OCP　　　　　C. MLB　　　　　D. IPI

7. 目前，国际多式联运单证可以分为以下哪些种类？（　　　）

A. Port to Port B/L　　　　　　　　B. FBL

C. Multidoc　　　　　　　　D. Combined transport B/L

8. 虽然我国现有 10 个铁路口岸，与 5 个国家的铁路接轨。但我国铁路集装箱的国际运输，主要和（　　　）开展邻国集装箱运输业务。

A. 俄罗斯　　　　B. 蒙古　　　　C. 越南　　　　D. 哈萨克斯坦

E. 朝鲜

9. 托运人在办理托运时，必须在运单上如实填写的内容除了大件货物的名称、件重、起运日期、运输过程中的注意事项之外还有（　　　）。

A. 规格　　　　　　　　　　B. 到达日期

C. 件数　　　　　　　　　　D. 收发货人的地址

10. 中港运输车是指专门进出内地到香港之间的运送货物的货车，具体包括（　　　）。

A. 3 ~ 15 吨箱式货车　　　　　　　B. 20 ~ 45 英尺的集装箱运输车

C. 30 ~ 50 英尺的集装箱运输车　　　D. 危险品运输车

E. 吊机车

三、判断题（每小题 1 分，共 15 分）

1. 凡不够整车运输条件的货物，即重量、体积和形状都不需要单独使用一辆货车运输的一批货物，除可使用集装箱运输外，应按零担货物托运。（　　　）

2. 零担货物和以零担形式运输的集装箱货物使用运单作为货运合同。（　　　）

3. 由承运人组织卸车的货物，不需向收货人发出到货催领通知。（　　　）

4. 变更一批货物中的一部分时，承运人受理货运合同的变更。（　　　）

5. 我国铁路货物运输费用由铁路运输企业使用货票和运费杂费收据核收。（　　　）

6. 水陆联运的货物运价里程包括专用线、货物支线的里程。（　　　）

7. 海铁联运货物时，应将换装站至码头线的里程，加入运价里程内计算。（　　　）

8. 运输大型物件，道路承运人必须按有关部门核定的时间、路线和时速行驶道路，并悬挂明显标志。白天行车时，悬挂标志旗；夜间行车和停车休息时设标志灯。（　　　）

9. 使用铁路专用货车运输货物，只核收运费。（　　　）

10. 接力式联运包括集散、分拨等业务。（　　　）

11. 水陆干线联运所完成的货运量在我国是所有联运方式中最大的。（　　　）

12. 多式联运单据依发货人选择可以转让，转让后，签发这种单据的多式联运经营人即不对一程运输负责。（　　　）

13. 根据我国《海商法》第一百零三条的相关规定，多式联运经营人对多式联运货物的责任期间，自接收货物时起至交付货物至下一段承运人时止。（　　　）

14. 普通货物办理的铁路货物运输有阔大货物运输、铁路危险货物运输、铁路灌装货物运输和铁路鲜活货物运输。（　　　）

15. 在一张铁路运单内不能同时有易腐货物和非易腐货物。（　　　）

四、简答题（共 36 分）

1. 我国公路集装箱运价的种类有哪些？

2. 简述公路整车运输与零担运输业务的区别。

3. 简述甩挂运输的制约要素。

4. 简述国际多式联运在世界范围内发展中存在的问题。

5. 试述国际多式联运服务质量的改进措施。

五、案例分析题（共 14 分）

我国 A 公司与美国 B 公司签订了进口 3 套设备的贸易合同，FOB 美国西海岸，目的港为山东济南。委托 C 航运公司负责全程运输。C 航运公司从美国西雅图港以海运方式运输了装载于 3 个集装箱的设备到青岛港，C 航运公司委托 D 货代公司负责青岛到济南的陆路运输，双方订立陆路运输合同。D 货代公司并没有亲自运输，而是委托 E 汽车运输服务公司运输。货到目的地后，收货人发现 2 个集装箱破损，货物严重损坏。经查实发现涉案 2 个集装箱货物的损坏发生在青岛至济南的陆路运输区段。请分析解答下列问题：

1. C 航运公司是否对货物的损失承担责任，为什么？

2. 阐述 C 航运公司和 D 货代公司的法律地位。

3. 本案是否按照中国《海商法》关于承运人赔偿责任和责任限额的规定来确定当事人的赔偿责任，为什么。

实训总结 ✦

_____

_____

_____

_____

_____

考核标准 ✦

表 5 - 5　　　　　　　"陆运及多式联运业务承揽"评分表

考评内容	能力评价			
考评标准	具体内容	分值（分）	学生评分（0.4）	师评（0.6）
	铁路运输业务	30		
	公路运输业务	30		
	国际多式联运业务	40		
	合计	100	注：考评满分为100分，60~74分为及格；75~84分为良好；85分以上为优秀	

各组成绩

小组	分数	小组	分数	小组	分数

教师记录、点评：

熟能生巧 ◆▶

分析国际多式联运经营人责任制

1. 责任制种类

（1）责任分担制

也称分段责任制，是多式联运经营人对货主并不承担全程运输责任，仅对自己完成的区段货物运输负责，各区段的责任原则按该区段适用的法律予以确定。只要多式联运经营人签发全程多式联运单据，即使多式联运在单据中声称采取责任分担形式，也可能会被法院判定此种约定无效而要求多式联运经营人承担全程运输责任。

（2）网状责任制

网状责任制是指多式联运经营人尽管对全程运输负责，但对货运事故的赔偿原则仍按不同运输区段多使用的法律规定，当无法确定货运事故发生区段时则按海运法规或双方约定原则加以赔偿。目前，几乎所有的多式联运单据均采取这种赔偿责任形式。因此，无论是货主还是多式联运经营人都必须掌握现行国际公约或国内法律对每种运输方式下承托双方的权利、义务与责任所作的规定。

（3）统一责任制

统一责任制，是指多式联运经营人对货主赔偿时不考虑各区段运输方式的种类及其所适用的法律，而是对全程运输按一个统一的原则并一律按一个约定的责任限额进行赔偿。但由于现阶段各种运输方式采用不同的责任基础和责任限额，目前大多数多式联运经营人签发的提单均未能采取此责任形式。

（4）经修订的统一责任制

这是介于统一责任制与网状责任制之间的责任制，也称混合责任制。它是在责任基础方面与统一责任制相同，而在赔偿限额方面则与网状责任制相同。目前，《联合国国际货物多式联运公约》基本上采取这种责任形式。即使采用修正统一责任制也将会对现有的运输法律体系产生一定的冲击，因此，这也是造成该公约至今尚未生效的主要原因。

2. 国际多式联运经营人种类

（1）以船舶运输为主的国际多式联运经营人。随着集装箱运输的发展，众多船舶所有人已将他们的服务范围扩展到包括陆上运输和航空运输在内的其他运输方式。这种多运输方式的结合使船舶运输经营人成为多式联运经营人。这类"有船"多式联运经营人通过与有关承运人订立合同（Subcontract）来安排这些类型的运输。此外，他们通常还会订立内陆装卸、仓储及其他辅助服务的分合同。

（2）无船国际多式联运经营人。无船多式联运经营人是指不拥有和不掌握船舶的承运人。他利用船舶经营人的船舶，向货主提供运输服务，并承担运输责任。无船多式联运经营人主要有以下三种状态：

①除海上承运人以外的运输经营人，他们同样通过采用多种运输方式安排货物的门到门运输。

②作为承运人承担并履行多式联运合同的全部责任，但不拥有或经营船队和其他任何运输工具的货运代理人、报关经纪人以及装卸公司。

③专门提供多式联运服务而通常没有自己的船队的专业多式联运公司。

任务二　业务流程操作

实训学习目标 ✛

知识目标：

1. 铁路货代业务操作流程。

2. 公路货代业务操作流程。

3. 多式联运货代业务操作流程。

能力目标：

1. 可以进行铁路货代业务操作。

2. 可以进行公路货代业务操作。

3. 可以进行国际多式联运货代业务操作。

实训学习方法 ✛

1. 自学（收集资料法、比较学习法、小组讨论法）。

2. 听讲学习（提问、总结、作业）。

3. 实操（情境再现法、头脑风暴法、案例分析法）。

实训课程介绍 ✛

本次实训任务，旨在让学生通过大量实训业务，完成国际铁路、公路、多式联运业务操作，了解操作流程和手续。

实训任务说明 +→

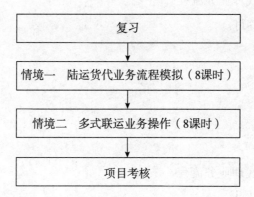

实训知识铺垫 +→

一、国际铁路货物

（一）铁路运输方式

1. 整车货物运输

（1）承运人原则上应按件数和重量承运货物，但对散装、堆装货物的规格、件数过多，在装卸作业中难于点清件数的货物，则只按重量承运，不计算件数。

（2）货物的重量由托运人确定。

（3）按照货物运输途中的特殊需要，允许托运人派人押运。

（4）允许在铁路专用线、专用铁路内装车或卸车。

2. 零担货物运输

3. 铁路集装箱货物运输

（1）集装箱定期直达列车。这种方式在发达国家普遍使用，其特点是：定期、定线、定点运行；固定车底循环使用；对始端站要求不高；列车编组不专，一般20节车厢为一列。

（2）集装箱专运列车。同定期直达列车的区别在于不定期，可缓解船期不定和货源不均衡的矛盾。

（3）一般快运列车。小批量集装箱编入快运列车的方式。

（4）普通货运列车。更小批量集装箱编入普通列车装运，到货慢，效率低。

（二）国际铁路货物运输代理业务流程

1. 出口货物运输代理业务流程

（1）运输合同的签订。

（2）出口托运。

（3）核查货源。

（4）国境站交接。

（5）查验放行。

（6）到站交付。

2. 进口货物运输代理业务流程

（1）确定货物到达站。

（2）对外订货签约。

（3）国境站交接。

（4）分拨与分运。

（5）进口货物交付。

（6）货物催领。

（三）国际铁路货物联运代理业务

1. 国际铁路货物联运的特点

（1）涉及面广。凡办理国际联运，每运送一批货物都要涉及两个或两个以上国家，有时还要通过与国际货协有关的国家，向与国际货协无关的西北欧国家办理转发送，才能完成全程的运送工作，最后运到目的地。

（2）运输条件高。由于国际联运涉及多个国家的铁路、车站和国境站，有时还有收转人参加，这就要求每批货物的运输条件如包装、转载、票据的编制、添附文件及车辆使用都要符合有关国际联运的规章、规定，否则将造成货损、货差、延迟交货等运输事故。

（3）运输时间短、成本低。国际铁路货物联运的始发站和最终目的站大多是内陆车站，或发、收货的铁路专用线。货物从发货人的专用线或就近的车站出发，直接到达收货人的专用线或就近的车站。对内陆收发货人来讲，铁路运输时间比海运少，运输成本也比海运低。使用一份铁路联运票据完成货物的跨国运输。

（4）运输方式单一、责任统一。由于国际联运仅使用铁路一种运输方式，所以全程运输只由铁路运输承运人负责，运输责任方面统一、明确，便于协调与管理。

2. 国际铁路货物联运的范围

（1）同参加国际货协和未参加国际货协但采用国际货协规定的铁路间的货物运送，铁路从发站以一份运送票据负责运送至最终到站交付给收货人。

（2）同未参加国际货协铁路间的货物运送，发货人在发送路用国际货协运送票据办理至参加国际货协的最后一个过境路的出口国境站，由该站站长或收货人、发货人委托的收转人转运至最终到站。

（3）通过过境铁路港口站的货物运送。从参加国际货协铁路的国家，通过参加国际货协的过境铁路港口，向其他国家（不论这些国家的铁路是否参加国际货协）或者相反方向运送货物时，用国际货协运送票据只能办理至过境铁路港口站止或者从这个站起开始办理，由港口站的收转人办理转发送。

3. 国际铁路货物联运的种类

国际铁路货物联运种类分为整车、零担和大吨位集装箱。

（1）整车。它是指按一份运单托运，按其体积或种类需要单独车辆运送的货物。

（2）零担。它是指按一份运单托运的一批货物，重量不超过5000千克，按其体积或种类不需要单独车辆运送的货物，但如果有关铁路之间另有商定条件，也可不适用《国际货协》整车和零担货物的规定。

（3）大吨位集装箱。它是指按一份运单托运，用大吨位集装箱运送的货物或空的大吨位集装箱。

4. 国际铁路货物联运的运输限制

（1）在国际铁路直通货物联运中，不准运送的货物：

①应当参加运送的铁路的任一国家禁止运送的物品；

②属于应当参加运送的铁路的任一国家邮政专运物品；

③炸弹、弹药和军火（但狩猎和体育用的除外）；

④爆炸品、压缩气体、液化气体或在压力下溶解的气体、自燃品和放射性物质（指国际货协附件第2号之附件1中1、3、4、10表中没有列载的）；

⑤一件重量不足10千克，体积不超过0.1立方米的零担货物；

⑥在换装联运中使用不能揭盖的棚车运送一件重量超过1.5吨的货物；

⑦在换装联运中使用敞车类货车运送的一件重量不足100千克的零担货物，但此项规定不适用附件第2号《危险货物运送规则》中规定的一件最大重量不足100千克的货物。

（2）只有在参加运送的各铁路间预先商定后才允许运送的货物：①一件重量超过60吨的；而在换装运送中，对越南重量超过20吨的；②长度超过18米的；而运往越南长度超过12米的；③超限的；④在换装运送中用特种平车装运的；⑤在换装运送中用专用罐车装运的化学货物；⑥用罐车运往越南的一切罐装货物。

（3）必须按特殊规定办理才可运送的货物：①危险货物；②押运人押运的货物；③易腐货物；④集装箱货物；⑤托盘货物；⑥不属于铁路或铁路出租的空、重车；⑦货捆货物。

（四）国际铁路联运进口货物代理业务流程

1. 进口

（1）货物到达站的确定。

（2）货物运输标志的编制。

（3）货物运输条件的审核。

（4）合同资料的寄送。

（5）进口货物国境站的交接。

（6）货物的分拨与分运。

（7）进口货物的交付。

2. 出口

（1）出口货物运输计划的编制。

（2）出口货物的托运和承运。

①整车货物办理托运，车站应检查是否有批准的月度、旬度货物运输计划和要车计划，检查货物运单上的各项内容是否正确，如确认可以承运，应予以签单。签单即在运单上签注货物进入车站的日期或装车日期，表明铁路已受理托运。签单完毕，发货人应按签单指定的日期将货物送入车站或指定的货位，铁路根据货物运单上的记载查对实货，认为符合《国际货协》和有关规章制度的规定，车站方接收货物并担负保管责任。整车货物一般在装车完毕后，发站在货物运单上加盖承运日期戳，即为承运。托运、承运完毕，铁路运单作为运输合同即开始生效。

②零担货物办理托运，发货人不需要编制月度、旬度要车计划，可凭运单直接向车站申请托运。车站受理托运后，发货人应按签单指定的日期将货物运进货场，送到指定的货位上，经查验、过磅后，即交由铁路保管。当车站将发货人托运的货物连同货物运单一同接收完毕，在货物运单上加盖承运日期戳时，即表示货物已承运。铁路对承运后的零担货物担负保管、装车和发运责任。

（3）出口货物的国境站交接

①国境站准备接车。出口国境站货运调度根据国内前方站列车到达预报，通知交接所和海关做好接车准备工作。

②海关审核单证。出口货物列车进站后，铁路会同海关接车，并将列车随带的运

送票据送交接所，交接所将全部货运单证送货运代理人审核，货运代理人在审核单证时，要以运单内容为依据，审查出口货物报关单、装箱单、商检证书等记载的内容和项目是否正确、齐全。出口货物单证经复核无误后，将出口货物报关单、运单及其他随附单证送海关，作为向海关申报和海关审核放行的依据。海关则根据申报，经查验单、证、货相符，并符合国家政策法令的规定后，即准予解除监督，验关放行。最后由双方铁路办理具体货物和车辆的交接手续，并签署交接证件。

（4）出口货运事故的处理

联运出口货物在国境站换装交接时，如发生货物短少、残损、污染、湿损、被盗等事故，国境站外运分公司应会同铁路查明原因，分清责任，分别加以处理。

（5）出口货物的交付

联运出口货物抵达到站后，铁路应通知运单中所记载的收货人领取货物。在收货人付清运单中所记载的一切应付运送费用后，铁路将货物连同运单交付给收货人。收货人必须支付运送费用并领取货物，收货人只有在货物因损毁或腐坏而使质量发生变化，以致部分货物或全部货物不能按原用途使用时，才可以拒绝领取货物。收货人领取货物时，应在运行报单上填写货物领取日期，并加盖收货戳。

二、公路运输

不同运输组织形式货运代理的业务流程。

1. 公路整车货物运输代理

（1）托运承运；

（2）配车装运；

（3）发车运输；

（4）到达交付。

2. 公路零担货物运输代理

（1）受理托运；

（2）配载装车；

（3）发车运行；

（4）到达作业。

3. 集装箱出口货物运输代理

（1）受理托运；

（2）领取空箱；

（3）装箱交付；

（4）结算运费。

4. 集装箱进口货物运输代理

（1）受理托运；

（2）提取重箱；

（3）退送空箱；

（4）运送拼箱货物。

实训任务实施

情境一　陆运货代业务流程模拟

【学时】

8 学时。

【学习目标】

掌握铁路、公路货代业务流程。

【重难点】

进出口代理流程。

【学习过程】

一、了解公路零担运输运作流程

1. 直达式零担班车

直达式零担班车是指在起运站将各个发货人托运的同一到站，且性质适宜配载的零担货物，同车装运后直接送达目的地的一种货运班车。如图 5 - 3 所示。

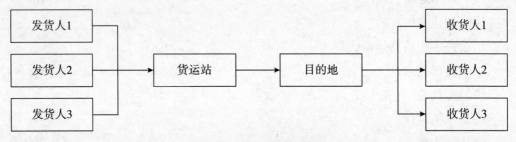

图 5 - 3　直达式零担班车

2. 中转式零担班车

中转式零担班车是指在起运站将各个发货人托运的同一线路、不同到达站且性质适宜配装的零担货物，同车装运后直接送达目的地的一种货运班车。如图 5 - 4 所示。

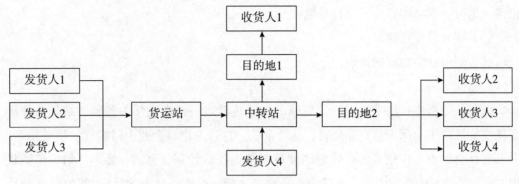

图 5 - 4　中转式零担班车

3. 沿途式零担班车

沿途式零担班车是指在起运站将各个发货人托运的同一线路、不同到达站且性质适宜配装的零担货物同车装卸后，在沿途各计划停靠站卸下或装上零担货物再继续前进，直至最后终点站的一种运班车。如图 5 - 5 所示。

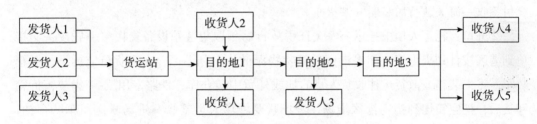

图 5 - 5　沿途式零担班车

二、掌握国际公路货运业务

国际公路运输主要包括：出口物资的收购入库、集港、集站，进口物资的疏运，国际多式联运的首尾段运输，过境贸易的过境运输，以及供应港澳物资或通过港澳中转物资的运输等。

1. 业务分类

（1）出口物资的集港运输：

商品产地→外转中转仓库→港口仓库→船边（铁路专用线或航空港收货点）。

（2）进口货物的疏港运输：

港区→外贸中转仓库或→铁路专用线→直送内地仓库、工地。

（3）国际多式联运首末段：

内陆装箱点→出运港（站）港区→最终交货地。

（4）边境公路过境运输：如广东深圳、珠海，新疆吐尔戈特、霍尔果斯，黑龙江

— 227 —

漠河、黑河，吉林珲春、三合村等地。

（5）特种货物运输。

（6）一般社会物资的运输。

2. 业务程序

（1）一般程序：接受托运→计划调车→监装承运→监卸交接→签收、结算。外运车队揽货员应主动深入各专业公司、三资企业、自营进出口企业上门揽货、接受托运，并开展社会调查、广挖货源。计划调度员要根据托运计划、合同、要车计划、车辆状况，编制最佳车辆调配方案，下达出车通知书（即运输作业单或路单）。驾驶员（理货员）在接收货物时，必须点件监装，按规程装车，单证齐全。交接后，作业单由收货人签收并交回车队统计和作收费凭证。

（2）集装箱公路运输代理：

①出口：托运人填报托运单→车队根据调度计划领取集装箱设备交接单→驾驶员开车到堆场提取空箱→到装箱点装箱→驾驶员将集装箱送入海关指定的港区或监管点，交付签收→海关放行后装船（装火车）。

②进口：托运人填报托运→海关征税放行后领取集装箱设备交接单→凭设备交接单到港区按计划提重箱，如果港区拆箱货物派散货车到港区，在理货员监拆下，拆箱装车→将集装箱或散货运往收货人目的地或外贸中转仓库，铁路专用线→集装箱拆箱卸货后，把空箱送到指定港区堆场，进场联要堆场人员签收→进场联送回车队存档，作为收费凭证和箱子归还情况证明。

（3）公路过境运输程序。托运人填报出口托运单并提交有关出口许可证明→车队填制报关单报验→海关放行后，把货物封关送到境外指定收货点。托运人向我驻外机构办理进口托运→驻外机构通知口岸机构安排有过境条件的车队装货→口岸机构向收货人索取进口许可证及报单，报关放行→承运到指定地点。

三、掌握国际铁路运输中的主要铁路干线

1. 西伯利亚大铁路

东起海参崴，途经伯力、赤塔、伊尔库次克、新西伯利亚、鄂木斯克、车里雅宾斯克、古比雪夫，止于莫斯科。全长9300多千米。以后又向远东延伸至纳霍德卡—东方港。该线东连朝鲜和中国；西接北欧、中欧、西欧各国；南由莫斯科往南可接伊朗。我国与前苏联、东欧国家及伊朗之间的贸易，主要用此干线。

2. 加拿大连接东西两大洋铁路

（1）加拿大国家铁路：鲁珀特港—埃德蒙顿—温尼伯—魁北克；

（2）加拿大太平洋大铁路：温哥华—卡尔加里—温尼伯—散德贝—蒙特利尔—圣

约翰—哈利法克斯。

3. 美国连接东西两大洋铁路

（1）北太平洋铁路：西雅图—斯波坎—俾斯麦—圣保罗—芝加哥—底特律；

（2）南太平洋铁路：洛杉矶—阿尔布开克—堪萨斯城—圣路易斯—辛辛那提—华盛顿—巴尔的摩（圣菲铁路）—洛杉矶—图森—帕索—休斯顿—新奥尔良；

（3）联合太平洋铁路：旧金山—奥格登—奥马哈—芝加哥—匹兹堡—费城—纽约。

4. 中东—欧洲铁路

从伊拉克的巴士拉，向西经巴格达、摩苏尔、叙利亚的穆斯林米亚、土耳其的阿达纳、科尼亚、厄斯基色希尔至博斯普鲁斯海峡东岸的于斯屈达尔，过博斯普鲁斯大桥至伊斯坦布尔，接巴尔干铁路，向西经索非亚、贝尔格莱德、布达佩斯至维也纳，联结中、西欧铁路网。

四、熟悉中国的国际铁路运输

我国的国际铁路运输大致上分为两种，第一种是国际铁路联运，第二种是对港澳地区的铁路运输。

1. 国际铁路联运

我国通往欧洲的国际铁路联运线有两条：一条是利用俄罗斯的西伯利亚大陆桥贯通中东、欧洲各国；另一条是由江苏连云港经新疆与哈萨克斯坦铁路连接，贯通俄罗斯、波兰、德国至荷兰的鹿特丹。后者称为新亚欧大陆桥，运程比海运缩短 9000 千米，比经由西伯利亚大陆桥缩短 3000 千米。

2. 对港澳地区的铁路运输

对港澳地区的铁路运输按国内运输办理，但又不同于一般的国内运输。货物由内地装车至深圳中转和香港卸车交货，为两票联运，由外运公司签发"货物承运收据"。对澳门地区的铁路运输，是先将货物运抵广州南站再转船运至澳门。

五、掌握铁路整车、零担和集装箱货运代理业务

国际铁路货代业务主要是组织国际铁路联运、国际铁路货物联运，指在两个或两个以上国家铁路货运中，使用一份统一的国际联运票据，由铁路负责办理全程运送的货物运输，在由一国铁路向另外一国铁路移交货物时无须发、收货人参加，这

> **小知识**
> 京九铁路和沪港直达通车后，内地至香港的运输更为快捷，由于香港特别行政区系自由港，放货物在内地和香港间进出，需办理进出口报关手续。报验、保险、相关的短途运输服务及咨询业务。

种运输方式称国际铁路货物联运，一般简称"国际联运"。

1. 铁路整车货运代理流程（如图 5 - 6 所示）。

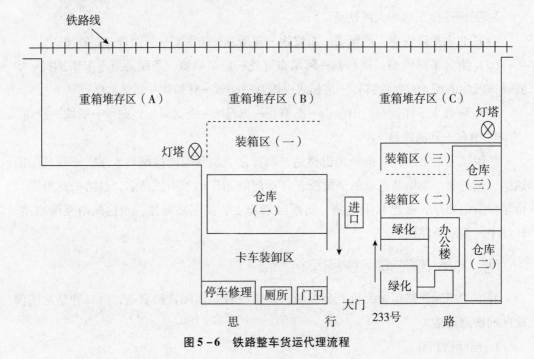

图 5 - 6　铁路整车货运代理流程

2. 铁路零担货运代理流程（如图 5 - 7 所示）。

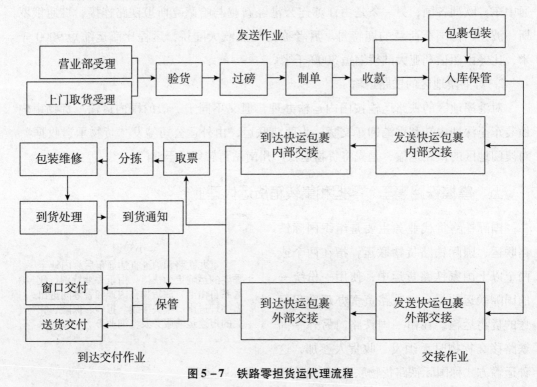

图 5 - 7　铁路零担货运代理流程

3. 铁路集装箱货运代理流程如图 5 – 8 所示。

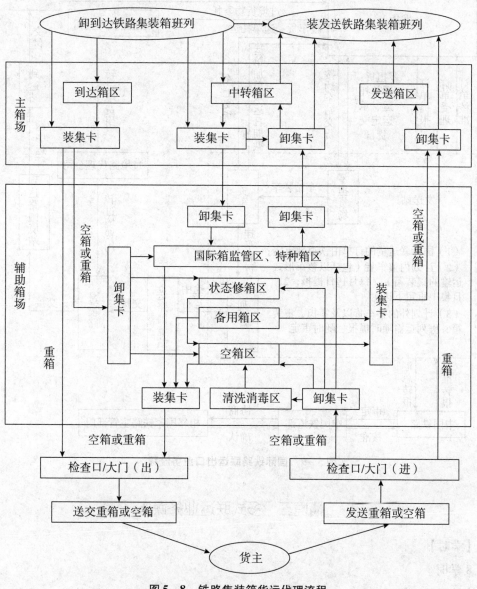

图 5 – 8　铁路集装箱货运代理流程

4. 国际铁路联运出口业务流程如图 5 – 9 所示。

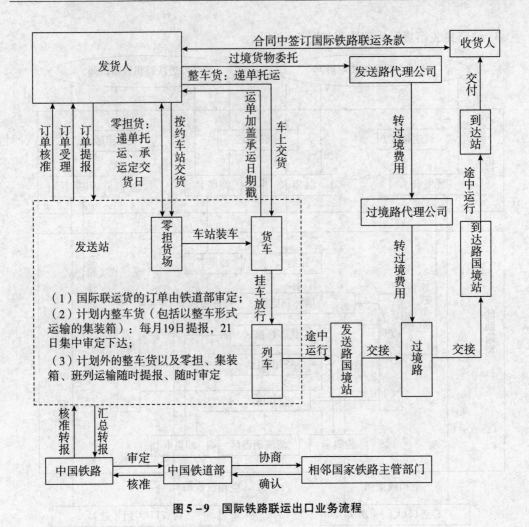

图 5-9 国际铁路联运出口业务流程

情境二 多式联运业务操作

【学时】

8 学时。

【学习目标】

掌握多式联运业务操作。

【重难点】

重点：操作流程。

难点：责任处理。

【学习过程】

1. 分析案例。

2013 年 8 月 19 日，广西润达烟花厂将货号 29473-47 的"东方红"烟花 1858 箱

— 232 —

售与斯科公司，每箱单价 25.6 美元，CPT 汉堡。总价格 FOB 北海 47564.80 美元；10 月底交货，允许分批装运，目的港汉堡，允许转船，由卖方投保一切险。付款方式为装船后电汇付款。

该批货物需经陆海运输运往目的地，由于广西润达烟花厂没有处理此笔货物的运输经验，需要寻求有经验的国际多式联运经营人来办理。请问润达烟花厂该如何做呢？

2. 任务模拟实施。

步骤一：了解和认识国际多式联运经营人。

广西润达烟花厂为确保万无一失，选择正确的国际多式联运经营人，对此进行了多方面的了解和学习，特别是法律关系方面要有确定的认识。

多式联运经营人（MTO）是指其本人或通过其代表订立多式联运合同的任何人。他是事主，而不是发货人的代理人或代表或参加多式联运的承运人的代理人或代表，并且负有履行合同的责任。

（1）多式联运经营人与托运人的法律关系（如图 5 - 10 所示）

图 5 - 10　承运人与托运人的法律关系

实际托运人：是指将货物实际交给多式联运经营人或其代理的人。不论是在 FCA 条件下，还是在 CPT、CIP 条件下，实际托运人总是买卖合同中的卖方。

契约托运人：是指与多式联运经营人订立运输合同的人。

在 FCA 条件下，契约托运人是买卖合同中的买方；在 CIP 和 CPT 条件下，契约托运人是买卖合同中的卖方。

由此可见，多式联运经营人与契约托运人存在着运输合同关系，与实际托运人也存在着不完全的运输合同关系，处理两者的关系适用运输合同法。

（2）多式联运经营人与实际承运人的法律关系

多式联运经营人作为无船承运人时，未履行货物运输义务，他需要与实际承运人签订各区段的运输合同，与这些实际承运人形成运输合同关系。此时，多式联运经营人作为托运人出现，依法享有托运人权利，承担托运人义务。

（3）多式联运经营人与其代理人、受雇人的法律关系

多式联运经营人与其代理人、受雇人形成了代理或者雇用合同关系。

步骤二：分析国际多式联运经营人的法律地位。

因本笔运输业务运输方式不只一个，广西润达烟花厂还进一步分析了多式联运经营人的法律地位。

国际多式联运法律关系网中的核心是多式联运经营人与托运人的多式联运合同关系，多式联运合同是主合同，而多式联运经营人与实际承运人、代理人及受雇人之间的法律关系是附着在前述主合同关系之上的，处于从属地位。

多式联运经营人是总承运人，负责组织完成全程运输，并根据多式联运合同对托运人或收货人承担合同或法定义务。在各区段运输中，多式联运经营人向区段实际承运人托运货物，形成了一般意义上的运输合同关系。虽然发货人、收货人与多式联运经营人的代理人、受雇人没有合同关系，但由于这些人实际参与了货物运输，对由于他们的过失导致的货物灭失或者损坏，发货人、收货人可以依据侵权责任提起诉讼。

综上所述，在多式联运的全过程中或某个阶段，虽然多式联运经营人可能以多重身份出现，但无论如何，他都必须以本人的身份，而不是以货方或承运人的代理人身份对货物全部运输承担责任。

步骤三：检查国际多式联运经营人的资质。

为慎重起见，虽然广西润达烟花厂经过咨询了解到选择有经验的国际多式联运经营人需要了解该公司在国际多式联运方面的业务及资质。

（1）必须依法注册（如图5-11所示）。

（2）必须签发多式联运单据。

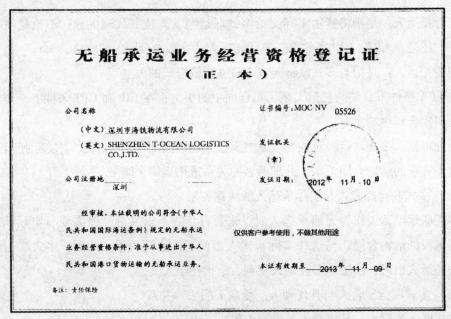

图5-11 无船承运人经营资格登记证参考样本

（3）必须具有充足的自有租金。

（4）必须具备经营能力：

①建立自己的多式联运线路；

②拥有一支具有国际货物运输法律和专业知识、经验丰富的专业队伍；

③在各条联运线路上建立完整的网络机构；

④能够制定各线路的多式联运单一费率；

⑤具有必要的设备和设施。

步骤五：确定货运代理公司签订委托合同。

广西神山国际货运代理公司为招揽业务，通过多种渠道进行广告宣传，并通过航线班期公告、运价本、提单条款等形式公开说明。广西润达烟花厂通过对比感觉到神山国际货运代理公司的业务经营很专业，并登门咨询，考察了该公司的经营资质，认为可以与其合作。

广西润达烟花厂向神山国际货运代理公司提出货物运输申请，希望委托其帮助办理该笔烟花出口运输业务。

神山国际货运代理公司根据润达烟花厂的申请内容，结合自身经营的路线、所具备的运输能力和班期运期等项目，认为具备处理该笔业务的能力，决定接受委托。

双方经过商订，确定费率及支付方式等合作意向，签订国际多式联运合同。

步骤六：分析货物特点。

神山国际货运代理公司就润达烟花厂的烟花产品的特殊性，向其介绍危险品运输的注意事项。

（1）烟花爆竹是商品，也是一种危险品，烟花爆竹产品的运输应经公安部门许可，根据烟花爆竹道路运输许可制度，要使用危险品专用车辆运送。

（2）装载危险品货物的船舶也必须具备一定的条件，特别是要注意装载危险品的船舶必须具备船舶监管部门的检验合格证书。对高度危险货物的托运，实现应对船舶能否适航了解清楚，以免造成配船后再退关而延误装期。

（3）注意转运港的特殊规定。目前许多货物需在中国香港和新加坡转运，二港口对危险货物的进出转运都有特殊的规定和要求，许多品种禁止转运。凡必须在上述二港口转运的危险货物，在合同成交前就应该与船公司联系，查询上述条件是否符合。

步骤七：确定运输情况。

经广西神山货代公司研究决定，该笔货物运输路线为自北海中转中国香港到欧洲基本港汉堡港。确定40英尺货柜为3500美元，运价（门至货场）为3650美元，该运价含北海市内、清水江拖柜、报关、码头费、港杂费、理货费等，不含卸车装货费。

运输工具：火车、大型船舶；

运输方式：公路、铁路、海运；

选择此路线的依据：该路线方便、快捷、高效、且费用低廉。

步骤八：业务办理。

广西神山货代公司在确定货运后，立即办理危险品货物运输手续，联系车皮，在润达烟花厂包装好货物后，打包装箱，办理出口报关报检，保险，货物起运至中国香港中转至汉堡，并通知买方货代收货。

步骤九：业务结算。

根据合同规定，双方进行业务结算。

3. 绘制流程图。

4. 总结评价。

项目考核

根据下列流程图，简要说明国际铁路联运进出口货代流程。

1. 分析国际铁路联运代理出口业务流程如图 5 – 12 所示。

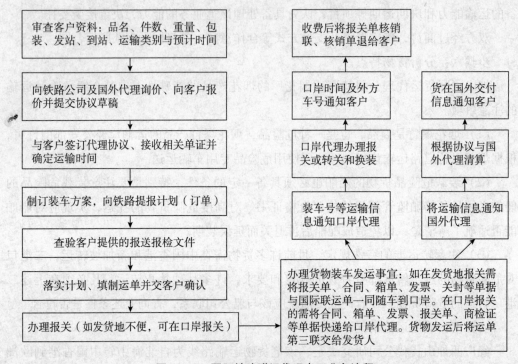

图 5 – 12　国际铁路联运代理出口业务流程

2. 分析国际铁路联运代理进口业务流程，如图 5 – 13 所示。

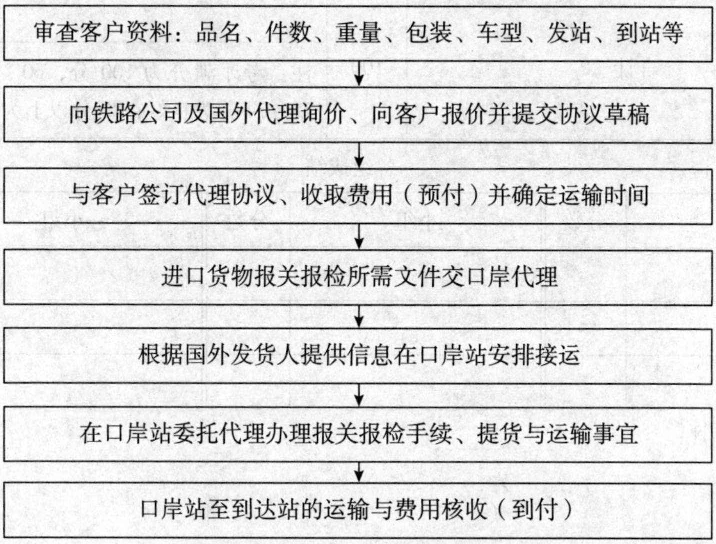

审查客户资料：品名、件数、重量、包装、车型、发站、到站等

↓

向铁路公司及国外代理询价、向客户报价并提交协议草稿

↓

与客户签订代理协议、收取费用（预付）并确定运输时间

↓

进口货物报关报检所需文件交口岸代理

↓

根据国外发货人提供信息在口岸站安排接运

↓

在口岸站委托代理办理报关报检手续、提货与运输事宜

↓

口岸站至到达站的运输与费用核收（到付）

图 5 – 13 国际铁路联运代理进口业务流程

实训总结 ✦

考核标准 ✦

表 5 – 6   **"业务流程处理"评分表**

考评内容	能力评价			
考评标准	具体内容	分值（分）	学生评分（0.4）	师评（0.6）
	铁路、公路流程介绍	30		
	陆运业务处理	30		
	多式联运业务处理	40		

合计	100	注：考评满分为100分，60～74分为及格；75～84分为良好；85分以上为优秀

各组成绩

小组	分数	小组	分数	小组	分数

教师记录、点评：

熟能生巧 ◆▶

2013年10月10日，山东和润水泥厂将货号3343的"海蓝"水泥558箱售与美达公司，每箱单价22美元，CIP纽约。12月底交货，不允许分批装运和转船，目的港纽约，由卖方投保一切险。付款方式为装船后电汇付款。

该批货物需经陆海运输运往目的地，请问山东和润水泥厂该如何做呢？

_____

_____

_____

_____

_____

任务三　认识国际多式联运单据

实训学习目标 ◆▶

知识目标：

1. 了解多式联运合同。

2. 掌握多式联运单据。

能力目标：

1. 可以填写联运合同。

2. 熟悉多式联运相关单据。

3. 缮制相关单据。

实训学习方法 ✦▶

1. 自学（收集资料法、比较学习法、小组讨论法）。

2. 听讲学习（提问、总结、作业）。

3. 实操（填单练习）。

实训课程介绍 ✦▶

本次实训任务，旨在让学生通过多次练习，了解多式联运合同，熟悉多式联运涉及的单证。

实训任务说明 ✦▶

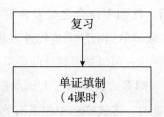

实训知识铺垫 ✦▶

一、国际多式联运单据

国际多式联运单据是指证明多式联运合同，以及多式联运经营人接管货物并负责按照多式联运合同条款交付货物的单据。它具有如下效力：

（1）多式联运经营人收到货物的初步证据；

（2）多式联运经营人对所接受的货物开始负有责任；

（3）可转让的多式联运单据若已转让给善意第三者，该单据在多式联运经营人与善意第三人之间构成了最终证据，多式联运经营人必须按单据中的记载事项向单据持有人交付货物，任何提出的相反证据均无效。

二、国际多式联运单据的主要内容

在多式联运中，当多式联运经营人收到托运人交付的货物时，应当向托运人签发多式联运单据。所谓多式联运单据就是证明多式联运合同存在及多式联运经营人接管货物并按合同条款提交货物的证据。多式联运单据应当由多式联运经营人或者经他授权的人签字，这种签字可以是手签、盖章、符号或者用任何其他机械或者电子仪器打出。

多式联运单据一般包括以下 15 项内容：①货物品类、标志、危险特征的声明、包数或者件数、重量；②货物的外表状况；③多式联运经营人的名称与主要营业地；④托运人名称；⑤收货人的名称；⑥多式联运经营人接管货物的时间、地点；⑦交货地点；⑧交货日期或者期限；⑨多式联运单据可转让或者不可转让的声明；⑩多式联运单据签发的时间、地点；⑪多式联运经营人或其授权人的签字；⑫每种运输方式的运费、用于支付的货币、运费由收货人支付的声明等；⑬航线、运输方式和转运地点；⑭关于多式联运遵守本公约的规定的声明；⑮双方商定的其他事项。但是以上一项或者多项内容的缺乏，不影响单据作为多式联运单据的性质。如果多式联运经营人知道或者有合理的根据怀疑多式联运单据所列的货物品类、标志、包数或者数量、重量等没有准确地表明实际接管货物的状况，或者无适当方法进行核对的，多式联运经营人应在多式联运单据上作出保留，注明不符合之处及怀疑根据或无适当核对方法。如果不加批注，则应视为已在多式联运单据上注明货物外表状况的良好。

多式联运单据依托运人的要求，可以是可转让的的单据，也可以是不可转让的单据。在实践中，只有单据的签发人（即多式联运经营人）承担全程责任时，多式联运单据才有可能作成为可转让的单据。此时，多式联运单据具有物权凭证的性质和作用。在作成可转让的多式联运单据时，应当列明按指示或者向持票人交付。如果是凭指示交付货物的单据，则该单据经背书才可转让；向持票人交付货物时，则该单据无须背书即可以转让。当签发一份以上可转让多式联运单据正本时，应当注明正本份数，收货人只有提交可转让多式联运单据时才能提取货物，多式联运经营人按其中一份正本交货后，即履行了交货人的义务；如果签发副本，则应当注明"不可转让副本"字样。如果多式联运经营人按托运人的要求签发了不可转让多式联运单据，则应当指明记名的收货人，多式联运承运人将货物交给不可转让单据所指明的记名收货人才算履行了交货的义务。

三、多式联运单据的种类

目前，国际多式联运单证可分为以下 4 类：

1. 波罗的海国际航运公会（BIMCO）制定的 Combidoc。此单证已得到了国际商会

（ICC）的认可，通常为拥有船舶的多式联运经营人所使用。

2. FIATA 联运单证。它是由 FIATA 制订的、供作为多式联运经营的货运代理所使用。它也得到了国际商会的认可。

3. UNCTAD 制订的 Multidoc。它是便于《国际货物多式联运公约》得以实施而制定的。它并入该公约中责任方面的规定。由于该公约尚未生效，因而该多式联运单证尚无任何多式联运经营人选用。

4. 多式联运经营人自行制定的多式联运单证。目前几乎所有的多式联运经营人都制订自己的多式联运单证。但考虑到适用性，与 Combidoc、FBL 一样，绝大多数单证都并入或采用《ICC 联运单证统一规则》，即采用网状责任制，从而使现有的多式联运单证趋于标准化。

实训任务实施

情境　单证填制

【学时】

4 学时。

【学习目标】

掌握多式联运合同和提单的填制。

【重难点】

填制技巧。

【学习过程】

1. 了解国际多式联运单据的流转。

国际多式联运单据流转流程如图 5 – 14 所示。

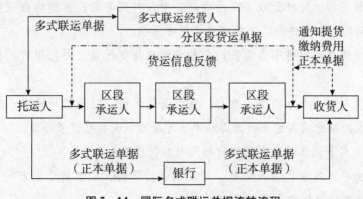

图 5 – 14　国际多式联运单据流转流程

2. 了解多式联运合同。

多式联运合同范例

甲方：_____（托运人）

法定代表人：_____

法定地址：_____

邮编：_____

经办人：_____

联系电话：_____

传真：_____

银行账户：_____

乙方：_____（承运人）

法定代表人：_____

法定地址：_____

邮编：_____

经办人：_____

联系电话：_____

传真：_____

银行账户：_____

甲乙双方经过友好协商，就办理甲方货物多式联运事宜达成如下合同。

（1）甲方应保证如实提供货物名称、种类、包装、件数、重量、尺码等货物状况，由于甲方虚报给乙方或者第三方造成损失的，甲方应承担损失。

（2）甲方应按双方商定的费率在交付货物_____天之内将运费和相关费用付至乙方账户。甲方若未按约定支付费用，乙方有权滞留提单或者留置货物，进而依法处理货物以补偿损失。

（3）托运货物为特种货或者危险货时，甲方有义务向乙方做详细说明。未作说明或者说明不清的，由此造成乙方的损失由甲方承担。

（4）乙方应按约定将甲方委托的货物承运到指定地点，并应甲方的要求，签发联运提单。

（5）乙方自接货开始至交货为止，负责全程运输，对全程运输中乙方及其代理或者区段承运人的故意或者过失行为而给甲方造成的损失负赔偿责任。

（6）乙方对下列原因所造成的货物灭失和损坏不负责任：

①货物由甲方或者代理人装箱、计数或者封箱的，或者装于甲方的自备箱中；

②货物的自然特性和固有缺陷；

③海关、商检、承运人行使检查权所引起的货物损耗；

④天灾，包括自然灾害，例如但不限于雷电、台风、地震、洪水等，以及意外事故，例如但不限于火灾、爆炸、由于偶然因素造成的运输工具的碰撞等；

⑤战争或者武装冲突；

⑥抢劫、盗窃等认为因素成的货物灭失或者损坏；

⑦甲方的过失造成的货物灭失或者损坏；

⑧罢工、停工或者乙方雇用的工人劳动受到限制；

⑨检疫限制或者司法扣押；

⑩非由于乙方或者乙方的受雇人、代理人的过失造成的其他原因导致的货物灭失或者损坏，对于第⑦项免除责任以外的原因，乙方不负举证责任。

（7）货物的灭失或者损坏发生于多式联运的某一区段，乙方的责任和赔偿限额，应该适用该区段的法律规定。如果不能确定损坏发生区段的，应当使用调整海运区段的法律规定，不论是根据国际公约还是根据国内法。

（8）对于逾期支付的款项，甲方应按每日万分之五的比例向乙方支付违约金。

（9）由于甲方的原因（如未及时付清运费及其他费用而被乙方留置货物或滞留单据或提供单据迟延而造成货物运输延迟）所产生的损失由甲方自行承担。

（10）合同双方可以依据《合同法》的有关规定解除合同。

（11）乙方在运输甲方货物的过程中应尽心尽责，对于因乙方的过失而导致甲方遭受的损失和发生的费用承担责任，以上损失不包括货物因延迟等原因造成的经济损失。在任何情况下，乙方的赔偿责任都不应超出每件＿＿＿＿＿＿＿＿＿元人民币或每公斤＿＿＿＿＿＿＿＿＿元人民币的责任限额，两者以较低的限额为准。

（12）本合同项下发生的任何纠纷或者争议，应提交中国海事仲裁委员会，根据该会的仲裁规则进行仲裁。仲裁裁决是终局的，对双方都有约束力。本合同的订立、效力、解释、履行、争议的解决均适用中华人民共和国法律。

（13）本合同从甲乙双方签字盖章之日起生效，合同有效期为＿＿＿＿＿＿＿＿＿天，合同期满之日前，甲乙双方可以协商将合同延长＿＿＿＿＿＿＿＿天。合同期满前，如果双方中任何一方欲终止合同，应提前＿＿＿＿＿＿＿＿＿天，以书面的形式通知另一方。

（14）本合同经双方协商一致可以进行修改和补充，修改及补充的内容经双方签字盖章后，视为本合同的一部分。本合同正本一式＿＿＿份。

甲方（盖章）：＿＿＿＿＿＿＿＿＿ 乙方（盖章）：＿＿＿＿＿＿＿＿＿

法定代表人（签字）：＿＿＿＿＿＿ 法定代表人（签字）：＿＿＿＿＿＿＿

＿＿＿＿年＿＿＿月＿＿＿日 ＿＿＿＿年＿＿＿月＿＿＿日

签订地点：＿＿＿＿＿＿＿＿＿ 签订地点：＿＿＿＿＿＿＿＿＿

3. 了解国际多式联运提单。

国际多式联运提单示例如图 5 – 15 所示。

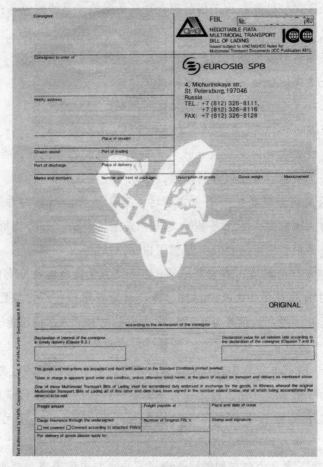

图 5 – 15　国际多式联运提单示例

考核标准

表 5 – 7　　　　　　　　"认识国际多式联运单据"评分表

考评内容	能力评价			
考评标准	具体内容	分值（分）	学生评分（0.4）	师评（0.6）
	了解多式联运单据	20		
	熟悉单据内容	30		
	了解多式联运合同	20		
	了解多式联运提单	30		

续 表

合计	100	注：考评满分为 100 分，60~74 分为及格；75~84 分为良好；85 分以上为优秀

各组成绩

小组	分数	小组	分数	小组	分数

教师记录、点评：

熟能生巧

根据资料，填写多式联运合同和提单。

2013 年 12 月 2 日，天津红歌进出口公司（天津市红海西路 23 号，300000，电话 02287678987）委托天津善感国际货运代理公司（榆关道 360 号，电话：（022）27590004）出口一批货物。天津善感国际货运代理公司应按约定将天津红歌进出口公司委托的货物承运到天津洪南路 32 号 3#仓库，并应红歌进出口公司的要求，签发联运提单。善感货代公司订舱为 EAST WIND V19。

CONTAINER NO. ：CF10987256

SEAL NO. ：WT2H6Y1093

该笔货物信息如表 5 – 8 所示。

表 5 – 8　　　　　　　　　　　　　货物信息

Marks & Nos. Container/Seal No.	Description of Goods	Size	Gross Weight（MT）	No. of Containers or Packages
AL SAUDIA METAL INDUSTRIRS LLC	MILD STEEL TUBE Q195 – Q235	1）25 * 25 * 0.80mm5.85M 2）25 * 25 * 0.90mm5.85M	46.096 47.736	90 BUNDLES 84 BUNDLES

Marks & Nos. Container/Seal No.	Description of Goods	Size	Gross Weight (MT)	No. of Containers or Packages
	174 BUNDLES	Description of Contents for Shipper's Use Only（Not part of This B/L Contract		

LC NO：3005IML201103576

10. TOTAL NUMBER OF PACKAGE IN WORDS：ONE HUNDRED AND SEVENTY FOUR BUNDLES ONLT

项目六　报检报关

本项目是在国际货运代理课程的基础上，结合前期已学课程，通过讲解报关报检知识，让学生了解认识海关、检验检疫机构，熟悉其职能与权力，能够熟练进行报关报检作业，可以缮制报关单、报检单。

任务一　报检业务

实训学习目标

知识目标：

1. 中国检验检疫。

2. 检验检疫的内容。

3. 检验检疫的方法。

4. 报检流程。

5. 报检单、报检委托单的缮制。

能力目标：

1. 能够介绍中国检验检疫机构，可以解说其权责。

2. 能够正确说明检验检疫的内容和方法。

3. 分析检验检疫与海关查验的不同。

4. 会操作报检流程。

5. 缮制相关单据。

实训学习方法

1. 自学（收集资料法、比较学习法、小组讨论法）。

2. 听讲学习（提问、总结、作业）。

3. 实操（小组展示法、头脑风暴法、案例分析法、情景模拟法）。

本次实训任务，旨在让学生通过学习和比较，了解和认识报检业务，熟悉实际业务中国检验检疫的职责和工作范围，了解报检作业流程，能够缮制相关单据。

本次实训任务，分两个学习情境进行：了解中国检验检疫机构、掌握报检作业流程。

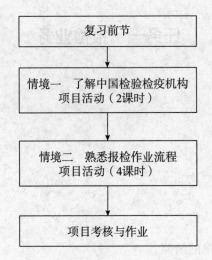

复习前节

情境一　了解中国检验检疫机构
项目活动（2课时）

情境二　熟悉报检作业流程
项目活动（4课时）

项目考核与作业

中华人民共和国国家质量监督检验检疫总局（AQSIQ），是中华人民共和国国务院主管全国质量、计量、出入境商品检验、出入境卫生检疫、出入境动植物检疫、进出口食品安全和认证认可、标准化等工作，并行使行政执法职能的正部级国务院直属机构。国务院决定国家质量技术监督局与国家出入境检验检疫局合并，组建中华人民共和国国家质量监督检验检疫总局（正部级，简称国家质检总局）。

国家质量监督检验检疫总局是国务院主管全国质量、计量、出入境商品检验、出入境卫生检疫、出入境动植物检疫和认证认可、标准化等工作，并行使行政执法职能的直属机构。

按照国务院授权，将认证认可和标准化行政管理职能，分别交给国家质检总局管理的中国国家认证认可监督管理委员会（中华人民共和国国家认证认可监督管理局）

和中国国家标准化管理委员会（中华人民共和国国家标准化管理局）承担。

一、检验检疫机构按照以下规定实施检验

（1）核查进口涂料备案书的符合性。

（2）专项检测项目的抽查：

①同一品牌涂料的年度抽查比例不少于进口批次的10%；

②每次批次抽查不少于进口规格型号种类的10%；

③所抽取样品送专项检测实验室进行专项检测。

（3）对未经备案的进口涂料，检验检疫机构接受报检后，按照有关规定抽取样品，并由报检人将样品送专项检测实验室检测，检验检疫机构根据专项性检测报告进行符合性核查。

（4）经检验合格的进口涂料：检验检疫机构签发入境货物检验检疫证明。

经检验不合格的进口涂料：检验检疫机构出具检验检疫证书，并报国家质检总局。

（5）对专项检测不合格的进口涂料，收货人须将其退运出境或者按照有关规定妥善处理。

二、出入境货物检验检疫工作程序

入境货物的检验检疫工作程序是：报检后先放行通关，再进行检验检疫。

出境货物的检验检疫工作程序是：报检后先检验检疫，再放行通关。

1. 入境货物检验检疫

（1）入境货物的检验检疫工作程序。

申请报检—受理报检—办理通关—实施检验检疫—放行。

①法定检验检疫入境货物的货主或其代理人首先向卸货口岸或到达站的出入境检验检疫机构申请报检；

②提供有关的资料；

③检验检疫机构受理报检，审核有关资料，符合要求，受理报检并计收费用转施检部门签署意见，计收费；

④对来自疫区的、可能传播传染病、动植物疫情的入境货物交通工具或运输包装实施必要的检疫、消毒、卫生除害处理后，签发入境货物通关单（入境废物、活动物等除外）供报检人办理海关的通关手续；

⑤货物通关后，入境货物的货主或其代理人需在检验检疫机构规定的时间和地点到指定的检验检疫机构联系对货物实施检验检疫；

⑥经检验检疫合格的入境货物签发入境货物检验检疫证明放行，经检验检疫不合格的货物签发检验检疫处理通知书，需要索赔的签发检验检疫证书。

2. 出境货物检验检疫

出境货物检验检疫工作程序是："报检后，先检验检疫，后通关放行"。

第一个步骤：报检；

第二个步骤：受理报检；

第三个步骤：检验检疫部门对货物实施检验检疫；

第四个步骤：检验检疫机构进行合格评定，对于合格的，有两种情形：

（1）如果说货物的产地和报关地是同一个地方，那么就开出出境货物通关单。

（2）如果说货物的产地和报关地方不一致的，则开出出境货物换证凭单或出境货物换证凭条，由报关地检验检疫机构换发出境货物通关单。

例1：烟台的 A 公司出口一批牛肉，A 公司在烟台出口货物，报检的工作程序是：

（1）向烟台的检验检疫机构申请报检。

（2）烟台受理报检。

（3）计收费用。

（4）实施检验检疫。

（5）合格，烟台检验检疫机构开出出境货物通关单。

（6）凭着出境货物通关单报关。

（7）放行。

例2：烟台的一家工厂，货物从青岛口岸出口，前面的 4 个步骤是一样的。

（1）先向烟台的检验检疫机构申请检验检疫。

（2）烟台的检验检疫机构受理检疫。

（3）计收费用。

（4）实施检验检疫。

（5）检验合格后，烟台检验检疫机构开出的不是出境货物通关单，而是出境货物换证凭单或出境货物换证凭条。

（6）这批货物从烟台运到青岛后，企业凭着烟台检验检疫机构给开出来的出境货物换证凭单或出境货物换证凭条到青岛检验检疫机构换取出境货物通关单。

（7）凭着青岛检验检疫机构开出的出境货物通关单以及其他单证向海关报关，履行完有关的手续后，海关放行。

出境货物检验检疫工作程序，简单地说就是：

申请报检—受理报检—实施检验检疫—评定合格—签证放行。

三、出入境集装箱、交通工具、人员的检验检疫工作程序

1. 出入境集装箱的报检

（1）入境集装箱的报检：

①入进境集装箱的报检人应在办理报关前，向进境口岸检验检疫机构报检（空的集装箱，或者集装箱装的是非法检货物）。

②对于装载法定检验检疫货物的进境集装箱，与进境货物一起报检，一起签证放行。

（2）出境集装箱的报检：

①出境集装箱的报检人应在装货前向所在地检验检疫机构报检（空的集装箱）。

②对于装载出境货物的集装箱，口岸检验检疫机构凭起运地检验检疫出具的检疫证单验证放行。

③对于在出境口岸拼装货物的集装箱，由出境口岸检验检疫机构实施检验检疫。

2. 出入境交通工具和人员

（1）入境交通工具和人员。必须在口岸检验检疫指定的地点接受检疫。

（2）出境交通工具和人员。必须在最后离开的国境口岸接受检疫。

实训任务实施

情境一　了解中国检验检疫机构

【学时】

2 学时。

【学习目标】

了解中国检验检疫管理机构及其职权。

【重难点】

职责。

【学习过程】

1. 学生查询资料学习相关知识，教师讲解。

（1）中国检验检疫机构是哪个？

（2）检验检疫的内容是什么？

（3）有关进出口的相关检验检疫的管理部门是哪个？

2. 学生分组讲解国家质检总局部分职能。

职能 1：通关管理

_____

_____

职能 2：出入境卫生检疫管理

_____

_____

职能 3：出入境动植物检疫管理

_____

_____

职能 4：进出口商品检验管理

_____

_____

职能 5：进出口食品安全管理

_____

_____

职能 6：产品质量监督管理

_____

_____

职能 7：国际合作

_____

_____

3. 学生讲解介绍。

_____

_____

情境二　掌握报检作业流程

【学时】

4 学时。

【学习目标】

能够掌握报检作业流程，会填制报检单和报检委托书。

【重难点】

重点：报检流程。

难点：报检单的填制。

【学习过程】

1. 读懂资料。

上海市服装集团公司

SHANGHAI GARMENT CORPORATION

NO. 567 MAOTAI ROAD

SHANGHAI, CHINA

TEL：8621 – 55876423   FAX：8621 – 55886756.

COMMERCIAL   INVOICE

To：M/S.   号码

TIANJIN – DAIEI CO. , LTDSHIBADAIMON   No：   MNGO886656

MF BLDG, 2 – 1 – 16, SHIBADAIMON   订单或合约号码

MINATO – KU, TOKYO, 105 JAPAN   Sales Confirmation No.   03 – 09 – 403

日 期

Date NOV. 18th, 2003

装船口岸   目的地

From   SHANGHAI   To   KOBE/OSAKA   JAPAN

信用证号数   开证银行

Letter of Credit No.   090 – 3001573   Issued by   SAKURA BANK, LTD, TOKYO

唛号   Marks & Nos.   货 名 数 量 Quantities and Descriptions   总 值 Amount

　　GIRL'S T/R VEST SUITS

TIANJIN – DAIEI CO   ST/NO. 353713 6, 000SETS @ USD6. 27   USD37, 620. 00

KOBE, JAPAN   ST/NO. 353714 5, 700SETS @ USD6. 41   USD36, 537. 00

CTN. 1—80

IMPORT ORDER NO. 131283

MADE IN CHINA

CONTRACT NO. 95 – 09 – 403   TOTAL：   11, 700SETS   USD74, 157. 00

上海市服装集团公司

Shanghai Garment Corporation

We certify that the goods   SHANGHAI, CHINA

are of Chinese origin.

×   ×   ×

2. 根据资料，说明该笔业务的报检流程。

3. 根据资料，填写报检委托书和报检单。

报检委托书

检验检疫局：

本委托人郑重声明，保证遵守出入境检验检疫法律法规的规定。如有违法行为，自愿接受检验检疫机构的处罚并负法律责任。

本委托人委托受托人向检验检疫机构提交"报检申请单"和各种随附单据。具体委托情况如下：

本单位将于_____年_____月间进口/出口如下货物：

品名		H. S. 编码	
数（重）量		合同号	
信用证号		审批文号	
其他特殊要求			

特委托_____（单位/注册登记号），代表本公司办理下列出入境检验检疫事宜：

□　1. 办理代理报检手续；
□　2. 代缴检验检疫费；
□　3. 负责与检验检疫机构联系和验货；
□　4. 领取检验检疫证单；
□　5. 其他与报检有关的相关事宜。

请贵局按有关法律法规规定予以办理。

委托人（公章）　　　　　　　　　　　　　　受托人（公章）
　年　　月　　　日　　　　　　　　　　　　年　　月　　　日
本委托书有效期至_____年_____月_____日

中华人民共和国出入境检验检疫
出境货物报检单

报检单位（加盖公章）：　　　　　　　　　　　　　　*编　号
报检单位登记号：　　　联系人：　　　电话：　　　报检日期：　年　月　日

发货人	（中文）				
	（外文）				
收货人	（中文）				
	（外文）				
货物名称（中/外文）	H.S. 编码	产地	数/重量	货物总值	包装种类及数量
运输工具名称号码		贸易方式		货物存放地点	

续 表

合同号		信用证号			用途	
发货日期		输往国家（地区）		许可证/审批号		
起运地		到达口岸		生产单位注册号		
集装箱规格、数量及号码						

合同、信用证订立的检验检疫条款或特殊要求	标记及号码	随附单据（画"√"或补填）	
		□ 合同 □ 信用证 □ 发票 □ 换证凭单 □ 装箱单	□ 厂检单 □ 包装性能结果单 □ 许可/审批文件 □ □

需要证单名称（画"√"或补填）		＊检验检疫费	
□ 品质证书　　__正__副 □ 重量证书　　__正__副 □ 数量证书　　__正__副 □ 兽医卫生证书　__正__副 □ 健康证书　　__正__副 □ 卫生证书　　__正__副 □ 动物卫生证书　__正__副	□ 植物检疫证书　__正__副 □ 熏蒸/消毒证书　__正__副 □ 出境货物换证凭单 □ 出境货物通关单	总金额 （人民币元）	
		计费人	
		收费人	

报检人郑重声明： 1. 本人被授权报检。 2. 上列填写内容正确属实，货物无伪造或冒用他人的厂名、标志、认证标志，并承担货物质量责任。 签名：	领取证单	
	日期	
	签名	

注：有"＊"号栏由出入境检验检疫机关填写　　◆国家出入境检验检疫局制

项目考核

1. 中国检验检疫管理机构是？

_____

_____

2. 检验检疫的主要内容。

_____

_____

3. 石家庄的森达恩公司出口一批药品，其报检的工作程序是?

_____

_____

实训总结 ✤❯

_____

_____

_____

_____

_____

考核标准 ✤❯

"报检业务"评分表

考评内容	能力评价			
考评标准	具体内容	分值（分）	学生评分（0.4）	师评（0.6）
	认识报检机构	20		
	了解报检流程	25		
	报检委托书、报检单的填制	55		
合计		100	注：考评满分为100分，60~74分为及格；75~84分为良好；85分以上为优秀	

各组成绩

小组	分数	小组	分数	小组	分数

教师记录、点评：

熟能生巧 ➕▶

根据资料填写报检委托书和报检单。

资料1：

苏州苏迈进出口公司（3112935072）从香港购进一批钢铆钉（HS CODE：73182300，计量单位：千克）。该商品列进料对口合同手册第4项。经营单位于2003年3月21日自行向沪机海关（上海机场海关）申报进口。该批货物的国外运费为3000美元，保险费为100美元。

资料2：

ORIENTAL PACIFIC LIMITED

Rm. 1605, Ho Lik Centre, 66A Sha Tsui Road

Tsuen Wan, N. T. , Hong Kong

Tel：(825) 2402 - 2121 Fax：(825) 2491 - 8532

INVOICE

For Account of：   No. : OPL0211

SUZHOU SUMIEC IMP. & EXP. CORPORATION   Date：MAR. 19, 2003

5/F ZHUHUI COMMERCIAL BLDG, 180 ZHUHUI RD   Contract No. : 03HK0311201

SUZHOU, CHINA

To Supply：

HUCK FASTENING PRODUCTS

STEEL 5/8 DIAMETER

GRIP：0. 75 ~ 1. 00

CASE NO.	CODE NO.	QTY.	UNIT PRICE	AMOUNT
				CPT SHANGHAI
1	BOM - R20 - 12GA	3, 240PCS	USD2. 98	USD9, 655. 20
2	BOM - 420 - 12GA	3, 240PCS	USD2. 98	USD9, 655. 20

TOTAL：   6480PCS   USD19, 310. 40

SHIPMENT：FROM CHICAGO USA TO SHANGHAI CHINA BY AIRFREIGHT

PAYMENT：BY TELEGRAPHIC TRANSFER

COUNTRY OF ORIGIN：USA

SHIPPING MARKS：SUMIEC/SHANGHAI/C/NO. 1 - 2

ORIENTAL PACIFIC LIMITED

GEORGE PETERSON

E & O. E

资料3：

ORIENTAL PACIFIC LIMITED

Rm. 1605, Ho Lik Centre, 66A Sha Tsui Road

Tsuen Wan, N. T., Hong Kong

Tel：(825) 2402 - 2121 Fax：(825) 2491 - 8532

PACKING LIST

For Account of： No.：OPL0211

SUZHOU SUMIEC IMP. & EXP. CORPORATION Date：MAR. 19, 2003

5/F ZHUHUI COMMERCIAL BLDG, 180 ZHUHUI RD Contract No.：03HK0311201

SUZHOU, CHINA

To Supply：

HUCK FASTENING PRODUCTS

CASE NO.	CODE NO.	QTY.	DIMENSIONS.	NWT	G. WT.
1	BOM - R20 - 12GA	3，240PCS	0.467CBM	530kg	550kg
2	BOM - 420 - 12GA	3，240PCS	0.467CBM	530kg	550kg
TOTAL：		6480PCS	0.934CMB	1060kg	1100kg

PORT OF LOADING：CHICAGO, USA

ORIENTAL PACIFIC LIMITED

GEORGE PETERSON

报检委托书

检验检疫局：

本委托人郑重声明，保证遵守出入境检验检疫法律法规的规定。如有违法行为，自愿接受检验检疫机构的处罚并负法律责任。

本委托人委托受托人向检验检疫机构提交"报检申请单"和各种随附单据。具体委托情况如下：

本单位将于_____年_____月间进口/出口如下货物：

品名		H. S. 编码	
数（重）量		合同号	
信用证号		审批文号	
其他特殊要求			

特委托_____（单位/注册登记号），代表本公司办理下列出入境检验检疫事宜：

□ 1. 办理代理报检手续；

□ 2. 代缴检验检疫费；

□ 3. 负责与检验检疫机构联系和验货；

□ 4. 领取检验检疫证单；

□ 5. 其他与报检有关的相关事宜。

请贵局按有关法律法规规定予以办理。

委托人（公章） 受托人（公章）

年 月 日 年 月 日

本委托书有效期至_____年_____月_____日

中华人民共和国出入境检验检疫
出境货物报检单

报检单位（加盖公章）：   *编 号

报检单位登记号：   联系人：   电话：   报检日期： 年 月 日

发货人	（中文）				
	（外文）				
收货人	（中文）				
	（外文）				
货物名称（中/外文）	H. S. 编码	产地	数/重量	货物总值	包装种类及数量

运输工具名称号码		贸易方式		货物存放地点	
合同号		信用证号		用途	
发货日期		输往国家（地区）		许可证/审批号	
起运地		到达口岸		生产单位注册号	
集装箱规格、数量及号码					

合同、信用证订立的检验检疫条款或特殊要求	标记及号码	随附单据（画"√"或补填）	
		□ 合同 □ 信用证 □ 发票 □ 换证凭单 □ 装箱单	□ 厂检单 □ 包装性能结果单 □ 许可/审批文件 □ □

需要证单名称（画"√"或补填）		*检验检疫费	
□ 品质证书 __正__副 □ 重量证书 __正__副 □ 数量证书 __正__副 □ 兽医卫生证书 __正__副 □ 健康证书 __正__副 □ 卫生证书 __正__副 □ 动物卫生证书 __正__副	□ 植物检疫证书 __正__副 □ 熏蒸/消毒证书 __正__副 □ 出境货物换证凭单 □ 出境货物通关单	总金额 （人民币元）	
		计费人	
		收费人	

报检人郑重声明：	领取证单	
1. 本人被授权报检。	日期	
2. 上列填写内容正确属实，货物无伪造或冒用他人的厂名、标志、认证标志，并承担货物质量责任。		
签名：	签名	

注：有"＊"号栏由出入境检验检疫机关填写　　　◆国家出入境检验检疫局制

任务二　报关业务

实训学习目标 ❈

知识目标：

1. 了解海关。

2. 通关流程。

3. 报关技巧。

4. 报关单的缮制。

能力目标：

1. 可以介绍海关。

2. 能够分析报关流程和注意的问题。

3. 讲解如何与海关建立良好的关系。

4. 正确填制报关单和报关委托书。

实训学习方法 ❈

1. 自学（收集资料法、比较学习法、小组讨论法）。

2. 听讲学习（提问、总结、作业）。

3. 实操（情境再现法、头脑风暴法、案例分析法、资料分析法）。

实训课程介绍 ❈

本次实训任务，旨在让学生通过学习，认识和了解海关，掌握进出口报关的流程，能够熟练操作进出口报关业务，缮制报关单。

本次实训任务，分三个学习情境进行：认识海关、缮制报关单、模拟进出口报关流程。

实训任务说明 ➡️

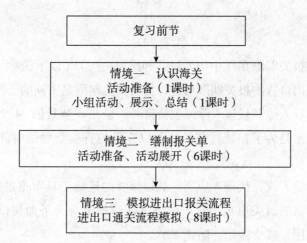

实训知识铺垫 ➡️

一、报关

报关涉及的对象可分为进出境的运输工具和货物、物品两大类。由于性质不同,其报关程序各异。运输工具(如船舶、飞机等)通常应由船长、机长签署到达、离境报关单,交验载货清单、空运、海运单等单证向海关申报,作为海关对装卸货物和上下旅客实施监管的依据。而货物和物品则应由其收发货人或其代理人,按照货物的贸易性质或物品的类别,填写报关单,并随附有关的法定单证及商业和运输单证报关。如果属于保税货物,应按"保税货物"方式进行申报,海关对应办事项及监管办法与其他贸易方式的货物有所区别。

1. 报关方式

通常的报关方式有口头报关、书面报关、电子报关(Electronic Data Interchange,EDI)。

2. 报关资格

海关对进出口货物报关管理的主要制度直译为报关注册登记制度,是指凡是在中华人民共和国进出境口岸办理进出口货物报关手续的企业必须向海关办理报关注册登记,包括专业报关企业、代理报关企业和自理报关企业及其报关员。

(1)专业报关企业是指已在海关注册登记,专门从事代理报关的具有境内法人地位的经济主体。

（2）代理报关企业是指已在海关注册登记，代理进出口货物的报关、纳税等事项的国际货物运输代理企业或国际运输工具代理企业。

（3）自理报关企业是指已在海关注册登记，仅为本企业（单位）办理进出口货物报关手续的报关企业。

3. 报关期限

进出口货物的报关期限在《中华人民共和国海关法》（以下简称《海关法》）中有明确的规定，而且出口货物报关期限与进口货物报关期限是不同的。

出口货物的发货人或其代理人除海关特许外，应当在装货的 24 小时以前向海关申报。做出这样的规定是为了在装货前给海关以充足的查验货物的时间，以保证海关工作的正常进行。

进口货物的收货人或其代理人应当自载运该货的运输工具申报进境之日起 14 天内向海关办理进口货物的通关申报手续。做出这样的规定是为了加快口岸疏运，促使进口货物早日投入使用，减少差错、防止舞弊。

如果在法定的 14 天内没有向海关办理申报手续，海关将征收滞报金。滞报金的起收日期为运输工具申报进境之日起的 15 天；转关运输货物为货物运抵指运地之日起的第 15 天；邮运进口货物为收到邮局通知之日的第 15 天。截止日期为海关申报之日。滞报金的每日征收率为进口货物到岸价格的 0.5%，起征点为人民币 10 元。

进口货物的收货人自运输工具申报进境之日起超过三个月未向海关申报的，其进口货物由海关提取变卖处理。所得价款在扣除运输、装卸、存储等费用和税款后，尚有余款的，自货物变卖之日起一年内经收货人申请，予以发还；逾期无人申请的，上缴国库。确属误卸或溢卸的进境货物除外。

4. 报关程序

进出口货物的收、发货人或者他们的代理人，在货物进出口时，应在海关规定的期限内，按海关规定的格式填写进出口货物报关单，随附有关的货运、商业单据，同时提供批准货物进出口的证件，向海关申报。报关程序流程如图 6-1 所示。

（1）接受委托。报关企业接受客户委托，按其要求办理相关手续，代理报关业务。

（2）准备单证。报关企业在接受委托后，开始准备报关所需单证，如进出口报关单、发票、装箱单、装货单或提货单、进出口核销单、减免税证明、合同、报关委托书及各种特殊管制证件等。

（3）报关单预录入。报关企业在准备好报关材料后，先进行电子报关单的填写，称为电子数据预录入（EDI）。中国目前很多海关都开设了海关预录入系统，方便对报关材料和报关企业资格进行初步审核。电子报关单填制好后企业将电子文档提交给海关。每个在海关注册的报关企业海关都会发给他们一个 IC 卡，企业凭 IC 卡进入到预录

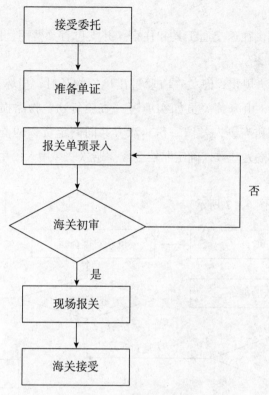

图 6 - 1 报关程序流程

入报关系统进行电子申报。

（4）海关初审。海关对报关企业提交的电子材料进行初步审核。如无发现问题，报关企业则准备所有资料到海关现场进行现场申报。如果发现问题，企业及时更正重新申报。

（5）现场报关。通过初审的报关企业持所需材料进入海关现场递交材料。

（6）海关接受。海关核对报关材料后，接受报关并安排货物报检。

二、查验

1. 查验地

海关查验货物，一般应在海关规定的时间和监管场所进行，如有理由要求海关在监管场之外查验，应事先报经海关同意。

2. 海关在查验时的要求

（1）货物的收发货人或其代理人必须到场，并按海关的要求负责办理货物的搬移、拆装箱和重封货物的包装等工作。

（2）海关认为必要时，可以径行开验、复验或提取货样，货物管理人员应当到场作为见证人。

（3）申请人应提供往返交通工具和住宿，并支付有关费用，同时按海关规定交纳规费。

另外，我国海关法规定，海关在查验进出境货物品时，损坏被查验的货物，应当赔偿实际损失。此时，由海关关员如实填写《查验货物、物品损坏报告书》并签字，一式两份，查验关员和当事人各留一份。双方共同商定货物的受损程度或修理费用，以海关审定的完税价格为基数，确定赔偿金额。赔款一律用人民币支付。

3. 海关查验流程

海关查验流程如图 6-2 所示。

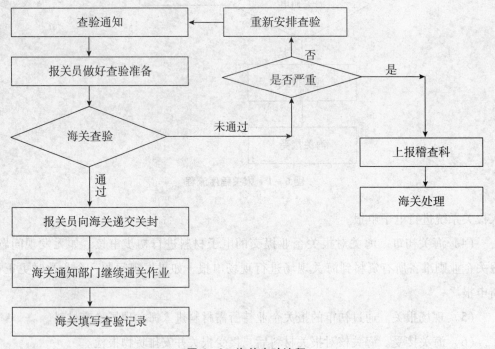

图 6-2　海关查验流程

查验流程说明：

（1）查验通知。报关员现场交单，海关审核无误，安排货物查验具体时间，予以书面通知。

（2）查验准备。报关员熟悉相关信息，备齐相关资料。

（3）海关正式查验。查验通过，进入下一步程序；若未通过，视严重程度，情节轻微的，企业改正后海关重新安排查验，情节严重的，海关将上报稽查科，进行相关处理。

（4）递交关封。关封号填入相应表格中，提交海关商检部。

（5）查验的货品关封后送到指定位置，海关通知其他部门进行下一步的工作。

（6）海关填写相关查验记录。

4. 注意事项

（1）报检单位应如实递交货物和单据。

（2）按照海关规定的查验时间，由报关员连同货物监管人员陪同海关查验，随时回答海关人员提问。查验过程中，进口货物的收货人、出口货物的发货人或其授权报关员应到场，并负责协助搬移货物，开拆和重封货物的包装。海关认为必要时，可以径行开验、复验或者提取货样。

（3）对要求海关派员到监管区以外办理海关手续的，要事先向海关办理申请手续。

（4）海关在查验进出口货物时造成损坏的，报关员应向负责查验的海关提出予以赔偿的要求，并办理有关手续。

（5）遵循海关法律法规。

三、纳税

海关征税的依据是货物的"完税价格"。在税率固定的情况下，完税价格的大小直接关系到纳税人关税负担的多少。根据《中华人民共和国进出口关税条例》第九条规定：进口货物以海关审定的正常成交价格为基础的到岸价格作为完税价格。到岸价格包括货价，加上货物运抵中华人民共和国关境内输入地点起卸前的包装费、运费、保险费和其他劳务费等费用。这是我国海关估价对进口货物完税价格所规定的定义。依据成交价格所作的规定，我国对进口货物的海关估价主要有两种情况：一是海关审查可确定的完税价格；二是成交价格经海关审查未能确定的。

进出口货物在按《进出口税则》进行正确的归类，根据适用的税率和审定的完税价格，就要进行应征税款的计算。

1. 进口关税的计算

进口关税的计算公式为：

应纳税额＝应税货物进口数量×单位关税完税价格×适用税率

公式中的进口货物的关税完税价格是进口关税的计税依据。税法规定，进口货物以海关审定的成交价格为基础的到岸价格作为完税价格。所称到岸价格，包括货价，加上货物运抵我国关境内输入地点起卸前的包装费、运费、保险费和其他劳务费等费用组成的一种价格。上述费用还包括为了在境内生产制造、使用或出版、发行的目的，而向境外支付的与该进口货物有关的专利、商标、著作权，以及专有技术、计算机软件或者资料等费用。该货物在成交过程中，如有我方在成交价格外另行支付卖方的佣金，也应计入成交价格。进口货物的到岸价格应由海关审查确定。

【例】我国某进出口公司 2002 年 5 月从国外进口了一批货物，该批货物的价格为

100000 美元，运抵我国口岸起卸前发生的运费、保险费等费用折合人民币 26000 元。当日的中国人民银行外汇牌价为 1∶8.25。关税税率为 25%。该公司应如何计算进口货物应纳的关税？

解：该公司的进口货物应纳关税的计算为：

应纳税额 ＝（100000×8.25＋26000）×25% ＝212750（元）

2. 出口关税的计算

应纳税额 ＝ 出口货物完税价格 × 适用税率

$$出口货物的完税价格 = \frac{离岸价格}{1 + 出口税率}$$

公式中的出口货物的关税完税价格是出口关税的计税依据。税法规定，出口货物以海关审定的成交价格为基础的售予境外的离岸价格，扣除出口关税后作为完税价格。出口货物成交价格中含有支付给国外的佣金，如与货物的离岸价格分列，应予扣除；未单独列明的，则不予扣除。出口货物在离岸价格以外，买方另行支付货物包装费的，应将其计入完税价格。

出口货物的离岸价，应以该项货物运离关境前的最后一个口岸的离岸价格为实际离岸价格。如该项货物从内地起运，则从内地口岸至最后出境口岸所支付的国内段运输费用应予扣除。出口货物成交价格如为境外口岸的到岸价格或货价加运费价格时，应先扣除运费、保险费后，再按规定公式计算完税价格。

【例】我国某外贸进出口公司 2002 年 6 月出口一批货物到美国。该批货物贸易合同的结汇价为人民币 300000 元。出口关税税率为 20%。该公司应如何计算出口货物应纳的出口关税？

解：该公司的应纳税额的计算为：

$$应纳税额 = \frac{300000}{1 + 20\%} \times 20\% = 50000（元）$$

3. 纳税工作流程

纳税工作流程如图 6－3 所示。

4. 工作步骤和说明

（1）确定完税价格。根据海关要求确定进出口货物完税价格，如海关规定完税价格是 CIF 价格，而企业贸易条款是 FOB 成交，则需要 FOB 换算成 CIF 价格。

（2）计价。根据税收计算公式进行计算。海关通常根据进出口货物的税则归类在系统上自动结算出货物应缴纳的税额。

（3）确定是否交税。根据货物情况，判断是否需要纳税。如果不需要，应向海关办理进出口货物担保。

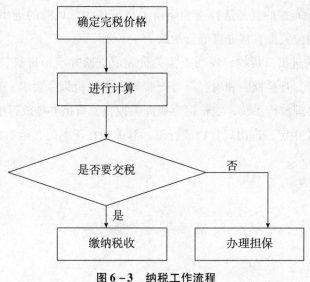

图 6 – 3　纳税工作流程

（4）根据标准纳税。如是某些出口退税的货物，在缴纳完税款后在一年内凭相关单据到海关处办理出口退税手续。

5. 工作标准及要求

（1）进出口货物的税则归类必须正确。

（2）必须在规定时间内纳税，如是暂时性进出口货物应及时办理担保放行。

（3）纳税方式可多种多样。

（4）进出口货物以外币计价成交的，由海关按照签发税款缴纳证之日国家外汇管理部门公布的《人民币外汇牌价表》的买卖中间价，将完税价格先折合人民币再计算关税税额。

（5）进出口货物以单价标出，应先用进出口总数量乘以单价，计算该进出口货物总值，换算为人民币，再计算关税。

（6）完税价格金额计算到元为止，元以下四舍五入。关税税额计算到分为止，分以下四舍五入。关税税额在人民币 10 元以下的免征。

四、放行

进出口货物放行是指海关对查验通过并已经纳税完成的货物批准给予放行的行为。货物有正常放行和担保放行的形式。

（1）进出口货物运抵海关监管场所后，方可办理放行手续。

（2）除海关特准的外，进出口货物在进出口货物收发货人缴清税款或者提供担保后，由海关签印放行。

（3）对无查验布控的且经选择查验岗位关员审核为低风险的进出口货物，由选择查验岗位或放行岗位关员直接办理放行手续。

（4）被查验的进出口货物，现场查验关员完成查验并经带班科长复核后，对查验记录内容清楚准确，查验程序和内容符合查验规程和查验指令要求，查验结果正常的，转选择查验岗位办理放行手续，或根据直属海关授权，直接办理放行手续。

（5）根据相关规定，进出口货物放行时，海关须在正本提、运单上加盖放行章。

实训任务实施

情境一　了解海关

【学时】

2 学时。

【学习目标】

认识海关。

【重难点】

海关权责。

【学习过程】

1. 布置学生查询资料（预习、自学阶段）

（1）海关关徽的含义。

（2）海关机构。

（3）海关的监管范围。

2. 介绍海关

海关关徽、关衔标志、海关检查如图 6-4、图 6-5、图 6-6 所示。

图 6-4　海关关徽

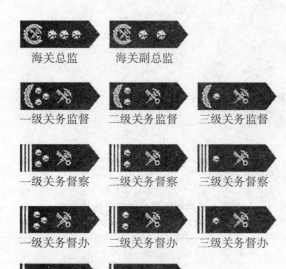

图6-5 海关关衔标志样式

图6-6 海关人员检查图例

情境二 缮制报关单

【学时】

6学时。

【学习目标】

会缮制报关单。

【重难点】

重点：缮制报关单。

难点：报关单缮制标准。

【学习过程】

1. 教师安排学生看懂报关单。

中华人民共和国海关进口货物报关单

预录入编号：　　　　　　　　海关编号：

进口口岸	备案号		进口日期	申报日期
经营单位	运输方式		运输工具名称	提运单号
收货单位	贸易方式		征免性质	征免税比例
许可证号	起运国（地区）		装运港	境内目的地
批准文号	成交方式		运费 | 保费	杂费
合同协议号	件数	包装种类	毛重（kg）	净重（kg）
集装箱号	随附单据		用途	
标记号码及备注				

项号	商品编号	商品名称	数量及单位	原产国（地区）	单价	总价	币制	征免

税费征收情况		
录入员　录入单位	兹声明以上申报无讹并承担法律责任	海关审单批注及放行日期（签章）
报关员		审单　　　　审价
单位地址　　申报单位（签章）		
邮编　　电话　　填制日期		征税　　　　　统计
		查验　　　　　放行

2. 教师准备报关单缮制资料。

资料1：

苏州苏迈进出口公司（3112935072）从香港购进一批钢铆钉（HS CODE：73182300，计量单位：千克）。该商品列进料对口合同手册第4项。经营单位于2003年3月21日自行向沪机海关（上海机场海关）申报进口。该批货物的国外运费为3000美元，保险费为100美元。

资料2：

ORIENTAL PACIFIC LIMITED

Rm. 1605, Ho Lik Centre, 66A Sha Tsui Road

Tsuen Wan, N. T. , Hong Kong

Tel：(825) 2402 – 2121 Fax：(825) 2491 – 8532

INVOICE

For Account of：		No. : OPL0211
SUZHOU SUMIEC IMP. & EXP. CORPORATION		Date：MAR. 19, 2003
5/F ZHUHUI COMMERCIAL BLDG, 180 ZHUHUI RD		Contract No. : 03HK0311201
SUZHOU, CHINA		

To Supply：

HUCK FASTENING PRODUCTS

STEEL 5/8 DIAMETER

GRIP: 0. 75 ~ 1. 00

CASE No.	CODE No.	QTY.	UNIT PRICE	AMOUNT
				CPT SHANGHAI
1	BOM – R20 – 12GA	3, 240PCS	USD2. 98	USD9, 655. 20
2	BOM – 420 – 12GA	3, 240PCS	USD2. 98	USD9, 655. 20

TOTAL：		6480PCS		USD19, 310. 40

SHIPMENT：FROM CHICAGO USA TO SHANGHAI CHINA BY AIRFREIGHT

PAYMENT：BY TELEGRAPHIC TRANSFER

COUNTRY OF ORIGIN：USA

SHIPPING MARKS：SUMIEC/SHANGHAI/C/NO. 1 – 2

ORIENTAL PACIFIC LIMITED

GEORGE PETERSON

E & O. E

资料3：

ORIENTAL PACIFIC LIMITED

Rm. 1605, Ho Lik Centre, 66A Sha Tsui Road

Tsuen Wan, N. T. , Hong Kong

Tel：(825) 2402 – 2121 Fax：(825) 2491 – 8532

PACKING LIST

For Account of：   No. ：OPL0211

SUZHOU SUMIEC IMP. & EXP. CORPORATION   Date：MAR. 19, 2003

5/F ZHUHUI COMMERCIAL BLDG, 180 ZHUHUI RD   Contract No. ：03HK0311201

SUZHOU, CHINA

To Supply：

   HUCK FASTENING PRODUCTS

CASE No.	CODE No.	QTY.	DIMENSIONS	N. WT	G. WT.
1	BOM – R20 – 12GA	3240PCS	0. 467CBM	530kgs	550kgs
2	BOM – 420 – 12GA	3240PCS	0. 467CBM	530kgs	550kgs
TOTAL：		6480PCS	0. 934CMB	1060kgs	1100kgs

PORT OF LOADING：CHICAGO, USA

ORIENTAL PACIFIC LIMITED

GEORGE PETERSON

进口口岸：	进口日期：	合同号：
经营单位：	运输方式：	运输工具：
卖方：	贸易方式：	征免性质：
运输要求： 起运港：	目的港：	最迟装运期：
货品名： 单价：	数量：	通知人：
成交方式： 毛重：	净重：	包装：
发票号： 提单号：	实际船期：	航次：
发票日期： 备案号：	集装箱号：	贸易方式：
征免性质： 结汇方式：	许可证号：	唛头：
运费： 保费：	杂费：	

3. 学生练习，缮制报关单委托书和报关单。

代 理 报 关 委 托 书

编号：

我单位现 　　(A逐票、B长期) 委托贵公司代理 　　　　等通关事宜。 (A. 填单申报
B. 辅助查验 C. 垫缴税款 D. 办理海关证明联 E. 审批手册 F. 核销手册 G. 申办减免税手续 H. 其他)
详见《委托报关协议》。

我单位保证遵守《海关法》和国家有关法规，保证所提供的情况真实、完整、单货相符。否则，愿承担相关法律责任。

本委托书有效期自签字之日起至 　　 年 　　 月 　　 日止。

委托方（盖章）：

法定代表人或其授权签署《代理报关委托书》的人（签字）

年　月　日

委 托 报 关 协 议

为明确委托报关具体事项和各自责任，双方经平等协商签订协议如下：

委托方		被委托方		
主要货物名称		*报关单编码	No.	
H.S.编码	□□□□□□□□□□	收到单证日期	年 月 日	
货物总价		收到单证情况	合同□	发票□
进出口日期	年 月 日		装箱清单□	提（运）单□
提单号			加工贸易手册□	许可证件□
贸易方式	一般贸易	其他		
原产地/货源地		报关收费	人民币：	元
其他要求：		承诺说明		
背面所列通用条款是本协议不可分割的一部分，对本协议的签署构成了对背面通用条款的同意。		背面所列通用条款是本协议不可分割的一部分，对本协议的签署构成了对背面通用条款的同意。		
委托方业务签章：		被委托方业务签章：		
经办人签章： 联系电话： 年 月 日		经办报关员签章： 联系电话： 年 月 日		

（白联：海关留存；黄联：被委托方留存；红联：委托方留存）　　　中国报关协会监制

4. 教师讲解报关单缮制方法、注意问题。

5. 学生重新缮制进口报关单。

6. 教师布置作业，深入理解报关单。

（1）进口口岸栏应填报

A. 上海海关　　　　B. 沪机海关　　　　C. 上海　　　　D. 上海港

（2）"备案号"栏应填报

A. C×××××××××××　　　　B. 此栏为空

C. B×××××××××× 　　　　D. D××××××××××

（3）"运输方式"栏应填报

A. 水路运输（2）　　B. 公路运输（4）　　C. 其他运输（9）　　D. 航空运输（5）

（4）"贸易方式"栏应填报

A. 来料加工（0214）　　　　　　　　　B. 进料加工（0615）

C. 进料对口（0615）　　　　　　　　　D. 一般贸易（0110）

（5）"征免性质"栏应填报

A. 来料加工（502）　　　　　　　　　B. 进料加工（503）

C. 中外合资（601）　　　　　　　　　D. 一般征税（101）

（6）"起运国（地区）"栏应填报

A. 美国　　　　　B. 中国香港　　　　C. 日本　　　　D. 韩国

（7）"装货港"栏应填报

A. 中国香港　　　　B. 九龙　　　　C. 芝加哥　　　　D. 新加坡

（8）"境内目的地"栏应填报

A. 江苏苏州（31129）　　　　　　　　B. 31129

C. 苏州市区（31129）　　　　　　　　D. 此栏为空

（9）"成交方式"栏应填报

A. CFR（2）　　　　B. CIF（1）　　　　C. CIP（1）　　　　D. CPT（2）

（10）"运费"栏应填报

A. 3000　　　　B. 502/3000/2　　　　C. 502/3000/3　　　　D. 此栏为空

（11）"保费"栏应填报

A. USD100　　　　B. 502/100/2　　　　C. 502/100/3　　　　D. 此栏为空

（12）"件数"栏应填报

A. 6480　　　　B. 2　　　　C. 1060　　　　D. 3

（13）"包装种类"栏应填报

A. 集装箱　　　　B. 托盘　　　　C. 纸箱　　　　D. 木箱

（14）"集装箱号"栏应填报

A. 1　　　　　　　　　　　　　　　　B. 0

C. TEXU7565012/20/2300　　　　　　　D. 此栏为空

（15）"随附单据"栏应填报

A. C　　　　B. B　　　　C. 此栏为空　　　　D. Z

（16）"用途"栏应填报

A. 外贸自营内销（01）　　　　　　　　B. 企业自用（04）

C. 加工返销（05）　　　　　　　　D. 其他内销（03）

（17）"标记唛码及备注"应填报

A. C×××××××××××　　　　B. 此栏为空

C. SUMIEC　SHANGHAI　C/NO. 1－2　D. A 和 C

（18）"数量及单位"栏应填报

A. 1060 千克［第一行］

B. 1100 千克［第一行］

C. 1060 千克［第一行］6480 个［第二行］

D. 1060 千克［第一行］6480 个［第三行］

（19）"原产国（地区）"栏应填报

A. 日本　　　　　B. 美国　　　　　C. 中国香港　　　　D. 中国

（20）"征免"栏应填报

A. 照章征税　　　　B. 全免　　　　　C. 进料加工　　　　D. 特案

情境三　模拟进出口报关流程

【学时】

8 学时。

【学习目标】

进出口报关流程。

【重难点】

重点：进出口报关流程。

难点：掌握注意的问题。

【学习过程】

1. 教师组织学生了解进出口通关流程。

2. 教师组织学生使用 VISIO 绘制流程图。

3. 教师组织学生根据情境三情景进行流程模拟。

4. 学生总结进出口报关应注意的问题。

项目考核 ◆➤

一、单项选择题（每小题 1 分，共 20 分）

1. 报关单位是指在（　　）或经海关批准，向海关办理进出口货物报关纳税等海关事务的境内法人或其他组织。

A. 工商注册登记   B. 税务登记

C. 企业主管部门批准   D. 海关注册登记

2. 根据海关规定，对记分达到（   ）的报关员，海关中止其报关员证效力，不再接受其办理报关手续。

A. 30 分   B. 50 分   C. 10 分   D. 20 分

3. 报关企业报关注册登记证书和进出口收发货人报关注册登记证书的有效期（   ）。

A. 均为 2 年

B. 均为 3 年

C. 报关企业为 3 年，进出口货物收发货人为 2 年

D. 报关企业为 2 年，进出口货物收发货人为 3 年

4. 报关单位有关登记事项的内容发生变更，应当（   ）。

A. 办理变更登记手续   B. 重新办理注册登记手续

C. 报关注册注销手续   D. 不必办理任何手续

5. 一般来说，海关权力行使应遵循合法原则、适当原则、（   ）、依法受到保障原则。

A. 依法独立行使原则   B. 双赢原则

C. 相互制约原则   D. 平衡原则

6. 下列（   ）不属于对外贸易管制的目的。

A. 保护本国经济利益，发展本国经济   B. 推行本国的外交政策

C. 增加财政收入   D. 行使国家职能

7. 出口报关后发生退关情况的，应当在（   ）内向海关办理退关手续。

A. 7 天   B. 3 天   C. 10 天   D. 1 天

8. 海关对享受特定减免税收优惠的进口货物，如船舶、飞机、机动车辆，其货物的监管年限分别为（   ）年。

A. 8、6、5   B. 6、8、5   C. 5、6、8   D. 5、8、6

9. 进口货物的收货人自运输工具申报进境之日起，超过（   ）未向海关申报的，其进口货物由海关提取依法变卖处理？

A. 1 个月   B. 3 个月   C. 6 个月   D. 1 年

10. 下列（   ）在进口前不需向海关办理备案申请手续。

A. 暂时进口货物   B. 加工贸易保税货物

C. 特定减免税进口货物   D. 一般进口货物

11. 下列（   ）适用于保证金台账的"实转"。

A. A 类企业加工限制类商品

B. B 类企业加工允许类商品

C. C 类企业加工允许类商品

D. B 类企业为履行出口产品合同由外商提供的 1 万美元以下的辅料

12. 出口加工区是我国为发展加工贸易而设立的由海关监管的特定区域。下列事项中区内企业不得从事的业务有（　　）。

A. 进料加工

B. 来料加工

C. 与以上两种业务相关的仓储、运输业务

D. 转口贸易

13. 保税仓库经营人应于每月的（　　）天前定期向海关报送"收、付、存月报表"。

A. 5　　　　　　　B. 10　　　　　　　C. 15　　　　　　　D. 7

14. 出口货物应当以海关审定的货物售予境外的（　　），作为完税价格。

A. FOB　　　　　B. CIF　　　　　C. FOB—出口税　　　D. CIF—出口税

15. 我国 ATA 单证册的签发机构是（　　）。

A. 海关总署　　　B. 中国国际商会　　C. 国务院　　　　　D. 商务部

16. 提前报关的进口转关货物应在电子数据申报之日起（　　）天内向进境地海关办理转关手续。

A. 14　　　　　　B. 7　　　　　　　C. 5　　　　　　　D. 15

17. 对进出境物品报关采用的基本原则是（　　）。

A. 合法原则　　　　　　　　　　B. 合理原则

C. 数量限制原则　　　　　　　　D. 自用合理数量原则

18. 申请商品归类行政裁定时应在货物拟进出口（　　）前向海关总署或其授权的海关提交书面申请。

A. 1 年　　　　　　B. 1 个月　　　　　C. 14 日　　　　　D. 3 个月

19. 保税区须经（　　）批准建立。

A. 海关总署　　　B. 国务院　　　　C. 省级人民政府　　D. 直属海关

20. 下列货品不属于 HS 归类总规则中所规定的"零售的成套货品"的是（　　）。

A. 一个礼盒，内有咖啡一瓶、咖啡伴侣一瓶、塑料杯子两只

B. 一个礼盒，内有一瓶白兰地酒、一只酒杯

C. 一个礼盒，内有一包巧克力、一个塑料玩具

D. 一碗方便面，内有一块面饼、两包调味品、一把塑料小叉

二、多项选择题（每小题 2 分，共 20 分）

1. 进出境物品主要包括进出境的（　　）。

A. 行李物品　　　　B. 邮递物品　　　　C. 其他物品　　　　D. 货物

2. 一般进出口货物的范围包括（　　）。

A. 一般贸易方式进口特定减免税货物　　B. 准予保税进口的寄售代销货物

C. 承包工程项目进出口货物　　　　　　D. 边境小额贸易进出口货物

3. 下列有权签发进出口许可证的机构是（　　）。

A. 商务部配额许可证事务局

B. 商务部驻各地特派员办事处

C. 省、自治区、直辖市的商务主管部门

D. 计划单列市和经商务部授权的其他省会城市的商务主管部门

4. 保税仓库储存类保税货物包括（　　）。

A. 转口货物

B. 供应国际运输工具的燃料和物料

C. 寄售维修的零配件

D. 经海关批准，未确定用途存在保税仓库的货物

5. 申请担保的方式一般有（　　）。

A. 人民币、可自由兑换的货币　　　　B. 汇票、本票、支票、存单、债券

C. 银行或非银行金融机构出具的保函　D. 海关依法认可的其他财产和权利

6. 下列有关进出口货物的报关时限，说法正确的有（　　）。

A. 进口货物自运输工具申报进境之日起 7 日内

B. 进口货物自运输工具申报进境之日起 14 天内

C. 出口货物自货物运抵海关监管区后装货的 24 小时以前

D. 出口货物自货物运抵海关监管区后装货的 48 小时以前

7. 转关运输的方式有（　　）。

A. 间接转关　　　　B. 直接转关　　　　C. 提前报关转关　　　D. 中转转关

8. 进出口货物的海关申报方式主要有（　　）。

A. 纸质报关单形式

B. 电子数据报关单形式

C. 纸质报关单形式和电子数据报关单形式

D. 口头申报形式

9. 关税的减免分为（　　）。

A. 法定减免　　　　B. 特定减免　　　　C. 特殊减免　　　　D. 临时减免

10. 根据我国的缉私体制，（　　）部门有查缉走私的权力

A. 海关　　　　　　　B. 公安　　　　　　　C. 工商　　　　　　　D. 税务

三、判断题（每小题 1 分，共 10 分）

1. 海关检查进出口货物时，报关员应按时到场，负责搬移货物、开拆和重封货物的包装。（　　）

2. 根据我国海关的规定，进出口货物的收发货人有权自行办理报关事宜，同时，也可以接受其他企业的委托，签订委托文件，替其他企业办理报关事宜。（　　）

3. 海关监管是对外贸易管制的重要手段。（　　）

4. 所有进出境运输工具、货物、物品都需要办理报关手续。（　　）

5. 保税进出口货物的一个主要特征是暂缓办理纳税手续，因此，当保税货物的最终去向确定为内销，当事人应补交税款。（　　）

6. 关税是由海关代表国家依据国家相关的法律、法规对进出境货物和物品征收的一种流转税。（　　）

7. 转关货物是海关监管货物。（　　）

8. 任何集装箱箱体暂准进出境时无须办理报关手续，进出境也没有期限限制。（　　）

9. 转运货物在中国口岸存放期间可以进行加工。（　　）

10. 海关放行是指海关在接受进出口货物申报、查验货物、征收税费后作出的结束海关监管，允许货物自由处置的决定的行为。（　　）

四、简答题（每小题 4 分，共 20 分）

1. 什么是报关员？

2. 成为一名报关员需要具备哪些条件？

3. 一般进出口货物申报时需要准备好哪些单证？

4. "一般进出口"与"一般贸易"的区别有哪些？

五、计算题（每小题 5 分，共 10 分）

1. 某出口货物完税价格为 FOB 上海 10000 美元，查知该商品出口关税税率为 10%，海关计征汇率为 1 美元 = 8.0881 元人民币，计算出口关税税款。

2. 一辆从日本进口的小轿车 CIF 上海的完税价格为 20 万人民币，已知该商品的进口关税税率为 34.2%，消费税税率为 8%，增值税税率为 17%，计算该轿车应纳的关税、消费税及增值税。

六、操作题（每小题 1 分，共 20 分）

填制报关单。

中江贸易（香港）有限公司系中江国际贸易（集团）公司派驻香港的全资子公

司，受总公司的委托为天津中江服装饰品厂对外签约订货。本提单之运输工具于 2001 年 1 月 16 日向天津海关申报进口。

资料 1：进口货物报关单

中华人民共和国海关进口货物报关单

预录入编号：　　　　　　　　　　　海关编号：

进口口岸		备案号		进口日期		申报日期	
经营单位		运输方式	运输工具名称			提运单号	
收货单位		贸易方式		征免性质		征税比例	
许可证号		起运国（地区）		装货港		境内目的地	
批准文号		成交方式	运费		保费		杂费
合同协议号		件数	包装种类		毛重（公斤）		净重（公斤）
集装箱号		随附单据				用途	

标记唛码及备注

项号	商品编号	商品名称	规格型号	数量及单位	原产国（地区）	单价	总价	币制	征免

税费征收情况

录入员　　录入单位	兹声明以上申报无讹并承担法律责任	海关审单批注及放行日期（签章）
		审单　　　　审价
报关员 申报单位（签章） 单位地址		征税　　　　统计
邮编　　　电话　　　填制日期		查验　　　　放行

资料 2：海运提单

BILL OF LADING			
CONSIGNOR HONGFAD CO., LTD HONGKONG	B/L NO. 56510070		DATE OF ISSUE JAN. 05, 2001
CONSIGNEE ZHONGJIANG TRADING（HONGKONG）CO., LTD 中江贸易（香港）有限公司 168 LORD AVENUE, HONGKONG			

PORT OF LOADING BANGKOK, THAILAND	VESSEL SEA LINK	VOYAGE NO：0078	FLAG SINGAPORE
PORT OF DISCHARGE TIANGJIN CHINA	VIA HONGKONG	PLACE OF DELIVERY TIANJIN CY	

CONTAINERS NO.	SEAL NO & MARK	NO. OF CONTAINERS OR PKGS	DESCRIPTION OF GOODS	GROSS WEIGHT	NET WEIGHT	MEASUREMENT
	HONGFAD HF000420 TIANJIN	1 ×20' VAN（CTNS） 129 CTNS	THAILAND ORIGIN ARTIFICIAL FLOWERS SUPPLIES	1302kg		3900CBM

H. S CODE 54077300
法定计量单位：米/千克

20' FBLU30200620 TOTAL NUMBER OF CONTAINERS OR PACKAGES（IN WORDS）	SAY ONE（1 ×20' VAN）ONLY.
LADEN ON BOARD THE VESSEEL DATE：JAN. 05, 2001 BY _____	SIN – OCEAN FERRY CO., LTD BY _____

COMMERCIAL INVOICE					
CONSIGNEE ZHONGJIANG TRADING (HONGKONG) CO. , LTD 中江贸易（香港）有限公司 168LORD AVENUE, HONGKONG		INVOICE NO. 00HF – 8189/12			DATE JAN. 03，2001
NOTIFY PARTY ZHONGJIANG INT'L TRADING CO. , （GROUP） 中江国际贸易（集团）公司 2102911013 NO. 61 RENMINLU, TIANJIN CHINA		CONTRACT NO. 进料加工对口合同号：000420			
ALSO NOTIFY 天津中江服装饰品厂 TIANJIN ZHONGJIANG GARMENT & CRAFT FACTORY NO. 356 HUBEILU, TIANJIN, CHINA		B/L NO. 56510070			
PORT OF LOADING BANGKOK	FINAL DESTINATION TIANJIN		REMARKS 手册号：C09009300123 该商品列手册第二项		
CARRIER SEA LINK	VOYAGE 0078	VIA HONGKONG	TERMS OF DELIVERY AND PAYMENT CFR TIANJIN CHINA		
MARK & NUMBER OF PKGD	DESCRIPTION OF GOODS	QUANTITY/ UNIT	UNIT PRICE		AMOUNT
HONGFAD HF000420 DALIAN	THAILAND ORIGIN ARTIFICIAL FLOWERS SUPPLIES	9483YDS	USD1. 66		USD15741. 78
1X20' FBLU3020620		（1 YARD = 0. 914METER）			DISCOUNT： USD1000. 00
					TOTAL：USD16741. 00
					FREIGHT CHARGE： USD500. 00
					INSURANCE RATE：3%
注：该批货物于进口次日委托辽宁外运总公司向大连海关申报进口					
		HONGFAD CO. , LTD, HONGKONG			
SIGNED BY _____					

1. 备案号栏应填（　　）。

A. 56510070 B. 00HF – 8189/12

C. LC8100204300 D. C09009300123

2. 申报日期栏应填（　　）。

A. 01. 01. 05 B. 01. 01. 03

C. 01. 01. 17 D. 01. 01. 16

3. 经营单位栏应填（　　）。

A. 中江贸易（香港）有限公司

B. 中江国际贸易（集团）公司 2102911013

C. 天津中江服装饰品厂

D. 辽宁外运总公司

4. 运输方式栏应填（　　）。

A. 海运　　　B. 江海　　　C. 铁路　　　D. 航空

5. 提运单号栏应填（　　）。

A. 00HF – 8189/12 B. LC8100204300

C. B09009300123 D. 56510070

6. 贸易方式栏应填（　　）。

A. 进料加工 B. 进料深加工

C. 进料对口 D. 外资设备物品

7. 征免比例栏应填（　　）。

A. 85%　　　B. 100%　　　C. 15%　　　D. 不填

8. 装运港栏应填（　　）。

A. 新加坡　　B. 中国香港　　C. 天津　　D. 曼谷

9. 批准文号栏应填（　　）。

A. C09009300123　B. LC8100204300　C. 56510070　D. 不填

10. 成交方式栏应填（　　）。

A. 进料对口　　B. CFR　　C. L/C　　D. FOB

11. 保费栏应填（　　）。

A. 3%　　B. 502/1000/3　　C. 502/0. 3/3　　D. 3/1

12. 合同协议号栏应填（　　）。

A. HF000420 B. 00HF – 8189/12

C. LC8100204300 D. 56510070

13. 包装种类栏应填（　　）。

A. 箱　　　　　　　B. 纸箱　　　　C. 集装箱　　　　D. 件

14. 集装箱号栏应填（　　）。

A. 1 X20' FBLU3020620　　　　　　B. FBLU3020620 X 1

C. FBLU3020620 X 1（1）　　　　　D. FBLU3020620 X 1（2）

15. 用途栏应填（　　）。

A. 企业自用　　　　　　　　　　　B. 加工返销

C. 外贸自营内销　　　　　　　　　D. 作价提供

16. 标记唛码及备注栏应填（　　）。

A. HONGFAD　HF000420　DALIAN

B. FBLU3020620

C. HF000420　DALIAN

D. HONGFAD　　FBLU3020620　HF000420　　DALIAN

17. 项号栏应填（　　）。

A. 01　　　　　　　　　　　　　　B. 01（第一行）02（第二行）

C. 01 – 02　　　　　　　　　　　　D. 02

18. 数量及单位栏应填（　　）。

A. 8688.41 千米　1302.00 千克　9483 码

B. 9483 码　1182 千克

C. 8668.41 米　1182.00 千克　9483 码

D. 8668.41 米　1182 千克

19. 单价栏应填（　　）。

A. 1.66　　　　　B. 1.775　　　　C. 13.32　　　　D. 12.09

20. 征免栏应填（　　）。

A. 全免　　　　　B. 照章　　　　C. 进料加工　　　D. 进料对口

实训总结 ◆▶

_____

_____

_____

_____

考核标准

【情境一活动评价】

"认识海关"评分表

考评内容	能力评价			
考评标准	具体内容	分值（分）	学生评分（0.4）	师评（0.6）
	讲解海关关徽的含义	30		
	海关职能	50		
	海关官衔	20		
合计		100	注：考评满分为100分，60~74分为及格；75~84分为良好；85分以上为优秀	

各组成绩

小组	分数	小组	分数	小组	分数

教师记录、点评：

【情境二活动评价】

"缮制报关单"评分表

考评内容	能力评价			
考评标准	具体内容	分值（分）	学生评分（0.4）	师评（0.6）
	报关委托书	25		
	报关单	60		
	整洁度	15		

续 表

合计	100	注：考评满分为 100 分，60~74 分为及格；75~84 分为良好；85 分以上为优秀

各组成绩

小组	分数	小组	分数	小组	分数

教师记录、点评：

【情境三活动评价】

"模拟进出口报关流程"评分表

考评内容	能力评价			
考评标准	具体内容	分值（分）	学生评分（0.4）	师评（0.6）
	进口报关流程图及含义	30		
	出口报关流程图及含义	30		
	模拟进出口报关	40		
合计		100	注：考评满分为 100 分，60~74 分为及格；75~84 分为良好；85 分以上为优秀	

各组成绩

小组	分数	小组	分数	小组	分数

教师记录、点评：

熟能生巧 ✤➡

训练1：根据资料填写报关委托书及报关单。

信用证3

兹开立号码为4028D223的不可撤销的信用证

开证日期：2013.05.04

有效日期和地点：2013.07.20　中国

开证行：韩国银行　釜山支行

开证申请人：ABC综合贸易有限公司

受益人：深圳中泰力进出口贸易有限责任公司

信用证总额：_____

承兑方式：任何银行议付见证45天内付款

付款行：开证行

运输要求：不允许分装和转船

装运港：深圳

目的港：釜山

最迟装运期：20130710

货物描述：

双开扳手

型号：9EGKK

单价：USD 4.5/件 CIF 釜山

数量：5600件

包装：单件包装成塑料悬挂样式，10件包装成尺码为100cm×70cm×40cm包装重量（毛/净）25/20kgs

应附单据：

1. 签字的商业发票五份

2. 一整套清洁已装船提单，抬头为TO ORDER，运费已付的空白背书，且注明"彼得大帝"号装运，通知人为韩国国家运输公司，TEL（0082）51－25891635

3. 装箱单/重量单四份，显示每个包装产品的数量/毛净重和信用证要求的包装情况

4. 由制造商签发的质量证明三份

5. 受益人证明的传真件，在船开后三天内已将船名航次，日期，货物的数量，重量价值，信用证号和合同号通知付款人

6. 当局签发的原产地证明三份

7. 当局签发的健康/检疫证明三份

附加指示：

1. 租船提单和第三方单据可以接受

2. 装船期在信用证有效期内可以接受

3. 允许数量和金额公差在 10% 左右

补充资料：

合同号：OIH/544135764　　　　发票号：JMPOP49855767

提单号：SF245686168　　　　　海关注册编码：44658G7958

实际船期：20130710　　　　　航次：V587925

发票日期：2013.06.08

备案号：C51497402884（该货物列手册第 9 项）

深圳中泰力进出口贸易有限责任公司于 2013 年 7 月 9 日向深圳文锦渡口岸（关区代码：5320）申报。收汇核销单号：29/18456317，出境货物通关单（许可证件编号：45373252345），法定计量单位：件。商品编号：33002880。使用集装箱运输，箱号分别为 INBU534672X，集装箱自重均为 4000kg。

代 理 报 关 委 托 书

编号：

　　我单位现　　（A. 逐票、B. 长期）委托贵公司代理　　　　　等通关事宜。（A. 填单申报 B. 辅助查验 C. 垫缴税款 D. 办理海关证明联 E. 审批手册 F. 核销手册 G. 申办减免税手续 H. 其他）详见《委托报关协议》。

　　我单位保证遵守《海关法》和国家有关法规，保证所提供的情况真实、完整、单货相符。否则，愿承担相关法律责任。

　　本委托书有效期自签字之日起至　　　年　　月　　日止。

委托方（盖章）：

法定代表人或其授权签署《代理报关委托书》的人（签字）

年　月　日

委 托 报 关 协 议

为明确委托报关具体事项和各自责任，双方经平等协商签订协议如下：

委托方		被委托方		
主要货物名称		＊报关单编码	No.	
H. S. 编码	□□□□□□□□□	收到单证日期	年　月　日	
货物总价			合同□	发票□
进出口日期	年 月 日	收到单证情况	装箱清单□	提（运）单□
提单号			加工贸易手册□	许可证件□
贸易方式	一般贸易	其他		
原产地/货源地		报关收费	人民币：	元
其他要求：		承诺说明		
背面所列通用条款是本协议不可分割的一部分，对本协议的签署构成了对背面通用条款的同意。		背面所列通用条款是本协议不可分割的一部分，对本协议的签署构成了对背面通用条款的同意。		
委托方业务签章：		被委托方业务签章：		
经办人签章： 联系电话：　　　年 月 日		经办报关员签章： 联系电话：　　　年 月 日		

（白联：海关留存、黄联：被委托方留存、红联：委托方留存）　　　中国报关协会监制

中华人民共和国海关进口货物报关单

预录入编号：　　　　　　　　海关编号：

进口口岸	备案号		进口日期	申报日期
经营单位	运输方式		运输工具名称	提运单号
收货单位	贸易方式		征免性质	征免税比例
许可证号	起运国（地区）		装运港	境内目的地

续　表

批准文号	成交方式		运费	保费	杂费
合同协议号	件数	包装种类	毛重（kg）		净重（kg）
集装箱号	随附单据			用途	

标记号码及备注

项号	商品编号	商品名称	数量及单位	原产国（地区）	单价	总价	币制	征免

税费征收情况

录入员 录入单位	兹声明以上申报 无讹并承担法律责任	海关审单批注及放行日期（签章）	
报关员		审单　　　审价	
单位地址　　　申报单位（签章）			
邮编　　电话　　填制日期		征税　　　统计	
		查验　　　放行	

训练2：根据资料填写报关委托书及报关单。

信用证 4

兹开立号码为 E08470ZC32870769 的不可撤销的信用证

开证日期：2013.05.26

有效日期和地点：2013.09.30　中国

开证行：泰国 ACL 银行

开证申请人：泰国那瓦进出口贸易有限公司

受益人：大连三花服装进出口公司（大连市工农路 34 号）

信用证总额：＿＿＿＿＿＿＿＿＿＿

承兑方式：任何银行议付见证45天内付款

付款行：泰国ACL银行

运输要求：不允许分装 允许转船

起运港：大连

目的港：曼谷

最迟装运期：2013.09.26

货物描述：

女士纯棉裙子

100%棉绒线

单价：USD 12/件 CIF 曼谷

数量：200箱

包装：6打包装成一箱

包装尺码80cm×60cm×50cm 包装重量（毛/净）25/15kgs

应附单据：

1. 签字的商业发票五份

2. 一整套清洁已装船提单，抬头为TO ORDER，运费预付的空白背书，且注明"吉普"号装运，通知人为信用证开证申请人

3. 装箱单/重量单四份，显示每个包装产品的数量/毛净重和信用证要求的包装情况

4. 由制造商签发的质量证明三份

5. 受益人证明的传真件，在船开后三天内已将船名航次，日期，货物的数量，重量价值，信用证号和合同号通知付款人

6. 当局签发的原产地证明二份

附加指示：

1. 租船提单和第三方单据可以接受

2. 装船期在信用证有效期内可以接受

3. 允许数量和金额公差在10%左右

补充资料：

发票号码：NAVA02100　　发票日期：2013.08.26

提单号码：GSF45388　　　提单日期：2013.09.26

装运港：大连　　　　　　原产地证号：981898699

商品编码：08F053400　　合同号：OIjf1427045564

大连三花服装进出口公司（大连市工农路34号）于2013年9月25日向大连新港口岸（关区代码：908）申报。出境货物通关单（许可证件编号：4574289345），法定计量

单位：件。使用集装箱运输，箱号分别为INBU775638X，集装箱自重均为4020kg。

代 理 报 关 委 托 书

编号：

我单位现　　 （A. 逐票、B. 长期）委托贵公司代理　　　　　　等通关事宜。（A. 填单申报 B. 辅助查验 C. 垫缴税款 D. 办理海关证明联 E. 审批手册 F. 核销手册 G. 申办减免税手续 H. 其他）详见《委托报关协议》。

我单位保证遵守《海关法》和国家有关法规，保证所提供的情况真实、完整、单货相符。否则，愿承担相关法律责任。

本委托书有效期自签字之日起至　　 年　 月　　 日止。

委托方（盖章）：

法定代表人或其授权签署《代理报关委托书》的人（签字）

年 月 日

委 托 报 关 协 议

为明确委托报关具体事项和各自责任，双方经平等协商签订协议如下：

委托方		被委托方		
主要货物名称		*报关单编码	No.	
H. S. 编码	□□□□□□□□□	收到单证日期	年　　月　　日	
货物总价		收到单证情况	合同□	发票□
进出口日期	年　月　日		装箱清单□	提（运）单□
提单号			加工贸易手册□	许可证件□
贸易方式	一般贸易		其他	
原产地/货源地		报关收费	人民币：　　　　　元	
其他要求：		承诺说明		
背面所列通用条款是本协议不可分割的一部分，对本协议的签署构成了对背面通用条款的同意。		背面所列通用条款是本协议不可分割的一部分，对本协议的签署构成了对背面通用条款的同意。		
委托方业务签章：		被委托方业务签章：		
经办人签章：		经办报关员签章：		
联系电话：　　　　年 月 日		联系电话：　　　　年 月 日		

（白联：海关留存、黄联：被委托方留存、红联：委托方留存）　　　　　中国报关协会监制

中华人民共和国海关进口货物报关单

预录入编号：　　　　　　　　　　海关编号：

进口口岸		备案号		进口日期		申报日期	
经营单位		运输方式		运输工具名称		提运单号	
收货单位		贸易方式		征免性质		征免税比例	
许可证号		起运国（地区）		装运港		境内目的地	
批准文号		成交方式		运费	保费		杂费	
合同协议号		件数		包装种类	毛重（kg）		净重（kg）	
集装箱号		随附单据				用途	

标记号码及备注

项号	商品编号	商品名称	数量及单位	原产国（地区）	单价	总价	币制	征免

税费征收情况			
录入员 录入单位	兹声明以上申报无讹并承担法律责任	海关审单批注及放行日期（签章）	
报关员		审单　　　　　　审价	
单位地址	申报单位（签章）		
邮编　　　　电话　　　　填制日期		征税　　　　　　统计	
		查验　　　　　　放行	

训练3：根据资料填写报关委托书及报关单。

信用证1

兹开立号码为 1946 – 1D – 10 – 0004 的不可撤销的信用证

开证日期：2013.01.05

有效日期和地点：2013.03.01　　中国

开证行：孟加拉国家银行

开证申请人：孟加拉国曼联贸易有限公司

穆吉布大道，124 号（一楼），4100

受益人：广州河田进出口公司（广州市宏普大道 898 号星魂大厦 3242）

信用证总额：_____

承兑方式：任何银行议付见证 45 天内付款

付款行：受益人国家的任何一家银行可议付

运输要求：不允许分装　允许转船

起运港：广州

目的港：吉大港

最迟装运期：2013.02.15

货物描述：

涂料马林

T5361

单价：USD 5/桶 CFR 吉大港

总升数：4140 公升

包装：使用适合海运的金属桶包装，每公升装成一桶，每 12 桶包装成箱

　　　包装尺码 90cm×60cm×80cm 包装重量（毛/净）25/23kgs

应附单据：

1. 签字的商业发票五份

2. 全套清洁已装船海运提单3/3份，收货人为 TO THE ORDER OF 信用证开证行。显示"运费预付"，通知开证申请人，且注明"斯里兰卡"号装运

3. 装箱单/重量单四份，显示每个包装产品的数量/毛净重和信用证要求的包装情况

4. 由制造商签发的质量证明三份

5. 受益人证明的传真件，在船开后三天内已将船名航次，日期，货物的数量，重量价值，信用证号和合同号通知付款人

6. 当局签发的原产地证明三份

附加指示：

1. 租船提单和第三方单据可以接受

2. 装船期在信用证有效期内可以接受

3. 允许数量和金额公差在 10% 左右

补充资料1：

合同号：OIH/5474538564　　　发票号：NPMS/SQ/920902

提单号：2514646316DF　　　海关注册编码：3814.00.00

实际船期：20130214　　　航次：V587925

发票日期：2012.12.29

备案号：C514977537934（该货物列手册第22项）

广州河田进出口公司于2013年02月13日向广州海关（关区代码：5100）申报。出境货物通关单（许可证件编号：45727465345），法定计量单位：公升。使用集装箱运输，箱号分别为INBU775638X，集装箱自重均为4020kg。

代 理 报 关 委 托 书

编号：

我单位现　　　（A. 逐票、B. 长期）委托贵公司代理　　　　等通关事宜。（A. 填单申报B. 辅助查验 C. 垫缴税款 D. 办理海关证明联 E. 审批手册 F. 核销手册 G. 申办减免税手续 H. 其他）详见《委托报关协议》。

我单位保证遵守《海关法》和国家有关法规，保证所提供的情况真实、完整、单货相符。否则，愿承担相关法律责任。

本委托书有效期自签字之日起至　　　年　　月　　日止。

委托方（盖章）：

法定代表人或其授权签署《代理报关委托书》的人（签字）

年　　月　　日

委 托 报 关 协 议

为明确委托报关具体事项和各自责任，双方经平等协商签订协议如下：

委托方		被委托方		
主要货物名称		*报关单编码	No.	
H. S. 编码	□□□□□□□□□□	收到单证日期	年　　月　　日	
货物总价		收到单证情况	合同□	发票□
进出口日期	年　　月　　日		装箱清单□	提（运）单□
提单号			加工贸易手册□	许可证件□
贸易方式	一般贸易		其他	
原产地/货源地		报关收费	人民币：　　　　　元	
其他要求：		承诺说明		
背面所列通用条款是本协议不可分割的一部分，对本协议的签署构成了对背面通用条款的同意。		背面所列通用条款是本协议不可分割的一部分，对本协议的签署构成了对背面通用条款的同意。		
委托方业务签章： 经办人签章： 联系电话：　　年　月　日		被委托方业务签章： 经办报关员签章： 联系电话：　　　年　月　日		

（白联：海关留存、黄联：被委托方留存、红联：委托方留存）　　　中国报关协会监制

中华人民共和国海关进口货物报关单

预录入编号： 海关编号：

进口口岸	备案号	进口日期	申报日期
经营单位	运输方式	运输工具名称	提运单号
收货单位	贸易方式	征免性质	征免税比例
许可证号	起运国（地区）	装运港	境内目的地
批准文号	成交方式	运费	保费	杂费
合同协议号	件数	包装种类	毛重（kg）	净重（kg）
集装箱号	随附单据		用途	

标记号码及备注

项号	商品编号	商品名称	数量及单位	原产国（地区）	单价	总价	币制	征免

税费征收情况

录入员 录入单位	兹声明以上申报无讹并承担法律责任	海关审单批注及放行日期（签章）
报关员		审单　　　　　　审价
单位地址　　　　申报单位（签章）		
邮编　　电话　　　填制日期		征税　　　　　　统计
		查验　　　　　　放行

项目七　保险装运

本项目旨在让学生知道国际货物运输中，保险是非常重要的部分。清楚国际运输路途遥远，运输方式多样，未知风险极多，诸如自然灾害、意外事故、人为因素、政治因素等都可能使货物遭受损害而给买卖双方带来不必要的损失。能够在国际业务中，向保险公司投保相关险种来分担风险，减少损失。

任务一　了解国际货物运输风险、损失和费用

实训学习目标

知识目标：

1. 了解国际货物运输的风险。

2. 了解国际货物运输的损失。

3. 熟悉国际货物运输的费用类别。

能力目标：

1. 能正确区分风险的类型。

2. 能采取适当的措施防范国际运输风险。

3. 能区别共同海损和单独海损，保障己方利益。

4. 能熟练区分费用承担。

实训学习方法

1. 自学（收集资料法、比较学习法、小组讨论法）。

2. 听讲学习（提问、总结、作业）。

3. 实操（小组展示法、头脑风暴法、案例分析法）。

实训课程介绍

本次实训任务，旨在让学生通过学习和比较，让学生能正确区分风险的类型；能

采取适当的措施防范国际运输风险；能区别共同海损和单独海损，保障己方利益；能熟练区分费用承担。

本次实训任务，分一个学习情境进行：了解国际货物运输风险、损失和费用。

实训任务说明 ✦➡

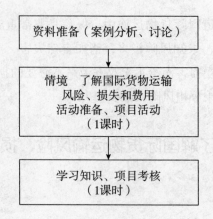

```
资料准备（案例分析、讨论）
          ↓
情境  了解国际货物运输
     风险、损失和费用
   活动准备、项目活动
      （1课时）
          ↓
学习知识、项目考核
      （1课时）
```

实训知识铺垫 ✦➡

一、风险

海运货物保险保障的风险，主要有海上风险和外来风险（如图 7-1 所示）。

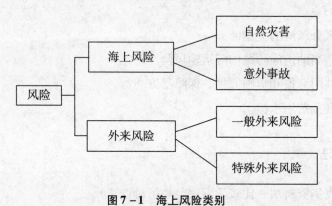

```
风险 ┬ 海上风险 ┬ 自然灾害
     │          └ 意外事故
     └ 外来风险 ┬ 一般外来风险
                └ 特殊外来风险
```

图 7-1　海上风险类别

（一）海上风险

海上风险又称"海难"，一般是指船舶或货物在海上运输过程中发生的或随附海上运输所发生的风险。不仅包括海上运输，还包括连接两端陆地的运输。

我国现行的海运货物条款及英国伦敦保险协会货物新条款所承保的海上风险从性

质上划分，主要可分为自然灾害和意外事故。

（1）自然灾害指由于自然界的变异引起破坏力量所造成的现象，如恶劣气候、雷电、海啸、地震、洪水、火山爆发等人力不可抗拒的灾害。

（2）意外事故指由于船舶搁浅、触礁、沉没、互撞、失踪或与其他固体物，如流冰、码头碰撞，以及失火、爆炸等意外原因造成的事故或其他类似事故，而不是泛指由于偶然的非意料中的原因所造成的一切事故。

（二）外来风险

一般是指海上风险以外的其他外来原因所造成的风险。所谓外来原因，是指事先难以预料的、致使货物受损的某些外部因素。货物由于自身内部缺陷和自然属性而引起的自然损耗或变质等属于必然损失，不属于外来风险范围。

（1）一般外来风险。指由于一般外来原因引起风险而造成的损失，如偷窃、雨淋、短量、玷污、破碎、受潮、受热、渗漏、串味、锈损、钩损、包装破裂等。

（2）特殊外来风险。指由于国家的政策、法令、行政命令、军事等原因所造成的风险和损失，如战争、罢工、交货不到、拒收、舱面等风险所致损失。

二、损失

海上损失（如图 7-2 所示）是指被保险货物在海运途中，因遭受海上风险而产生的损失。

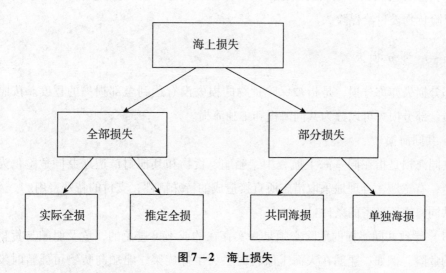

图 7-2 海上损失

（一）全部损失

全部损失简称"全损"，是指被保险货物由于承保风险造成的全部灭失或视同全部灭失的损害。在海上保险业务中全部损失分为实际全损和推定全损。

1. 实际全损

实际全损也称绝对全损，构成被保险货物的实际全损有下列四种情况：

（1）被保险货物的实体已经完全灭失。例如：货物遭遇大火被全部焚毁；船舶遇难，货物随同船舶沉入海底灭失。

（2）被保险货物遭遇到严重损害，已丧失了原有的用途和价值。例如：水泥被海水浸泡成硬块；牛皮被海水侵蚀，腐烂发臭。

（3）被保险人对保险货物的所有权已无可挽回的被完全剥夺。例如：战时货物被敌国捕获或没收。

（4）载货船舶失踪，达到一定时期（我国海商法规定为2个月）仍无音信。

被保险人在货物遭受了实际全损后，可按其投保金额，获得保险人的全部损失的赔偿。

2. 推定全损

推定全损也称商业全损，是指被保险货物在海上运输中遭遇承保风险之后，虽未达到完全灭失的状态，但是可以预见到它的全损将不可避免；或者为了避免全损，需要支付的抢救、修理费用加上继续将货物运抵目的地的费用之和将超过保险价值。推定全损下的获赔情况有：

（1）被保险人获得部分损失的赔偿。

（2）被保险人获得全损的赔偿。如果被保险人想获得全损的赔偿，他必须无条件地把保险货物委付给保险人。

（二）部分损失

部分损失亦称分损，是指被保险货物的损失没有达到全部损失的程度。按照损失的性质，部分损失可以分为共同海损和单独海损。

1. 共同海损

共同海损是指在同一海上航程中，船舶、货物和其他财产遭遇共同危险，为了共同安全，有意地、合理地采取措施所直接造成的特殊牺牲，支付的特殊费用。

共同海损所必备的条件：

（1）导致共同海损的危险必须是真实存在的或不可避免的，危及船舶与货物共同安全的危险。例如：船舶在大海上航行时丢失了螺旋桨，船舶与货物可能暂时没有紧迫的、灾难性的危险，但危险肯定会到来，所以这时船长命令将船舶驶入附近的港口进行修理而产生的港口费和修理费应为共同海损费用。

（2）共同海损的措施必须是为了解除船货的共同危险，人为地、有意识地采取的合理措施。

（3）共同海损的牺牲是特殊性质的，费用损失必须是额外支付的。

（4）共同海损的损失必须是共同海损措施的直接的合理的后果。

（5）造成共同海损损失的共同海损措施最终必须有效果。

2. 单独海损

单独海损是指海上运输中，由于保单承保风险直接导致的船舶或货物本身的部分损失（单独海损仅指保险标的本身的损失，并不包括由此而引起的费用损失）。

三、海上货物保险保障的费用

费用是指被保险货物遇险时，为防止损失的扩大而采取措施所支出的费用。

承保的费用是指保险人（保险公司）对保险标的物因遭遇保险责任范围内的事故而产生的费用方面的损失所给予的赔偿。

（一）施救费用

施救费用指保险标的物遇到保险责任范围内的灾害事故时，被保险人或其代表、雇佣人员和保险单证受让人为抢救货物，以防止其损失扩大所采取的措施而支出的费用。

保险人对被保险人所支付的施救费用应承担赔偿责任。赔偿金额以不超过该批货物的保险金额为限。我国《海商法》规定："被保险人为防止或者减少根据合同可以得到赔偿的损失而支出的合理费用，应当由保险人在保险标的赔偿之外另行支付。"

构成施救费用的条件有：

（1）对保险标的进行施救必须是被保险人或其代理人或受让人，其目的是为了减少标的物遭受的损失。其他人采取此项措施必须是受被保险人的委托，否则不视为施救费用。

（2）保险标的遭受的损失必须是保单承保风险造成的。否则，被保险人对其进行抢救所支出的费用，保险人不予承担责任。

（3）施救费用的支出必须是合理的。

（二）救助费用

救助费用指保险标的物遇到上述灾害事故时，由保险人和被保险人以外的第三者采取救助行为而向其支付的费用。

救助费用一般都可列为共同海损的费用项目，因为通常它是在船、货各方遭遇共同危难的情况下，为了共同安全由其他船舶前来救助而支出的费用。

实训任务实施

情境　了解国际货物运输风险、损失和费用

【学时】

2 学时。

【学习目标】

1. 能正确区分风险的类型。

2. 能采取适当的措施防范国际运输风险。

3. 能区别共同海损和单独海损，保障己方利益。

4. 能熟练区分费用承担。

【重难点】

1. 能正确区分风险的类型。

2. 能采取适当的措施防范国际运输风险。

3. 能区别共同海损和单独海损，保障己方利益。

4. 能熟练区分费用承担。

【学习过程】

1. 学生查询资料学习相关知识，教师讲解。

（1）国际货物运输风险类型有什么？

（2）如何采取适当的措施防范国际运输风险？

（3）什么是共同海损？什么是单独海损？二者区别是什么？（举例说明）。

（4）如何区分费用分摊？

2. 阅读案例，教师组织学生讨论国际货物运输风险、损失和费用。

资料1：

顺达货代公司业务员万禾仔细审核荣昌公司合同及信用证等资料，注意到荣昌公司本次业务是以 CIF 纽约方式成交，卖方荣昌公司要承担保险事宜。万禾立即电话荣昌公司黎天，提醒黎天要注意办理保险。黎天查看合同上要求上一切险，并联系豪雅公司 LINDA，LINDA 也希望荣昌公司能投保一切险。黎天认为上保险应根据自身货物及选择的运输方式会遇到的风险来确定险种。黎天于是联系万禾，请教本单货物是名贵"熊猫屎茶叶"，海洋运输，这样的货物在运输中会遇到哪些风险呢？

请以万禾的身份介绍国际货物运输风险。

资料 2:

华文股份有限公司同意运输 P 公司的货物，用华文公司的船 "the champion"，从英国的 A 市到西班牙的 B 市，两份提单，以 CIF Santander, cash against documents 方式运输，两种货物，第一种为木质家具，第二种为水泥。在运输过程中出现事故，家具被冲走，水泥仓进水。后检查得知该事故是由于船上工作人员忘记检查船只引起的事故。买方是否必须接受这个合约？买方是否要付货款给卖方？买方有什么权利去要求承运人赔偿？买方是否能要求保险公司进行赔偿？

资料 3:

某公司出口一批货物，从天津驶往南非，在航行途中船舶货舱起火，大火蔓延到机舱，船长为了船、货的共同安全，决定采取往舱中灌水灭火的办法。火虽被扑灭，但由于主机受损，无法继续航行，于是船长决定雇用拖轮将货船拖往附近的港口修理。检修后重新驶往目的港。事后调查发现，本次事故的损失有：A. 800 箱货被烧毁；B. 800 箱货由于灌水灭火受到损失；C. 主机和部分甲板被烧毁；D. 拖船的费用；E. 额外增加的燃料和船长、船员工资的给养。在上述损失中，哪些属于共同海损？哪些属于单独海损？

项目考核

1. 请用自己的话来解释国际货物运输风险。

2. 请用自己的话来描述国际货物运输损失。

3. 你认为国际贸易业务中该不该进行投保呢？有好处吗？

4. 请用自己的话来描述国际货物运输费用类别。

_____

_____

5. 假设你出口一批危险品到美国，请说出投保什么险。

_____

_____

6. 假设你从意大利进口一批皮革制品，请说出投保什么险。

_____

_____

实训总结

_____

_____

_____

_____

_____

考核标准

【情境活动评价】

表 7 – 1　　　　　　　"了解国际货物运输风险、损失和费用"评分表

考评内容	能力评价			
考评标准	具体内容	分值（分）	学生评分（0.4）	师评（0.6）
	每题回答正确	40		
	自己组织语言，准确，精练	25		
	PPT 制作精美	15		
	在 90 分钟内完成，遵守机房纪律	20		
	合计	100	注：考评满分为 100 分，60～74 分为及格；75～84 分为良好；85 分以上为优秀	

考评内容	能力评价				
	各组成绩				
小组	分数	小组	分数	小组	分数

教师记录、点评：

熟能生巧 ❖➤

　　国际货物运输保险是通过订立保险合同来实现的，保险单是保险合同存在的证明。保险合同一经订立，订约双方均应按照合同条件，亦即保险单中各项保险条款的规定来履行义务、享受权利。

　　国际货物运输保险是以对外贸易货物运输过程中的各种货物作为保险标的的保险。外贸货物的运送有海运、陆运、空运以及通过邮政送递等多种途径。国际货物运输保险的种类以其保险标的的运输工具种类相应分为四类：海洋运输货物保险、陆上运输货物保险、航空运输货物保险、邮包保险。

　　有时一批货物的运输全过程使用两种或两种以上的运输工具，这时，往往以货运全过程中主要的运输工具来确定投保何种国际贸易运输保险种类。

　　保险同运输一样，已经成为国际贸易的必要组成部分。货物从卖方送到买方手中，要通过运输来完成，在这一过程中如遭遇意外损失，则由保险人进行经济补偿，以保证贸易的正常进行。各种对外贸易价格条件，都需明确保险和运输由谁办理。例如国际上通用的离岸价格（FOB）和成本加运费价（C&F）中不包括保险费，保险由买方自理；而到岸价格（CIF）中包括保险费，由卖方办理（见对外贸易价格条件）。保险之所以成为国际贸易所必需，是因为它将运输过程中不可预料的意外损失，以保险费的形式固定下来，计入货物成本，可以保证企业的经济核算和经营的稳定，避免由于意外损失引起买卖双方和有关利益方面之间的经济纠纷；可以使保险公司从自己经营成果考虑，注意对承保货物的防损工作，有利于减少社会财富损失；进出口贸易的货物在本国保险，还可以增加国家无形贸易的外汇收入。

　　要求根据上述资料，结合所学内容，对国际货物运输保险作简要分析，分析的内容可参考以下提示：

1. 国际货物运输风险；

2. 国际货物运输损失；

3. 国际货物运输保险业务范围；

4. 国际货物运输保险作用。

_____

_____

_____

_____

_____

任务二　掌握保险范围和种类

实训学习目标

知识目标：

1. 掌握海运基本险和附加险。

2. 熟悉航空运输保险承保范围及种类。

3. 掌握陆邮险的承保范围及种类。

能力目标：

1. 能够正确选择合适险别。

2. 能准确说明各类保险的承保范围。

实训学习方法

1. 自学（收集资料法、比较学习法、小组讨论法）。

2. 听讲学习（提问、总结、作业）。

3. 实操（情境再现法、头脑风暴法、案例分析法）。

实训课程介绍

本次实训任务，旨在让学生通过学习和实操，能够正确选择合适险别；能准确说明各类保险的承保范围。

本次实训任务，分一个学习情境进行：掌握保险范围和种类。

实训任务说明

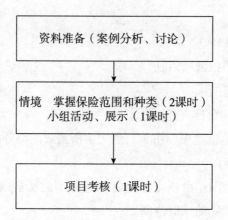

```
┌─────────────────────────────────┐
│   资料准备（案例分析、讨论）        │
└─────────────────────────────────┘
              │
              ▼
┌─────────────────────────────────┐
│ 情境　掌握保险范围和种类（2课时）    │
│      小组活动、展示（1课时）        │
└─────────────────────────────────┘
              │
              ▼
┌─────────────────────────────────┐
│        项目考核（1课时）           │
└─────────────────────────────────┘
```

实训知识铺垫

一、海洋运输的保险种类及承保范围

海运货物保险的险种，习惯上把它们分成基本险、附加险和专门险。

（一）基本险（又称主险）

我国海洋运输货物的基本险分为平安险、水渍险和一切险三种。

1. 平安险（FPA）

平安险原文的含义是"单独海损不赔"。

平安险的承保责任范围：

（1）自然灾害造成的全损。

（2）意外事故造成的全损或部分损失。

（3）在运输工具已经发生搁浅、触礁、沉没、焚毁意外事故的情况下，货物在此前后又在海上遭受恶劣气候、雷电、海啸等自然灾害所造成的部分损失。

（4）在装卸或转运时由于一件或数件货物整件落海造成的全部或部分损失。

（5）被保险人对遭受承保责任内危险的货物采取抢救、防止或减少货损的措施而支付的合理费用，但以不超过该批被救货物的保险金额为限。（施救费用的支出）

（6）运输工具遭遇海难后，在避难港由于卸货所引起的损失以及在中途港、避难港由于卸货、存仓和运送货物所产生的特别费用。

（7）共同海损的牺牲、分摊和救助费用。

（8）运输契约订有"船舶互撞责任"条款，根据该条款规定由货方偿还船方的损失。

由于平安险承保责任范围不广，一般多用于大宗、低值、粗糙的无包装货物，如废钢铁、木材、矿砂等。

2. 水渍险（WA 或 WPA）

原文的含义是"负单独海损责任"。

水渍险的承保责任范围：

（1）平安险所承保的全部责任。

（2）被保险货物在运输途中，由于自然灾害所造成的部分损失。

3. 一切险（All Risks）

一切险的承保责任范围：由于自然灾害和意外事故所造成的保险标的的全部损失或部分损失以及一般附加险的承保范围。

需要注意的是，一切险的承保责任也是有一定范围的，它的承保责任虽然较平安险和水渍险更广，但保险人并不是对任何风险所致损失都负赔偿责任。对于一些不可避免的，必然发生的风险所造成的损失（如：货物的内在缺陷和自然损耗所致损失），以及运输延迟、战争和罢工等所致损失，保险人均不负赔偿责任。

4. 除外责任

除外责任是保险人不负赔偿责任的范围。

（1）被保险人的故意行为或过失所造成的损失。

（2）属于发货人责任所引起的损失。

（3）在保险责任开始前，被保险货物已存在的品质不良或数量短差所造成的损失。

（4）被保险货物的自然损耗、本质缺陷、特性以及市价跌落、运输延迟所造成的损失和费用。

（5）战争险和罢工险条款规定的责任范围和除外责任。

5. 责任起讫

"仓至仓"条款。

6. 索赔期限

中国人民保险公司《海洋运输货物保险条款》规定索赔期限为 2 年，自被保险货物运抵目的港全部卸离海轮之日起计算（但我国《海商法》规定，上述索赔时效是自保险事故发生之日起计算）。

（二）附加险

附加险是基本险的扩大和补充，不能单独投保，只能在投保了基本险中的一种之后才能加保。加保的附加险可以是一种或几种，由被保险人根据需要选择确定。我国保险业习惯将附加险分为一般附加险和特殊附加险两类。

1. 一般附加险

（1）偷窃、提货不着险（TPND）。Theft：偷，一般指货物的整件被偷走。Pilferage：窃，一般指货物中的一部分被窃取。

偷窃不包括使用暴力手段的公开掠夺。提货不着是指货物的全部或整件未能在目的地交付给收货人。

（2）淡水雨淋险（FWRD）。这一险别承保货物在运输途中由于淡水或雨淋所造成的损失。淡水包括船上淡水舱、水管漏水和舱汗等。

淡水是相对于海水而言的，由于平安险和水渍险只对海水所致的各种损失负责赔偿责任，因此，淡水雨淋险是扩展平安险和水渍险保险责任的附加险别。

（3）短量险（Risk of Shortage）。承保货物在运输过程中因外包装破裂、破口、扯缝造成货物数量短缺或重量短少的损失。对散装货物通常均以装船重量和卸船重量作为货物短少的依据（但不包括正常的途耗）。

（4）混杂、玷污险（Risk of Intermixture and Contamination）。混杂、玷污险是被保险货物在运输过程中，因混进杂质或被污染所引起的损失，如矿砂、矿石混进泥土，或棉布、服装、纸张被油类或带色的物资污染时。在这一险别下，上述混杂、玷污损失均由保险人负赔偿责任。

（5）渗漏险（Risk of Leakage）。主要承保流质、半流质、油类等货物，由于容器损坏而引起的渗漏损失；或因液体外流而引起的用液体盛装的货物（如湿肠衣、酱菜等）的变质、腐烂所致的损失。

（6）碰损、破碎险（Risk of Clash and Breakage）。承保货物在运输过程中，因震动、碰撞、受压造成的碰损和破碎损失。

（7）串味险（Risk of Odour）。承保货物在运输过程中，因受其他带异味货物的影响造成串味的损失。

（8）钩损险（Hook Damage）。承保袋装、捆装货物在装卸或搬运过程中，由于装卸或搬运人员操作不当，使用钩子将包装钩坏而造成货物的损失。

（9）受潮受热险（Damage Caused by Sweating and Heating）。承保货物在运输过程中，由于气温突然变化或船上通风设备失灵，使船舱内的水蒸气凝结而引起货物受潮或由于温度升高使货物发生变质的损失。

（10）包装破裂险（Breakage of Packing）。承保货物在运输过程中因包装破裂造成短少、玷污等损失。此外，对于在运输过程中，为了续运安全需要而产生的修补包装、调换包装所支付的费用，也予负责。由于包装破裂造成物资的损失，从其他附加险的责任中可以得到保障，因此，这一险别主要是补偿由于修补或调换包装的损失。

（11）锈损险（Risk of Rust）。承保金属或金属制品一类货物，在运输途中因生锈造成的损失。

2. 特殊附加险

特殊附加险所承保的风险大多同国家行政管理、政策措施、航运贸易习惯等因素有关。

（1）交货不到险（Failure to Delivery）。被保险货物从装上船时开始，如果在预定抵达日期起满六个月仍不能运到原定的目的地交货，则不论何种原因，保险公司均按全部损失赔偿。

"交货不到"同一般附加险中的"提货不着"不同，它往往不是承运人运输上的原因，而是某些政治因素引起的。例如，由于禁运被保险货物被迫在中途卸货造成损失。由于交货不到，很可能是被保险货物并未实际遭受全损，因此，保险人在按全损赔付时都特别要求被保险人将货物的全部利益转移给自己。

（2）进口关税险（Import Duty Risk）。有些国家（如加拿大）对进口货物征收关税，不论货物是否完好，一律按完好时的价值十足计征。

（3）舱面险（On Deck Risk）。由于货物装载舱面极易受损，遭受水湿雨淋等情况更是司空见惯。保险人为了避免承保的责任过大，通常只接受在平安险的基础上加保舱面险。

（4）拒收险（Rejection Risk）。货物在进口时，由于各种原因，被进口国的有关当局拒绝进口或没收所造成的损失，保险人负赔偿责任。

（5）黄曲霉毒素险（Aflatoxin）。黄曲霉毒素是一种致癌毒素。发霉的花生、油籽、大米等一般都含有这种毒素。各国卫生当局对这种毒素的含量都有严格的限制标准。

（6）港澳存仓火险［出口货物到香港（包括九龙在内）或澳门存仓火险责任扩展条款］。我国出口到港澳的货物，有些是向我国在港澳的银行办理押汇。在货主向银行清还货款之前，货物的权益属于银行，因而在这些货物的保险单上注明过户给放款银行。如保险货物抵达目的地后，货主尚未还款，往往就将其存放在过户银行指定的仓库中。货物在存仓期间由于发生火灾而得到赔偿，就属于特别附加这一险别。这一险别的保险期限，是从货物运入过户银行指定的仓库时开始，直到过户银行解除货物权益或运输责任终止时起计算满 30 天为止。

（7）海运战争险（Ocean Marine Cargo War Risk）。直接由于战争、类似战争行为和敌对行为、武装冲突或海盗劫掠等所造成运输货物的损失；或由于上述原因引起的捕获、拘留、扣留、禁制、扣押等所造成的运输货物的损失；各种常规武器，包括水雷、鱼雷、炸弹等所造成的运输货物的损失；由本险责任范围所引起的共同海损牺牲、分摊和救助费用。

海运货物战争险的保险期间同海洋运输货物不同，它承保责任的起讫不是"仓至仓"，而是以"水上危险"为限，亦即以货物装上保险单所载明的起运港的海轮或驳船开始，到卸离保险单所载明的目的港的海轮或驳船为止。如果被保险货物不卸离海轮或驳船，保险责任期限以海轮到达目的港的当日午夜起算15天为止。如果货物需在中途港转船，也不得超过15天。只有在此期限内装上续运海轮，保险责任才继续有效。

（8）海运货物战争险的附加费用险（Additional Expenses—War Risks）。发生战争险责任范围内的风险引起航程中断或挫折，以及由于承运人行使运输契约中有关战争险条款规定所赋予的权利，把货物卸在保险单规定以外的港口和地方，因而产生的应由被保险人负责的那部分附加的合理费用。这些费用包括卸货、上岸、存仓、转运、关税以及保险费等。

（9）罢工险（Strikes Risk）。罢工险承保货物由于罢工者、被迫停工工人或参加工潮、暴动、民众斗争的人员的行动，或任何人的恶意行为所造成的直接损失和上述行动或行为所引起的共同海损的牺牲、分摊和救助费用。

二、航空货物运输保险种类及承保范围

1. 航空运输货物保险种类

航空运输货物保险的基本险别分为航空运输险和航空运输一切险。附加险有航空运输货物战争险。

（1）航空运输险和航空运输一切险：

①航空运输险的承保责任范围与海洋运输货物保险条款中的"水渍险"大致相同。

②航空运输一切险的承保责任范围与海洋运输货物保险条款中的"一切险"大致相同。

③责任起讫：也采用"仓至仓"条款，但与海洋运输不同的是在最后卸离地卸离飞机后满30天保险责任即告终止。

（2）航空运输货物战争险。自被保险货物装上保险单载明的起运地的飞机时开始，直到卸离保险单所载明的目的地的飞机为止。如果被保险货物不卸离飞机，则以载货飞机到达目的地的当日午夜起计算，满15天为止。如被保险货物在中途转运时，保险责任以飞机到达转运地的当日午夜起算，满15天为止；待装上续运的飞机，保险责任再恢复有效。

2. 航空货物运输险保险标的范围

（1）凡在中国境内经航空运输的货物均可为本保险之标的。

（2）下列货物非经投保人与保险人特别约定，并在保险单（凭证）上载明，不在保险标的范围以内：金银、珠宝、钻石、玉器、首饰、古币、古玩、古书、古画、邮票、艺术品、稀有金属等珍贵财物。

（3）下列货物不在航空货物保险保险标的范围以内：蔬菜、水果、活牲畜、禽鱼类和其他动物。

3. 航空货物运输险保险责任

（1）火灾、爆炸、雷电、冰雹、暴风、暴雨、洪水、海啸、地陷、崖崩；

（2）因飞机遭受碰撞、倾覆、坠落、失踪（在三个月以上），在危难中发生卸载以及遭受恶劣气候或其他危难事故发生抛弃行为所造成的损失；

（3）因受震动、碰撞或压力而造成破碎、弯曲、凹瘪、折断、开裂的损失；

（4）因包装破裂致使货物散失的损失；

（5）凡属液体、半流体或者需要用液体保藏的保险货物，在运输途中因受震动、碰撞或压力致使所装容器（包括封口）损坏发生渗漏而造成的损失，或用液体保藏的货物因液体渗漏而致保藏货物腐烂的损失；

（6）遭受盗窃或者提货不着的损失；

（7）在装货、卸货时和港内地面运输过程中，因遭受不可抗力的意外事故及雨淋所造成的损失。

在发生航空运输保险责任范围内的灾害事故时，因施救或保护保险货物而支付的直接合理费用，但最高以不超过保险货物的保险金额为限。

三、陆运保险种类及承保范围

陆上运输货物保险的基本险别分为陆运险与陆运一切险两种。陆上运输货物保险和海洋运输货物保险一样，也有附加险，即陆上运输货物战争险。

陆运险与陆运一切险：

（1）陆运险的承保责任范围与海洋运输货物保险条款中的"水渍险"相似。

（2）陆运一切险的承保责任范围与海洋运输货物保险条款中的"一切险"相似。

以上责任范围均适用于火车和汽车运输，并以此为限。

（3）除外责任：与海洋运输货物险相同。

（4）责任起讫：陆上运输货物险的责任起讫也采用"仓至仓"条款。保险人负责自被保险货物运离保险单所载明的起运地仓库或储存处所开始运输时生效，包括正常运输过程中的陆上和与其有关的水上驳运在内，直至该项货物运达保险单所载目的地收货人的最后仓库或储存处所和被保险人用作分配、分派的其他储存处所为止。如未运抵上述仓库或储存处所，则以被保险货物运抵最后卸货的车站满 60 天为止。

（5）索赔时效：从被保险货物在最后目的地车站全部卸离车辆后起算，最多不超过两年。

四、邮递货物保险

1. 邮包险和邮包一切险

（1）邮包险的承保责任：负责赔偿被保险邮包在邮运途中遭受恶劣气候、雷电、海啸、地震、洪水等自然灾害，或由于运输工具搁浅、触礁、沉没、碰撞、倾覆、出轨、坠落、失踪或由于失火、爆炸等意外事故所造成的全损或部分损失；另外，还负责被保险人对遭受保险责任内危险的货物采取抢救、防止或减少货损的措施而支付的合理费用，但以不超过该批被救货物的保险金额为限。

（2）邮包一切险的承保责任：除包括邮包险的一切责任外，还负责赔偿被保险邮包在运输途中由于外来原因造成的（包括被偷窃、短少在内的）全部或部分损失。

（3）责任起讫：自被保险邮包离开保险单所载起运地点寄件人的处所运往邮局时开始，直至被保险邮包运达保险单所载明的目的地邮局，自邮局签发到货通知书当日午夜起算，满 15 天终止，但在此期限内，邮包一经递交至收件人的处所时，保险责任即行终止。

2. 邮包战争险

责任起讫：自被保险邮包经邮政机构收讫后自储存处所开始运送时生效，直至该项邮包运达保险单所载明的目的地邮政机构送交收件人为止。

实训任务实施

情境 掌握保险范围和种类

【学时】

2 学时。

【学习目标】

1. 能够正确选择合适险别。

2. 能准确说明各类保险的承保范围。

【重难点】

1. 能够正确选择合适险别。

2. 能准确说明各类保险的承保范围。

【学习过程】

1. 布置学生查询资料（预习、自学阶段）。

（1）什么是海运基本险和附加险？

（2）航空运输保险范围和承保的种类。

（3）陆邮险的承保范围及种类？

（4）如何选择合适的保险？

（5）国际货物投保注意事项？

2. 分析资料。

深圳市朝日进出口有限公司（SHENZHEN ASAHI IMPORT & EXPORT CO, . LTD 地址：fuyong town，Baoan district, CHI－SHENZHEN）是一家具有进出口经营权的服装贸易公司，主要经营服装进出口。2012 年 10 月底，该公司与韩国日进服装公司合作，购买 400 件毛呢大衣。该批货物拟定从釜山港运往深圳港，11 月底装 E001 航次的"丽京"轮。朝日公司业务员找到深圳宏达国际货运代理有限公司苏姗，委托其办理进口业务。请分析该笔业务选择什么保险种类？

3. 案例分析。

我国 A 公司按照 CIF 价格条件与某国 B 公司签订了一单 2000 吨食用糖的生意，投保一切险。由于货轮陈旧，速度慢，加上沿途尽量多装货物，停靠码头的次数和时间太多，结果航行 3 个月才到达目的港。卸货后发现，由于路途时间过长，加之又要穿过赤道，食用糖长时间的受热，使得货物变质，根本无法出售。请问这种情况保险公司是否应赔偿？为什么？

4. 案例分析。

2002 年 10 月，澳大利亚达通贸易有限公司向我国华东吉发有限责任公司订购饲料用玉米 10000 公吨。货船在厦门装船以后直接驶向达尔文港。途中船舶货舱起火，大火蔓延到机舱。船长为了船货的共同安全，命令采取紧急措施，往舱中灌水灭火。火虽然被扑灭，但由于主机受损，无法继续航行。为使货轮继续航行，船长发出求救信号，船被拖至就近的维佳港口修理，检修后重新将货物运往达尔文港。事后经过统计，事故总共造成如下损失：①2500 吨玉米被火烧毁；②1300 吨玉米由于灌水不能食用；③主机和部分甲板被火烧坏；④雇用拖船支付费用若干；⑤因为船舶维修，延误船期，额外增加了船员工资以及船舶的燃料。试问：在上述各项损失中，哪些属于单独海损？哪些属于共同海损？在投保了平安险的情况下，被保险人有权向保险公司提出哪些赔偿要求？为什么？

5. 案例分析。

有一份 FOB 合同，货物在从卖方仓库运往码头的途中，因意外而致部分货物受损，而买方已经投了"仓至仓"的一切险，事后卖方向保险公司索赔遭到拒绝，买方索赔同样遭到拒绝，那么保险公司究竟该不该赔偿呢？

项目考核

1. 国际海上货物运输包括（   ）和（   ）两种方式。

2. 《海牙规则》的全称为（   ），该规则于 1924 年 8 月 25 日订立于布鲁塞尔，于 1931 年 6 月 2 日生效。

3. 按照《海牙规则》的规定，承运人的责任是从货物装上船起，至卸下船止的整个期间。当使用船上吊杆装卸货物时，指从装货时吊钩受力开始至货物卸下船脱离吊钩为止的整个期间，即实行（   ）。当使用岸上吊杆装卸时，则货物从装运港越过船舷时起至卸货港越过船舷为止的整个期间，即实行（   ）。

4. 我国《海商法》对每一件货物的赔偿责任限额为（   ）。

5. 关于提单中承运人的责任制问题，《海牙规则》实行的是（   ）。

A. 严格责任　　　　　　　　B. 不完全过失责任

C. 完全过失责任　　　　　　D. 过失责任

6. 在 CIF 条件下应由（   ）负责租船订舱。

A. 买方　　　　　B. 卖方　　　　　C. 收货代理人　　　D. 委托人

实训总结

考核标准 ◆→

【情境活动评价】

表7-2　　　　　　　　　"掌握保险范围和种类"评分表

考评内容	能力评价			
考评标准	具体内容	分值（分）	学生评分（0.4）	师评（0.6）
	每题回答正确	40		
	自己组织语言，准确，精练	25		
	PPT制作精美	15		
	在90分钟内完成，遵守机房纪律	20		
	合计	100	注：考评满分为100分，60～74分为及格；75～84分为良好；85分以上为优秀	

各组成绩					
小组	分数	小组	分数	小组	分数

教师记录、点评：

熟能生巧 ◆→

2013年11月初，上海某进出口贸易公司通过船运将一批货物运往澳大利亚。但在运输途中船舱内发生火灾，为减少损失及人员伤亡，船长立即组织人员灌水施救。大火扑灭后，除因大火烧毁一部分货物外，因灌水施救造成货物潮湿损毁，"潮湿损坏的货物损失超过10万元，此次事故共造成经济损失高达30万元"。据该公司贸易部门负责人李经理透露。

事发后，该贸易公司第一时间向承保保险公司及该公司澳大利亚勘查分支机构取得了联系，"在接到出险通知后，我们立即与当地理赔勘查人员取得联系。经当地勘查人员反馈，该起事故符合货物运输保险索赔条件，本次事故损失由我方赔付，目前后续赔付工作已经展开。"该机构负责人表示。

"货运险出险索赔除了第一时间报案之外，还需要积极施救，尽可能降低损失。从上面的案例来看，贸易公司符合索赔条件。"第三方保险网站新一站保险网货运险专家韩女士指出。

近年来，随着国际化贸易的不断加深，海上运输随之增加，海上运输风险也随之而来，货物运输保险成为国际贸易中不可或缺的组成部分。据了解，目前，中国平安、美亚保险、太平洋保险等保险公司都有专门的海上货物运输保险。

"我们常说的平安险、水渍险、一切险、罢工险、战争险，这些都属于海洋货物运输险的范畴，企业可以根据自身需求购买。"韩女士指出，"例如，南苏丹独立两年半来，麻烦不断，叛军和政府部队之间的战事愈演愈烈。我们一般建议货主进出口货物到局势比较紧张的国家或地区最好能够购买罢工、战争险等附加险种。"

专家提醒：出险后需第一时间与保险公司或代理公司取得联系，出示相关材料进行索赔。一般索赔时效为 2 年，切莫错过索赔时效。

请就此事件进行讨论。

_____

_____

_____

_____

_____

任务三　掌握国际货物运输的投保和索赔

实训学习目标

知识目标：

1. 了解保险投保程序。

2. 了解索赔理赔程序。

能力目标：

1. 能办理保险。

2. 熟悉索赔流程及操作要领。

3. 会缮制保单。

实训学习方法

1. 自学（收集资料法、比较学习法、小组讨论法）。
2. 听讲学习（提问、总结、作业）。
3. 实操（情境再现法、头脑风暴法、案例分析法、思维导图法）。

实训课程介绍

本次实训任务，旨在让学生通过学习和比较，能办理保险；熟悉索赔流程及操作要领；会缮制保单。

本次实训任务，分一个学习情境进行：掌握国际货物运输的投保和索赔。

实训任务说明

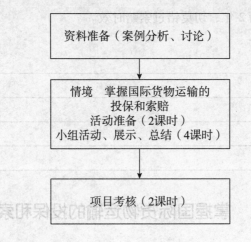

实训知识铺垫

一、国际货物投保程序

在国际货物运输过程中，由哪一方负责办理国际贸易运输保险投保，应根据买卖双方商订的价格条件来确定。例如按 F. O. B. 条件和 C. F. R. 条件成交，保险即应由买方办理；如按 C. I. F. 条件成交，保险就应由卖方办理。

办理国际贸易运输保险的一般程序是（如图 7 - 3 所示）。

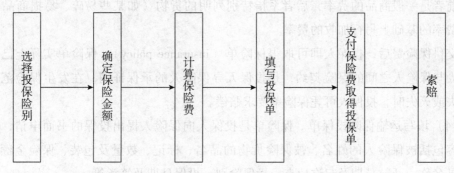

图 7 - 3　保险办理基本程序

（1）选择投保险别。根据货物自身特点，并考虑运输方式、包装、路线、起运地，目的地政治环境、港口因素等各方面的特点，合理选择合适的保险险别。

（2）确定投保金额。保险金额是被保险人对保险标的的实际投保金额，是保险人计算保险费的基础，是保险人承担赔偿或给付保险金责任的最高限额。投保人在填写保单时应确定保险金额。

①出口业务中的保险金额的确定。出口货物保险金额一般是以 CIF 或 CIP 的发票价格为基础确定的，一般包括货价、运费、保险费以及预期利润等。所以，保险金额通常按 CIF 或 CIP 价格加成（一般为 10%）后得到。

$$保险金额 = CIF（或 CIP）价 × （1 + 保险加成率）$$

如果是以 CFR 或 CPT 价格成交的合同，可先换算成 CIF 价格，再计算保险金额。

$$CIF（或 CIP）价 = CFR（或 CPT）价/1 - （1 + 保险加成率）× 保险费$$

如果是以 FOB 或 FCA 价格成交的，换算成 CIF 价格。

$$CIF（或 CIP）价 = FOB（或 FCA）价 + 运费/1 - （1 + 保险加成率）× 保险费$$

②进口业务中的保险金额的确定。我国进口货物的保险金额原则上也是以进口货物的 CIF 或者 CIP 价格计算，但进口货物较多采用 FOB 或 FCA 条件成交。为方便计算，进出口企业往往与保险公司签订预约保险合同，共同议定平均运费率和平均保险费率，以进口货物的 CIF 货价作为保险金额，其计算公式如下：

$$保险金额 = FOB（或 FCA）价 × （1 + 平均运费率 + 平均保险费率）$$

这里计算出的保险金额是估算出的 CIF 或 CIP 价格，而且不另加成。如投保人要求加成投保，保险公司也可以接受。

（3）计算保险费。取得保险单，保险费按投保险别的保险费率计算。

$$保险费 = 保险金额 × 保险费率 = CIF（1 + 加成率）× 保险费率$$

保险费率是根据不同的险别、不同的商品、不同的运输方式、不同的目的地，并参照国际上的费率水平而制订的。它分"一般货物费率"和"指明货物加费费率"两种。前者是一般商品的费率,后者系指特别列明的货物(如某些易碎、易损商品)在一般费率的基础上另行加收的费率。

交付保险费后,投保人即可取得保险单(insurance policy)。保险单实际上已构成投保人与保险人之间的保险契约,是投保人寻保险人的承保证明。在发生保险范围内的损失或灭失时,投保人可凭保险单要求赔偿。

(4)填写运输保险投保单。保险单是投保人向保险人提出投保的书面申请,其主要内容包括被保险人的姓名、被保险货物的品名、标记、数量及包装、保险金额、运输工具名称、开航日期及起讫地点、投保险别、投保日期及签章等。

(5)支付保险费,取得投保单。

(6)索赔。被保险的货物发生属于保险责任范围内的损失时,投保人可以向保险人提出赔偿要求。

二、国际货物索赔手续

如果被保险货物发生属于保险责任范围内的损失时,被保险人在保险有效期内可以向保险人提出赔偿要求,称为保险索赔。

保险索赔程序如图 7-4 所示。

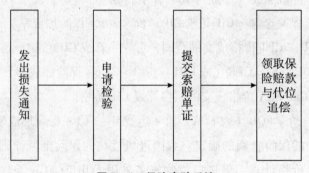

图 7-4 保险索赔手续

(1)被保险货物运抵目的地后,收货人如发现整件短少或有明显残损,应立即向承运人或有关方面索取货损或货差证明。

(2)联系保险公司指定的检验理赔代理人申请检验,提出检验报告,确定损失程度,同时向承运人或有关责任方提出索赔。

(3)属于保险责任的,可填写索赔清单,连同提单副本、装箱单、保险单正本、磅码单、修理配置费凭证、第三者责任方的签证或商务记录以及向第三者责任方索赔的来往函件等向保险公司索赔。

（4）领取保险赔款或取得代位追偿权。索赔应当在保险有效期内提出并办理，否则保险公司可以不予办理。

实训任务实施

情境　掌握国际货物运输的投保和索赔

【学时】

6 学时。

【学习目标】

1. 能办理保险。

2. 熟悉索赔流程及操作要领。

3. 会缮制保单。

【重难点】

1. 能办理保险。

2. 熟悉索赔流程及操作要领。

3. 会缮制保单。

【学习过程】

1. 根据国际货物投保流程，讨论分析需要的单据有哪些？

_____

_____

2. 想一想，国际货物保险有什么作用？

_____

_____

3. 查一查，国际货物发生损失时，如何索赔？

_____

_____

_____

4. 根据下面的情景，模拟如何办理保险？并记录过程。

不可撤销信用证

兹开立号码为 1946 - 1D - 10 - 0004 的不可撤销的信用证

开证日期：2010. 01. 05

有效日期和地点：2010. 03. 01　　中国

开证行：孟加拉国家银行

开证申请人：孟加拉国曼联贸易有限公司

　　　　　　穆吉布大道，124 号（一楼），4100

　　　　　　电话：00880 – 2714618

　　　　　　传真：00880 – 2714618

受益人：深圳中泰力进出口贸易有限责任公司

　　　　深圳市深南中路佳和强大厦 a 座 1909 室，518000

　　　　电话：0755 – 83759298

　　　　传真：0755 – 83759298

信用证总额：＿＿＿＿＿＿＿＿＿＿＿＿＿

承兑方式：任何银行议付见证 45 天内付款

付款行：受益人国家的任何一家银行可议付

运输要求：不允许分装　　允许转船

起运港：＿＿＿＿＿＿天津＿＿＿＿＿＿＿

目的港：＿＿＿＿＿＿吉大港＿＿＿＿＿＿

最迟装运期：2010. 02. 15

货物描述：

涂料马林

规格：T5361

单价：USD_ 3000 ＿＿＿＿＿＿＿/桶 CFR 吉大港

总升数：4140 公升

包装：使用适合海运的金属桶包装，每公升装成一桶，每 12 桶包装成箱

包装尺码 90cm×60cm×80cm 包装重量（毛/净）25/23kgs

应附单据：

1. 签字的商业发票五份

2. 全套清洁已装船海运提单 3/3 份，收货人为 TO THE ORDER OF 信用证开证行。显示"运费预付"，通知开证申请人，且注明"斯里兰卡"号装运

3. 装箱单/重量单四份，显示每个包装产品的数量/毛净重和信用证要求的包装情况

4. 由制造商签发的质量证明三份

5. 受益人证明的传真件，在船开后三天内已将船名航次，日期，货物的数量，重量价值，信用证号和合同号通知付款人

6. 当局签发的原产地证明三份

7. 当局签发的健康/检疫证明三份

附加指示：

1. 租船提单和第三方单据可以接受

2. 装船期在信用证有效期内可以接受

3. 允许数量和金额公差在 10% 左右

补充资料：

合同号：OIH/5474538564　　　　　发票号：NPMS/SQ/920902

提单号：2514646316DF　　　　　海关注册编码：3814.00.00

实际船期：20100214　　　　　　航次：V587925

发票日期：2009.12.29

备案号：C514977537934（该货物列手册第 22 项）

深圳中泰力进出口贸易有限责任公司（编号 1234）于 2010 年 02 月 13 日向天津海关（关区代码：0201）申报。收汇核销单号：29/144527267，出境货物通关单（证件编号：45727465345），法定计量单位：公升。使用集装箱运输，箱号分别为 IN-BU775638X，集装箱自重均为 4020kg。

预录入编号：45727465345

贸易方式：一般贸易

征免性质：照章

结汇方式：信用证

许可证号：45727465345

境内货源地：深圳中泰力进出口贸易有限责任公司

生产厂家：深圳中泰力进出口贸易有限责任公司

唛头：PO NO.：OIH/5474538564

BUYER：深圳中泰力进出口贸易有限责任公司

　　　　GOODS' NAME：涂料马林

　　　　G. W.：25kgs

　　　　N. W.：23kgs

　　　　SIZE：T5361

　　　　NO　　2514646316DF

运费：USD 1000　　　　　保费：USD 15000　　　　　杂费：USD 300

开户行账号：中国银行 9558801106100393879　　MR. G

报关员：MR. A

项目考核 ✦

1996 年 12 月 9 日，原告潍坊鸿达海运有限公司将从海南育海船务公司光船租赁的船舶"潍洋"轮在被告中国太平洋保险公司潍坊分公司投保了一切险，保险期限自 1996 年 12 月 10 日 0 时到 1997 年 12 月 9 日 24 时止。1997 年 7 月 19 日，"潍洋"轮第 4 航次从福州马尾港装黄沙 6350 吨抵达韩国济州港（该港拥有可容纳 20 艘万吨级船舶的装卸泊位），在得到准备进港的通知后，对主机进行正倒车试验均为正常后起锚。因济州港无引水，且原港口拖轮正在修理，港方指派两艘军用拖轮协助"潍洋"轮靠泊，故船长亲自操船靠泊，但在行驶中突然发现主机失灵，最终与五号码头相撞并致其损坏。事后查明，该次碰撞的直接原因为船舶在正常维护中所不能发现的减压阀失灵所造成的。事发后，船方就其所支付的港口方面的赔款以及修船费等各项损失向保险公司索赔。11 月 14 日，被告向原告发出"拒赔通知"，认为保险公司基于如下原因而不对此次碰撞事故负责：①被保险人使用"潍洋"轮从事海上运输业务，没有主管部门（交通部）颁发的经营许可证，其对"潍洋"轮没有合法的保险利益；②被保险人投保时，隐瞒了自己没有海上运输经营权这一重要事实，没有尽到告知义务，违背了最大诚信原则；③被保险人明知济州港无引水，原拖轮已坏而替代的军用拖轮在构造性能、带揽功能等方面均与一般拖轮有较大的差距，保险标的危险程度增大时，未将这一情况通知保险公司，故其将不承担增加的危险导致的赔偿责任；④被保险人明知此时船舶靠港可能会导致损害的发生，而心存侥幸，放任损害后果的发生，这种疏忽和间接故意的行为是该轮发生碰撞码头事故的直接原因。

请问：此案例中保险人是否应该给予赔偿？为什么？如何进行索赔？简述索赔流程。

_____

_____

_____

_____

实训总结 ✦

_____

_____

_____

_____

_____

考核标准

【情境活动评价】

表 7 – 3　　　　　　　　　"掌握国际货物运输投保和索赔"评分表

考评内容	能力评价			
考评标准	具体内容	分值（分）	学生评分（0.4）	师评（0.6）
	讲解国际货物运输投保流程	20		
	讲解国际货物索赔流程	30		
	模拟国际货物投保	30		
	语言表达	20		
合计		100	注：考评满分为 100 分，60～74 分为及格；75～84 分为良好；85 分以上为优秀	

各组成绩					
小组	分数	小组	分数	小组	分数

教师记录、点评：

熟能生巧

2013 年 11 月初，上海某进出口贸易公司通过船运将一批货物运往澳大利亚。但在运输途中船舱内发生火灾，为减少损失及人员伤亡，船长立即组织人员灌水施救。大火扑灭后，除因大火烧毁一部分货物外，因灌水施救造成货物潮湿损毁，"潮湿损坏的货物损失超过 10 万元，此次事故共造成经济损失高达 30 万元"。据该公司贸易部门负责人李经理透露。

事发后，该贸易公司第一时间向承保保险公司及该公司澳大利亚勘查分支机构取得了联系，"在接到出险通知后，我们立即与当地理赔勘查人员取得联系。经当地勘查人员反馈，该起事故符合货物运输保险索赔条件，本次事故损失由我方赔付，目前后续赔付工作已经展开。"该机构负责人表示。

"货运险出险索赔除了第一时间报案之外，还需要积极施救，尽可能降低损失。从上面的案例来看，贸易公司符合索赔条件。"第三方保险网站新一站保险网货运险专家韩女士指出。

近年来，随着国际化贸易的不断加深，海上运输随之增加，海上运输风险也随之而来，货物运输保险成为国际贸易中不可或缺的组成部分。据了解，目前，中国平安、美亚保险、太平洋保险等保险公司都有专门的海上货物运输保险。

"我们常说的平安险、水渍险、一切险、罢工险、战争险，这些都属于海洋货物运输险的范畴，企业可以根据自身需求购买。"韩女士指出，"例如，南苏丹独立两年半来，麻烦不断，叛军和政府部队之间的战事愈演愈烈。我们一般建议货主进出口货物到局势比较紧张的国家或地区最好能够购买罢工、战争险等附加险种。"

专家提醒：出险后需第一时间与保险公司或代理公司取得联系，出示相关材料进行索赔。一般索赔时效为 2 年，切莫错过索赔时效。

阅读此文后，你有何感想？

_____

_____

_____

_____

_____

项目八　货代综合实训

本项目在学生熟悉国际贸易业务相关知识的基础上，认识国际货运代理业务之后，实训操作海运货代业务。通过本项目，学生能够根据教师要求，承揽海运业务，并且按照实际业务操作流程，进行进出口海运货代业务，且独立填制相关单据。

任务一　海运货代业务

实训学习目标

知识目标：

1. 了解国际海运货运代理业务制度。
2. 掌握国际海运货运代理业务的基本程序和操作流程。
3. 学会缮制常见的货代单据。

能力目标：

1. 能够进行国际海运货运业务处理。
2. 学会进出口商品海运货代业务操作流程。
3. 独立填制货代单据，并会审查。

实训学习方法

1. 自学（收集资料法、比较学习法、小组讨论法）。
2. 听讲学习（提问、总结、作业）。
3. 实操（小组展示法、头脑风暴法、案例分析法）。

实训课程介绍

本次实训任务，旨在让学生通过学习和比较，了解国际海运货运代理业务相关法律制度，在制度的约束下，如何进行海运代理业务。

本次实训任务，分一个学习情境进行：国际海运货运代理业务的操作流程和缮制单据。

实训任务说明

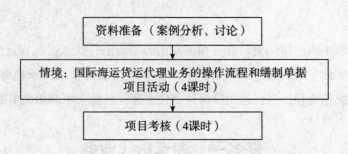

```
┌─────────────────────────────────┐
│   资料准备（案例分析、讨论）        │
└─────────────────────────────────┘
                 │
                 ▼
┌─────────────────────────────────┐
│ 情境：国际海运货运代理业务的操作流程和缮制单据 │
│       项目活动（4课时）            │
└─────────────────────────────────┘
                 │
                 ▼
┌─────────────────────────────────┐
│        项目考核（4课时）           │
└─────────────────────────────────┘
```

实训知识铺垫

海运货代业务承揽的基本程序：

（1）接受货主询价。

（2）接受货主委托。

（3）订舱。

（4）做箱。

（5）报关。

（6）提单确认和修改。

（7）签单。

（8）航次费用结算。

（9）提单、发票发放（提单样本）。

（10）应在一个月内督促航次费用的清算并及时返还货主的"核销退税单"。

（11）海关退税有问题的，需更改并要提供如下资料。

实训任务实施

情境　国际海运货运代理业务的操作流程和缮制单据

【学时】

4 学时。

【学习目标】

1. 能够进行国际海运货运业务处理。

2. 学会进出口商品海运货代业务操作流程。

3. 独立填制货代单据，并会审查。

【重难点】

1. 学会进出口商品海运货代业务操作流程。

2. 独立填制货代单据，并会审查。

【学习过程】

根据下面的情景，模拟且记录海运货代完整的操作过程，模拟过程中准确填制海运货代单据。

信用证

兹开立号码为 LC – 410 – 046405 的不可撤销的信用证。

开证日期：2006. 10. 22

有效日期和地点：2007. 01. 15　中国

开证行：东京朝日银行

开证申请人：日本住友贸易有限公司

　　　　　　GIFU – CITY GIFU – PREF 500 – 8285JAPAN

　　　　　　电话：0190852203

　　　　　　传真：0190852203

受益人：深圳中泰力进出口贸易有限责任公司

　　　　深圳市深南中路佳和强大厦 a 座 1909 室，518000

　　　　电话：0755 – 83759298

　　　　传真：0755 – 83759298

信用证总额：_____

承兑方式：任何银行议付见证 45 天内付款

付款行：东京朝日银行

运输要求：不允许分装　允许转船

起运港：_____广州_____

目的港：_____大阪_____

最迟装运期：2006. 12. 31

货物描述：

半干李子干

A/L：700/M：700

单价：USD _____ 25 _____/ 箱 CIF 大阪

数量：400 箱

包装：木箱包装，12 公斤一箱

包装尺码 100cm×60cm×30cm 包装重量（毛/净）22/12kgs

应附单据：

1. 签字的商业发票五份

2. 一整套（3/3）清洁已装船提单，抬头为 TO ORDER，运费预付的空白背书，且注明"龙田丸"号装运，通知人为东京国家运输公司，TEL（0081）06－26456375

3. 装箱单/重量单四份，显示每个包装产品的数量/毛净重和信用证要求的包装情况

4. 由制造商签发的质量证明三份

5. 受益人证明的传真件，在船开后三天内已将船名航次，日期，货物的数量，重量价值，信用证号和合同号通知付款人

6. 当局签发的原产地证明三份

7. 当局签发的健康/检疫证明三份

附加指示：

1. 租船提单和第三方单据可以接受

2. 装船期在信用证有效期内可以接受

3. 允许数量和金额公差在 10% 左右

补充资料：

发票号码：06IN－C314　　　发票日期：2006 年 11 月 18 日

提单号码：GSOK30088　　　提单日期：20061221

船名：CHANG GANG　V.98097H　　　　　装运港：广州港

外汇核销单号码：4548056

原产地证号：981898699　　　　　　商品编码：0813.2000

生产厂家：广州农垦丰华食品厂

合同号：OIH/547＋/045564

备案号：C514975345234（该货物列手册第 7 项）

深圳中泰力进出口贸易有限责任公司（编号 1234）于 2006 年 12 月 20 日向广州海关（关区代码：5100）申报。出境货物通关单（证件编号：4574289345），法定计量单位：千克。使用集装箱运输，箱号分别为 INBU775638X，集装箱自重均为 4020kg。

预录入编号：45373252345

贸易方式：进料加工

征免性质：一般征免

结汇方式：信用证

许可证号：45373252345

境内货源地：深圳中泰力进出口贸易有限责任公司

生产厂家：深圳中泰力进出口贸易有限责任公司

唛头：PO NO.：OIH/547＋/045564

　　　　BUYER：深圳中泰力进出口贸易有限责任公司

　　　　GOODS' NAME：半干李子干

　　　　G. W.：22kgs

　　　　N. W.：12kgs

　　　　SIZE：700/M：700

　　　　NO　　GSOK30088

运费：USD 3000　　　　　保费：USD 21000　　　　　杂费：USD 300

开户行账号：中国银行 9558801106100393879　　MR. Y

报关员：MR. S

1. 记录海运货代完整的操作过程。

_____

_____

_____

_____

2. 填制海运货代单据。

单据一：

海运出口货运代理委托书　　　　委托日期　　年　月　日

委托单位名称		
提单 B/L 项目要求	发货人： Shipper	
	收货人 Consignee	
	通知人： Notity Party	

海洋运费（√） Ocean Fright	预付　或　到付 Prepaid or Collect	提单份数		提单寄送 地　　址	
起 始港	目的港			可否 转船	可否 分批
集装箱预配数	20′×　　　40′×			装运 期限	有效 期限

标记唛头	件数及 包装式样	中英文货号 Descniption goods （In Chinese&English）	毛重 （公斤）	尺码 （立方米）	成交条件 （总价）
		.			
			特种货物 □冷藏品 □危险品	重件：　每件重量 大件： （长×宽×高）	
内装箱（CFS）地址			货物报关、报检（√）自理 或　委托		

门对门 装箱点	地址			货物备妥日期	
	电话	联系人		货物进栈（√）　自送　或 派车	

随 附 单 证 份	出口货物报关单	商业发票		委托人	
	出口收汇核销单	装箱清单		电　话	
	进来料加工手册	出口许可证		传　真	
	质产地说明书	出口配额证	委 托 方	地　址	
	危险货物说明书	商检证			
	危险货物包装证	动植物检疫证		委　托 单　位 盖　章	
	危险货物装箱申明书				
备 注					

单据二：

_____（公司名称）

订舱委托书

公司编号：　　　　　　　　　日期：

（1）发货人	（4）信用证号码	
	（5）开证银行	
	（6）合同号码	（7）成交金额
	（8）装运口岸	（9）目的港
（2）收货人	（10）转船运输	（11）分批装运
	（12）信用证有效期	（13）装船期限
	（14）运费	（15）成交条件
	（16）公司联系人	（17）电话/传真
（3）通知人	（18）公司开户行	（19）银行账号
	（20）特别要求	

（21）标记唛头　（22）货号规格　（23）包装件数　（24）毛重　（25）净重　（26）数量　（27）单价　（28）总价

（29）总件数　（30）总毛重　（31）总净重　（32）总尺码　（33）总金额

单据三：

PACKING LIST

INVOICE NO.

INVOICE DATE

S/C NO.

S/C DATE

TO：

FROM：　　　　　　　　　　　　TO：

L/C NO.：　　　　　　　　　　DATE OF SHIPMENT

唛头	货物描述	数量 （　　）	包装	毛重 （kg）	净重 （kg）	总价 （USD）

TOTAL QUATITY：

TOTAL AMOUNT：

SIGNED BY：

DATE：

单据四：

INVOICE

TO ADD TEL　　　　　　　　　　　　　　FAX				NO.	DATE
				S/C NO.	L/C NO.
TRANSPORT DETAILS				TERMS OF PAYMENT	
品名	箱号	型号	数量 （　　）	单价 （USD）	总价 （USD）
TOTAL					

TOTAL QUATITY：

TOTAL AMOUNT：

SIGNED BY：

DATE：

单据五：

海运提单

（4）托运人		（10）提单号：
（5）收货人		
（6）通知人		C O S C O 中国远洋运输（集团）总公司 CHINA OCEAN SHIPPING （GROUP） CO. ORIGINAL COMBINED TRANPORT BILL OF LADING
（4）第一乘船	（5）收货地	
（6）船名 航次	（7）装运港	
（8）卸货港	（9）目的地	

（11）唛头	（12）包装与件数	（13）商品名称	（14）毛重	（15）体积
（16）总件数				

（17）运费支付	（18）正本提单份数	（19）签发地点与日期
	（20）装船日期	（21）签发人

单据六：

中华人民共和国海关出口货物报关单

预录入编号　　　　　　　　　　　　　　　海关编号：

出口口岸		备案号		出口日期		申报日期
经营单位		运输方式		运输工具名称		提运单号
发货单位		贸易方式		征免性质		结汇方式
许可证号		运抵国		指运港		境内货源地
批准文号		成交方式	运费	保费		杂费
合同协议号		件数	包装种类	毛重（kg）		净重（kg）
集装箱号	随附单据					生产厂家
标记唛码及备注						

续　表

项号	商品编号	商品名称 规格型号	数量及单位	最终目的国 （地区）	单价	总价	币制	征免

兹声明以上申报无讹并承担法律责任 报关员 单位地址　　　　　申报单位（签章） 邮编　　　　电话　　　　填制日期	海关审单批注及放行日期 审单　　　　　审价
	征税　　　　　统计
	查验　　　　　放行

单据七：

中国人民保险公司

THE PEOPLE'S INSURANCE COMPANY OF CHINA

总公司设于北京　　　　一九四九年创立

Head Office：BEIJING　　Established in 1949

发票号码　　　　　　　　　　保险单　　　　　　　　保险单号次

INSURANCE POLICY

中国人民保险公司（发下简称本公司）

This Police of Insurance witnesses that The People's Insurance

Company of China（hereinafter called "The Company"）

根据

at the request of _____

（以下简称被保险人）的要求，由被保险人

（hereinafter called the "Insured"）and in consideration of the agreed premium

向本公司缴付约定的保险费，按照本保险单

paying to the Company by the Insured，Undertakes to insure the undermentioned

承保险别和背面所载条款与下列特款承保

Goods in transportation subject to the conditions of this Policy as per Clauses

下述货物运输保险，特立本保险单。

— 336 —

printed overleaf and other special clauses attached hereon.

标 记 Marks & Nos	包装及数量 Quantity	保险货物项目 Description of Goods	保险金额 Amount Insured

总保险金额：

Total Amount Insured：_____

保费　　　　　　　费率　　　　　装载运输工具

Premium _____ Rate _____ Per conveyance S. S _____

开航日期　　　　　　自　　　　　　至

Sig on or abt _____ From _____ To _____

承保险别_____，按照中国人民保险公司 1981 年 1 月 1 日生效的有关海洋货物运输条款
为准。

Conditions _____

_____

所保货物，如遇出险，本公司凭本保险单及其他有关证件给付赔款。

Claims, if any, Payable On, surrender of this Policy together with other relevant documents.

所保货物，如发生本保险单项下负责赔偿的损失或事故，应立即通知本公司下述代理人
查勘。

In the event of accident whereby loss or damage may result in a claim under this policy immediate notice
applying for survey must be given to the company's Agent as mentioned hereunder.

中国人民保险公司深圳分公司

THE PEOPLE'S INSURANCE CO. OF CHINA SHENZHEN BRANCH

赔款偿付地点

Claim payable at _____

日期

DATE _____

保单背书

单据八：

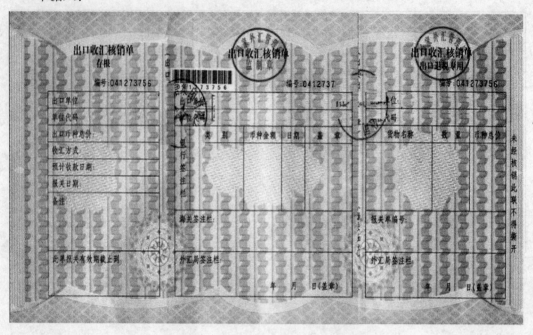

单据九：

<table>
<tr><td colspan="3">Ⓒ IQ</td><td colspan="5">中华人民共和国出入境检验检疫
出境货物报检单</td></tr>
</table>

报检单位（加盖公章）：		上海大鹏鞋业公司				*编号	
报检单位登记号：	3100600018	(1) 联系人：王强		电话：865744		报检日期：	2005 年 10 月 25 日
发货人	（中文）	(2) 上海大鹏鞋业公司					
	（外文）	DaPeng Shoes Corp. ShangHai China					
收货人	（中文）	美国星河公司					
	（外文）	(3) Star River Import&Export Corp. LongBeach U. S					
(4) 货物名称（中/外文）		H. S. 编码	产地	(5) 数/重量	(6) 货物总值		(7) 包装种类及数量
野生动物皮革制鞋面 其他运动鞋靴		6403190010	上海	5000	USD50，000		100 纸箱
运输工具名称号码		船舶	贸易方式	一般贸易	(8) 货物存放地		码头
(9) 合同号		TJLONG43980－432	(10) 信用证号	ZW780321	用途		其他
(11) 发货日期		2005.10	(12) 输往国家（地区）	美国	许可证/审批号		＊＊＊
(13) 起运地		上海	(14) 到达口岸	美国	生产单位注册号		3100600018
集装箱规格、数量及号码		＊＊＊					

(15) 合同、信用证订立的检验检疫条款或特殊要求	(16) 标记及号码	(17) 随附单据（画"√"或补填）	
＊＊＊	Dapeng/Star River	☑合同 ☐信用证 ☑发票 ☐换证凭单 ☑装箱单 ☑厂检单	☐包装性能结果单 ☐许可/审批文件 ☐ ☐ ☐ ☐
(18) 需要证单名称（画"√"或补填）			＊检验检疫费

项目考核

　　根据下面的情景，模拟且记录海运货代完整的操作过程，模拟过程中准确填制海运货代单据。

不可撤销信用证

兹开立号码为 1946 - 1D - 10 - 0004 的不可撤销的信用证

开证日期：2013.05.10

有效日期和地点：2013.08.10　　中国

开证行：中国银行广州分行

开证申请人：广州和平进出口贸易有限责任公司

广州市和平中路佳和强大厦 a 座 1909 室，518000

电话：022 - 83759298

传真：022 - 83759298

受益人：孟加拉国曼联贸易有限公司

穆吉布大道，124 号（一楼），4100

电话：00880 - 2714618

传真：00880 - 2714618

信用证总额：＿＿＿＿＿＿＿＿＿

承兑方式：任何银行议付见证 45 天内付款

付款行：受益人国家的任何一家银行可议付

运输要求：不允许分装　允许转船

起运港：_____吉大港_____

目的港：_____广州港_____

最迟装运期：2013.06.05

货物描述：

女士纯棉裙子

100% 棉绒线

单价：USD _____ 150 _____/件 CIF 曼谷

数量：200 箱

包装：6 打包装成一箱

包装尺码 80cm×60cm×50cm 包装重量（毛/净）25/15kgs

应附单据：

（1）签字的商业发票五份。

（2）一整套3/3清洁已装船提单，抬头为 TO ORDER，运费已付的空白背书，且注明"新斯里兰卡"号装运，通知人为加拿大国家运输公司，TEL（0091）0022－26757565。

（3）装箱单/重量单四份，显示每个包装产品的数量/毛净重和信用证要求的包装情况。

（4）由制造商签发的质量证明三份。

（5）受益人证明的传真件，在船开后三天内已将船名航次，日期，货物的数量，重量价值，信用证号和合同号通知付款人。

（6）当局签发的原产地证明三份。

（7）当局签发的健康/检疫证明三份。

附加指示：

（1）租船提单和第三方单据可以接受

（2）装船期在信用证有效期内可以接受

（3）允许数量和金额公差在10%左右

补充资料：

合同号：OIH/547045564　　　发票号：JMPOP75742377

提单号：SDF6341616546　　　海关注册编号：1465165401

实际船期：20040920　　　　　航次：V587925

发票日期：2004.09.10

备案号：C514975345234（该货物列手册第7项）

广州和平进出口贸易有限责任公司（编号1234）于 2004 年 9 月 19 日向广州海关

（关区代码：2212）申报。收汇核销单号：29/14572527，出境货物通关单（证件编号：45727527345），法定计量单位：听。使用集装箱运输，箱号分别为 INBU775638X，集装箱自重均为4020kg。

预录入编号：45727527345

贸易方式：一般贸易

征免性质：照章

结汇方式：L/C

许可证号：45727527345

境内货源地：广州和平进出口贸易有限责任公司

生产厂家：广州和平进出口贸易有限责任公司

唛头：N/M

运费：USD10000　　　保费：USD 10000　　　　杂费：USD 5600

开户行账号：中国银行 9558801106100393879　　MR. H

报关员：MS. W

1. 记录海运货代完整的操作过程。

_____

_____

_____

_____

2. 填制海运货代单据。

单据一：

中华人民共和国海关进口货物报关单

预录入编号：　　　　　　　　　　　　　海关编号：

进口口岸 *		备案号	进口日期 *	申报日期
经营单位		运输方式	运输工具名称	提运单号
收货单位 *		贸易方式	征免性质	
许可证号		起运国（地区）*	装货港 *	境内目的地 *

批准文号		成交方式	运费	保费	杂费
合同协议号			件数	包装种类	毛重（kg）	净重（kg）
集装箱号			随附单据		用途*

标记唛码及备注

项号	商品编号	商品名称规格型号	数量及单位	原产国（地区）	单价	总价	币制	征免

税费征收情况

（海关批注）

录入员	录入单位	兹声明以上申报无讹并承担法律责任	海关审单批注及放行日期（签章）
报关员			审单　　　　审价
单位地址		申报单位（签章）	征税　　　　统计
邮编　　　　　　电话			填制日期

实训总结 ✦➤

_____

_____

_____

考核标准

【情境活动评价】

表 8 - 1　　　　　"海运货代业务操作流程和缮制单据"评分表

考评内容	能力评价			
考评标准	具体内容	分值（分）	学生评分（0.4）	师评（0.6）
	阐述海运货代	20		
	填制单据	30		
	模拟海运货代流程	30		
	语言分析与表达	20		
合计		100	注：考评满分为 100 分，60 ~ 74 分为及格；75 ~ 84 分为良好；85 分以上为优秀	

各组成绩					
小组	分数	小组	分数	小组	分数

教师记录、点评：

熟能生巧

　　大连是一座典型的港口城市。历经百年沧桑，"以港立市、以港兴市"已融入大连港集团和其所在城市的发展血液，并成为 2 万多名大连港集团干部职工的不懈追求。

　　2003 年 10 月，党中央、国务院明确提出把大连建成东北亚重要的国际航运中心。从这一年开始，有着百年历史的大连港就以"东北亚国际航运中心"这一国际级定位为新起点，以对历史机遇的敏锐把握、对历史定位的科学认知、对历史使命的坚定践行为原则，开始了新一轮的恢宏起步，并实现了港口和其所在城市发展史上又一次新的腾跃。这一腾跃，关乎大连港集团和大连的未来！这一腾跃，关乎东北老工业基地的振兴!

以港口为中心的现代物流体系,是东北亚国际航运中心最重要的基础设施和物流平台,是国际航运中心极其重要的支撑和依托。无论是过去的"十一五",还是目前的"十二五",大连港集团始终把建设东北亚国际航运中心核心港,在国际航运中心建设中发挥核心与旗舰作用当作自身的奋斗目标,不断加大且正在加大巨额资金投入,用于港口基础设施建设。

2003 年至今,大连港集团已累计投资 500 多亿元,相继建成 45 万吨级原油码头和40 万吨级矿石码头、两个 30 万吨级原油码头和一批以 5 万吨级汽车滚装船专用泊位、15 万吨级集装箱码头为代表的事关航运中心未来发展的大型专业化深水码头。目前,大连港集团拥有生产性泊位 100 多个,其中万吨级以上泊位 70 多个。港口功能实现质的飞跃,忠实兑现了向全球客户和船公司做出的"世界上有多大的船,大连港就有多大的码头"的服务承诺!站在大连港新港商务大厦 28 楼顶层极目远眺,大连港集团三大核心港区之一的大窑湾港尽收眼底,其气势恢弘的集装箱、油品、矿石、汽车、粮食码头依次排列,向世人显示了它的发展、壮大。

在加大大窑湾核心港区基础设施投入、构建全程物流服务体系的同时,大连港集团还积极拓展推进港区一体化、港城一体化、港域一体化发展。通过吸纳多方资源,大连港全力加快了大窑湾北岸和长兴岛港、太平湾港的建设,为大连港下一个百年的跨越式发展营造了更为广阔的空间;大力拓展国际航运中心船舶交易市场、信息市场、人才市场、财务公司和全程物流金融服务等国际航运中心高端服务业,初步形成了较为完善的国际物流体系和国际贸易体系,助推大连国际航运中心向第四代迈进;以大连东北亚现货商品交易所为平台,在大窑湾、大连湾、长兴岛等多个港区相继设立了镁质材料、白酒、钢材、粮食等现货交割库,建立了全国首个汽车电子交易中心和钢材交易中心,构建了钢材、现货交易、木材、粮食深加工、建材、综合贸易平台和大宗商品交易市场,开展贸易采购/物流/销售全程的一体化服务;将集装箱港口运输体系和汽车物流、铁路物流、船舶物流进行整体整合,形成完整的物联网体系,成为支撑港口发展的核心;成功构筑了以内陆交通节点和铁路班列为依托的陆向物流体系以及以船公司和合作港口为重点的海向物流体系,全程物流服务能力和服务效率大幅提高。

围绕建设国际强港的发展目标,大连港集团以合作为基础,10 年间先后引进了新加坡港务集团、丹麦马士基、日本邮船、中远、中海、中石油、中粮、中储粮等一大批国内外知名的企业集团,成立合资合作企业 60 余家,实际使用内外资约 55 亿元,港口国际化水平显著提升。同时加强与辽宁沿海区域内和沿海其他主要港口以及与船公司和货主合作,积极打造以共赢为目的的港口合作联盟,港口服务链条不断向黄渤两海延伸，进一步稳定了航线和货源，实现了港口可持续发展。

经过 10 年不懈的努力，目前大连港不仅具备了较强的吞吐能力、较强的集疏运能力、较强的全程物流服务能力、较强的口岸服务能力、较强的可持续发展能力，还具备了较强的资源配置能力、较强的服务贸易能力、较强的临港产业能力、较强的金融服务能力、较强的抵御安全和市场风险能力，进一步夯实了国际航运中心核心港基本框架，大连港的基础和依托作用日趋显现。

这 10 年间，大连港货物吞吐量由 2003 年的 1.26 亿吨增加到 2012 年的 3.74 亿吨，连续 10 年每年增长 2000 万吨以上。10 年累计共完成货物吞吐量 24 亿吨。集装箱吞吐量也由 2003 年的 166 万 TEU 增加到 2012 年的 806 万 TEU，外贸集装箱始终占据着东北地区 96% 以上的市场份额。2012 年，大连港货物吞吐量跃升至全球港口第八和国内港口第六；已开通内外贸集装箱班轮航线 90 余条，航班密度达到 300 多班／月，航线覆盖到国内外 100 多个港口，集装箱吞吐量跃居全球港口第十七和全国第七。2012 年，大连港集团共完成铁海联运量 38 万标箱，铁海联运量连续 14 年位居全国沿海港口首位；集装箱中转箱量也连续多年位居全国港口第二位。

10 年后的今天，大连港集团已发展成为大连国际航运中心名副其实的"旗舰"，在北方沿海港口中翩然领舞，成为振兴东北老工业基地的"龙头"。如今，这艘国际航运中心"旗舰"仍在沿着规划设计者们最初的构想砥砺前行，一笔一笔绘就东北亚国际航运中心宏伟蓝图，全力完成新一轮历史腾跃的"加速与起跳"！

结合上述文章，谈谈你的想法？

_____

_____

_____

_____

_____

任务二　航空货代业务操作流程和缮制单据

实训学习目标

知识目标：

1. 了解国际海运货运代理业务制度。

2. 掌握国际海运货运代理业务的基本程序和操作流程。

3. 学会填制常见的航空货代单据。

能力目标：

1. 能够进行国际海运货运业务处理。

2. 学会进出口商品海运货代业务操作流程。

3. 填制常见航空单据。

实训学习方法 ✦▶

1. 自学（收集资料法、比较学习法、小组讨论法）。

2. 听讲学习（提问、总结、作业）。

3. 实操（情境再现法、头脑风暴法、案例分析法）。

实训课程介绍 ✦▶

本次实训任务，旨在让学生通过学习和实操，熟悉航空货代进出口业务流程，能够分析和处理实际业务中的问题，顺利进行航空货代业务，并且独立完成航空货代单据的填制工作。

本次实训任务，分一个学习情境进行：航空货代业务操作流程和缮制单据。

实训任务说明 ✦▶

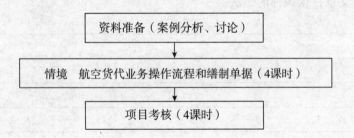

实训知识铺垫 ✦▶

一、空运操作流程

（1）首先是从业务收到 BOOKING（预订单）。与业务确认好订舱成本以及卖价，并确认好上家以及下家的联系方式以便保持沟通，沟通方式以邮件和电话最为合适。

收到预订单后，看 shipper（托运人）要求主要操作以下几点：

①如需要安排提货，应注意货物的尺寸及重量配好合适的车辆。如果不需要，则需先给到客人入仓图和号码，安排货物先入我方仓库。

②如有核销单，则需要拿回核销单报关。如没有资料，则需要托运人提供 PL&CI 买单报关。

③特殊货物，比如服装需要提供转口证、危险品等需要与上家确认清楚资料（如 guarantee letter 和 MSDS 说明书）。

④顺利安排入仓库。

（2）订舱。安排订舱主要操作以下几点：

①需要提供正确的提单资料。

②需要向客人索要装箱单与发票，买单报关必须索要装箱单与发票。

③危险品则必须索要正本的 guarantee letter、MSDS 等。

④确认好成本。

⑤如果服装等特殊产品，需要给到转口证。

总之，普通货物需要给到上家 BOOKING \ PL \ CI，这是最基本的文件。需要注明：是否以 BOOKING 资料出主单，货物到达上家仓库的时间或者到港时间，所订航班信息，以及价格。

订舱后需要拿到所订航班的提单号。拿到提单号后需要及时上网查询订仓情况，如果网上没有信息，需要跟上家确认头程与二程，并确保按时起飞。

（3）跟踪货物以及反馈给客人货物跟踪情况，包括从我司仓库到上家仓库的过程。

此过程需要操作以下几点：

①是否需要购买保险？如需，则在起飞前购买。

②是否确认好报关方面的问题。

③输入系统，如需开出分单，则输入详细信息或者根据客户需求开出分单。

（4）起飞后。起飞后需要操作以下几点：

①拿到提单，如上家与我司不是同一家则不能在提单上显示上家公司抬头。看提单的收发货人资料有无错误，看重量和尺寸是否合理。

②开账单、开发票、收款。

（5）后期货物跟踪（输入提单号在网上查询货物状态）。

二、航空代理业务流程

（1）基本进口航空货代流程（如图 8 - 1 所示）。

（2）基本出口航空货代流程（如图 8 - 2 所示）。

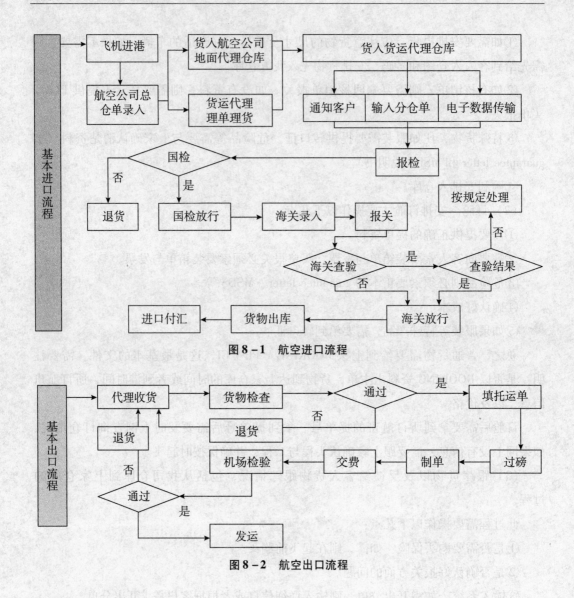

图 8 - 1　航空进口流程

图 8 - 2　航空出口流程

实训任务实施

情境　航空货代业务操作流程和缮制单据

【学时】

8 学时。

【学习目标】

1. 能够进行国际海运货运业务处理。

2. 学会进出口商品海运货代业务操作流程。

3. 填制常见航空单据。

【重难点】

操作航空货代业务。

【学习过程】

1. 布置学生查询资料（预习、自学阶段）：

（1）什么是进口海运货代业务？

（2）我国最主要进口的产品包括什么？

（3）我国主要港口包括哪些？

（4）进口海运货代业务流程包括哪些？

（5）进口海运货代业务注意事项包括哪些？

2. 分析资料。

分析下列空运业务资料（如表 8 - 2 所示），说明该笔航空货代业务的进口流程。

国际货运代理业务综合实训——空运进口

表 8 - 2　　　　　　　　　　　　　　业务资料表

托运人（进口商）信息	
企业名称	深圳祥泰进出口贸易有限公司（SHENZHEN XIANGTAI IMPORT AND EXPORT TRADING CO.，LTD.）
地址	广州省深圳市中湖区国瑞园 4 单元 503 室（ROOM503 4BULIDING GUORUIYUAN ZHONGHU AREA，CHINA）
联系方式	TEL/FAX：00086 - 755 - 87751861
企业性质	私营出口
主营产品	钻石
企业基本情况	具有多年的进口销售经验，主要从事钻石的进口和销售
国际货运代理企业信息	
企业名称	深圳汉德高国际货运代理有限公司（SHENZHEN HIGH SPEED INTERANS CO.，LTD.）
地址	广州省深圳市下城区德胜东路再行路 70 号
联系方式	TEL：00086 - 571 - 85342800
企业性质	私营企业
主营产品	运输产物

企业基本情况	公司建立于 1994 年，在 2004 年更名为杭州汉德，主要从事国际间的货物出运，主要是贵重货物运输，具有良好口碑

收货人（出口商）信息

企业名称	C. J. SHAH AND CO. C/O. DESHUKH WAREHOUING CORP.
地址	ROOM NO. 815，GALA NO. 2，SHREE DUTTA COMP. REHNAL VILLAGE，BHIWAN-DI，INDIA
联系方式	91 – 11 – 27902000
企业性质	外企
主营产品	钻石
企业基本情况	主要生产钻石，从事多年

承运人（航空公司）信息

企业名称	深圳航空有限责任公司（SHENZHEN SHIPPING CO.，LTD.）
地址	深圳宝安国际机场深圳航空有限责任公司
联系方式	0755 – 27771526
企业性质	主要经营航空客、货、邮运输业务的股份制航空运输企业
主营产品	航空运输
企业基本情况	从事货物运输与客流运输，投资成立并控股翡翠货运航空、河南航空、昆明航空，积极实施客货并举，国内国际并举，干线、支线、货运共同发展的战略

交易商品信息

中文名称	钻石
英文名称	Diamond
商品规格	是主要由碳元素组成的等轴（立方）晶系天然矿物，摩氏硬度 10，密度 3.52（± 0.01）g/cm^3，折射率 2.417，色散 0.044
数量	150 颗

3. 填制航空运单（如表 8 – 3 所示）。

表 8 – 3　　　　　　　　　　　　　航空运单

Shipper's name and address（发货人单位及地址）	he Air Waybill Number：（运单号码） NOT NEGOTIABLE　　中国民航　CAAC AIR WAYBILL AIR CONSIGNMENT NOTE ISSUEDE BY：THE CIVIL AVIATION ADMINIASTRATION OF CHINA BEIJING CHINA

Consignee's name and address（收货人单位及地址）	It is agreed that the goods described herein are accepted in apparent good order and condition（except as noted）for carriage SUBJECT TO THE CONDITIONS OF CONTRACT ON THE REVERSE HEREOF，ALL GOODS MAY BE CARRIED BY ANY OTHER MEANS. INCLUDING ROAD OR ANY OTHER CARRIER UNLESS SPECIFIC CONTRARY INSTRUCTIONS ARE GIVEN HEREON BY THE SHIPPER. THE SHIPPER'S ATTENTION IS DRAWN TO THE NOTICE CONCERNING CARIER'S LIMITATION OF LIABILITY.
Issuing Carrier's Agent Name and City（承运人代理的名称及地址）	Shipper may increase such limitation of liability by declaring a higher value of carriage and paying a supplemental charge if required.

Agents IATA Code（国际航协代号）	Account No.（账号）

Airport of Departure（Add. of First Carrier）and Requested Routing（始发站机场）	Accounting Information（财务说明）

To	By first carrier（第一承运人）	to	by	to	by	Currency（货币）	Declared Value for Carriage（供运输用声明价值）	Declared Value for Customs（声明价值供海关用声明价值）

Airport of Destination（目的站机场）	Flight/Date（航班号及日期）	Amount of Insurance（保险金额）	INSURANCE – If carrier offers insurance and such insurance is requested in accordance with the conditions thereof indicate amount to be insured in figures in box marked "Amount of Insurance"

Handling Information（运输处理注意事项）

No. of Pieces 件数	Gross Weight 毛重	Rate Class 运价等级	Chargeable Weight 计费重量	Rate/Charge 运价/运费	Total 总额	Nature and Quantity of Goods 货物品名和数量

Prepaid Weight charge Collect 预付、到付运费	
Valuation Charge 声明价值附加费	Other Charges 其他费用
Tax 税款	
Total Other Charges Due Agent 由代理人收取的其他费用总额	托运人证明栏 Shipper certifies that the particulars on the face hereof are correct and that insofar as any part of the consignment contains dangerous goods, such part is properly described by name and is in proper condition for carriage by air according to the applicable Dangerous Goods Regulations. ——————————————— Signature of Shipper or his agent
Total Other Charges Due Carrier 由承运人收取的其他费用	

Total Prepaid 预付总计	Total Collect 到付总计	Executed on （填开日期）_____ at （填开地点）_____ Signature of issuing Carrier or as Agent 填开货运单的承运人或其代理人签字	
Currency Conversion Rates 货币兑换比价	CC Charges in des. Currency 用目的站国家货币付费		
For Carrier's Use Only at Destination 仅供承运人在目的站使用	Charges at Destination 在目的站的费用	Total Collect Charges 到付费用总额	999—

4. 安排学生模拟进口航空业务流程并记录。

_____

_____

_____

_____

_____

项目考核 ✦

1. 分析资料。分析下列空运业务资料（如表8-4所示），说明该笔海运货代业务的出口流程。

国际货运代理业务综合实训——空运出口

表8-4　　　　　　　　　　　　　　　业务资料表

托运人（出口商）信息	
企业名称	杭州朗润德进出口贸易有限公司（HANGZHOU LANGRUNDE IMPORT AND EXPORT TRADING CO.，LTD.）
地址	浙江省杭州市西湖区锋尚苑4单元503室（ROOM503 4BULIDING FENGSHANGYUAN XIHU AREA，CHINA）
联系方式	TEL/FAX：00086-571-87751861
企业性质	私营出口
主营产品	化工品、药品及药品原料
企业基本情况	具有多年的出口销售经验，主要从事化工品及药品原料的生产及原料提供
国际货运代理企业信息	
企业名称	杭州汉德高国际货运代理有限公司（HANGZHOU HIGH SPEED INTERANS CO.，LTD.）
地址	浙江省杭州市下城区德胜东路再行路70号
联系方式	TEL：00086-571-85342800
企业性质	私营企业
主营产品	运输产物
企业基本情况	公司建立于1994年，在2004年更名为杭州汉德，主要从事国际间的货物出运，主要是化工与部分纺织品，具有良好口碑。
收货人（进口商）信息	
企业名称	C. J. SHAH AND CO. C/O. DESHUKH WAREHOUING CORP.
地址	ROOM NO. 815，GALA NO. 2，SHREE DUTTA COMP. REHNAL VILLAGE，BHIWANDI，INDIA
联系方式	91-11-27902000

企业性质	外企
主营产品	药品
企业基本情况	主要生产药品，从事多年

承运人（航空公司）信息	
企业名称	深圳航空有限责任公司（SHENZHEN SHIPPING CO., LTD.）
地址	深圳宝安国际机场深圳航空有限责任公司
联系方式	0755 – 27771526
企业性质	主要经营航空客、货、邮运输业务的股份制航空运输企业
主营产品	航空运输
企业基本情况	从事货物运输与客流运输，投资成立并控股翡翠货运航空、河南航空、昆明航空，积极实施客货并举，国内国际并举，干线、支线、货运共同发展的战略

交易商品信息	
中文名称	药品原料（己酸孕酮）
英文名称	MEDICINE（HYDROXY PROGESTERONE CAPROATE）
商品规格	白色结晶性粉末，不溶于水，易溶于丙酮，熔点为 $120 \sim 124℃$，分子式 $C_{27}H_{40}O_4$
数量	20 油桶/200kgs 净重/235kgs 毛重/0.67CBM

2. 填写航空订舱委托书（如表 8 – 5 所示）。

表 8 – 5　　　　　　　　　　空运订舱单

Shipper's Name and Address（托运人及地址）	
Consignee's Name Address（收货人及地址）	Airfreight　预付　　　　　到付 Charges：□ To be prepaid　□ To be collected
	其他费用　□ To be prepaid　□ To be collected

Notify Party（另请通知）		Type of Service Requires ☐ IATA（Direct）　☐ Consolidation ☐ Chartor	
Carrier 航空公司名称	From（Airport of departure）起运地	Export Licence No. 出口编号	CO. No.
To（Airport of destination）目的地	Airline Counter – Singnature 航空公司加签 ☐ Yes　　　☐ No	Special Instruction：附注	

Country of Oringin 来源地	Shipper's C. O. D. 代收金额	Insurance Amount 保险金额	Declared Value for Carriage 运输金额	Declared Value for Customs 报关金额

Marks，No. and kind of Packages；Description of Goods 唛头，货品名称及数量	Gross Weight 毛重	Measurement 尺码

Documents to accompany airwaybill or house airwaybill 附单据文件
Packing List 包装表 ☐　　　　C. ommercial Invoice 发票 ☐　　　　C. ertificate of Origin 来源证 ☐
　　Others 其他 ☐

在货物不能交付收货人时，托运人指示的处理方法
Shipper's instructions in case of Inability to deliver shipment as consigned
处理情况（包括包装方式、货物标志及号码等）
Handling information（Incl. method of packing. ldentifying marks and numbers. Etc.）

3. 安排学生模拟进口航空业务流程并记录。

_____

_____

_____

_____

实训总结 ✦➤

考核标准 ✦➤

【情境活动评价】

表8－6　　　　　"航空货代业务操作流程和缮制单据"评分表

考评内容	能力评价			
考评标准	具体内容	分值（分）	学生评分（0.4）	师评（0.6）
	讲述进口海运货代业务内容	25		
	模拟进口海运货代业务	40		
	填写航空货代单据	20		
	有拓展能力	15		
合计		100	注：考评满分为100分，60～74分为及格；75～84分为良好；85分以上为优秀	

各组成绩								
小组	分数		小组	分数		小组	分数	

教师记录、点评：

熟能生巧

　　处在上升期的中国物流业成为国际行运低迷时各巨头的避风港。国际航运巨头马士基集团旗下的国际物流和货代公司丹马士宣布，继 2013 年年底在广东东莞开设办事处后，还将于年内在北亚区新增 8 个办事处，其中 5 个在中国。"随着空运市场的复苏和需求的增加，全球货代市场预计在 2012—2016 年增长 6.8%，综合来看，中国和北亚区有很好的发展机遇。"丹马士北亚区首席执行官泰格森如此解释加码亚洲市场的原因。"当前，全球航运、物流业较为低迷，经济正在增长中的中国，在物流相关行业还处于上升期，显然这让国际巨头们看到了机会。"业内人士向北京商报记者表示。即便潜力巨大，但也有声音担心外企在华可能遭遇水土不服。有分析认为，丹马士所擅长的第三方物流产业在中国尚处于起步阶段，真正符合这一模式的第三方物流仅占国内物流市场的不足 2%。

　　请就此事件进行讨论。

_____

_____

_____

_____

参考文献

［1］陈金山. 国际货运代理［M］. 北京：科学出版社，2009.

［2］中国国际货运代理协会. 国际货运代理理论与实务［M］. 北京：中国商务出版社，2012.

［3］孙明贺. 国际贸易操作实务［M］. 北京：科学出版社，2011.

［4］吴百福，徐小薇. 进出口贸易实务教程［M］. 6 版. 北京：格致出版社，2011.

［5］刘庆珠. 进出口操作实务［M］. 2 版. 北京：中国海关出版社，2011.

［6］孙明贺. 国际货运代理操作［M］. 北京：机械工业出版社，2013.